TAC税理士講座 編

第**7**版

JN001518

税理士 財務諸表論

理論答案の書き方

TAC出版

 TAC PUBLISHING Group

は じ め に

　本書は、すでに財務諸表論の基本論点を学習しており、内容を理解している方を対象に、本試験レベルの問題に対処できるようにするため、答案を作成する際に必要となる最低限の技術を習得することを狙いとしています。

　本試験では、単純に各項目の意義や定義などの基本文章を解答させる平易な問題も出題されますが、比較的平易な問題であったとしても解答スペースが狭かったり、解答要求事項の把握が困難であったりと、簡単には解答しにくい本試験独特の注意を要する問題が出題されています。

　本書では、このような本試験問題に対処するため、答案を作成するための技術や、その際の注意点、そこに至るまでのアプローチの方法等を身につけることを主な目的としています。つまり、本試験問題を突破するために必要となる①「すでに学習している内容の理解」、②「答案作成に必要となる基本文章の暗記」、③「答案を作成するための方法」のうち、③の習得にスポットを当てているのです。

　なお、上記③の習得は、本来上記①および②がある程度できていて、はじめてその効果を発揮するものです。したがって、合格答案を作成するためには、まずしっかりとした理解や基本文章の暗記が必要であることも忘れないでください。

　本書が「理論答案の書き方」で悩んでいる受験生の1つの道しるべとなることを願っています。

TAC税理士講座

本書の構成と利用方法

1　本書の構成

　本書は、第1部「アプローチ編」、第2部「トレーニング編」、第3部「ワークブック編」に分かれている。

(1) アプローチ編

　アプローチ編では、まず「過去の本試験問題にチャレンジ！」で自分の実力がどの程度のものなのかを確認していただきたい。

　そして、その確認を前提として、「『読む』力」「『書く』力」を伸ばす方法について具体的に解説してある。

(2) トレーニング編

　トレーニング編は、難易度別にAからEの5章からなる。難易度E以外は、それぞれ「設例（本試験問題の改題）」「練習問題」を収録してあり、各難易度ごとに必要な学習内容と具体的な答案作成方法を学べるようになっている。なお、難易度Eは本試験において「捨て問題」とされるレベルなので、設例と捨てる判断基準のみを示した。

　また、難易度BからDの章末には「実践問題」を収録している。それまでの難易度で学んだことが身についているか、本試験問題に対応できるかなどを、実際に問題を解くことで確認していただきたい。

　なお、難易度の判断基準は、アプローチ編8ページに記載している。

　各問題の構成は、以下のとおりである。

　設　例

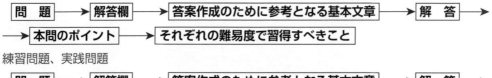

　練習問題、実践問題

問　題 → 解答欄 → 答案作成のために参考となる基本文章 → 解　答 → 本問のポイント → 答案作成のアプローチ

　また、難易度AからDは練習問題最終ページに、難易度Eは設例のあとに、それぞれの難易度の結論をまとめてある。

(3) ワークブック編（別冊）

　企業会計原則及び企業会計原則注解と、試験に出題可能性のある重要な会計基準を20本収録している。重要語句が穴埋めとなっているので、自分で書きながら覚えることもできるようになっている。

　書き込みがしやすいように、取り外しできる別冊となっている。

2 本書の利用方法

アプローチ編

　最初に、アプローチ編の「過去の本試験問題にチャレンジ！」を解く。到達点がどこにあるのかを確認するためのものなので、結果に左右されることなく、現在の自分の実力を確認してほしい。

　次に、「合格答案を作成するために」を読む。わからない部分があるかもしれないが、本当に大切なことだけをまとめてあるので、勉強が進むにつれて書かれていることの意味がよくわかってくるはずである。

トレーニング編

(1) **設例を解く**……解ける、解けないは重要ではない。解答を読んだ上で、それぞれの難易度で習得すべきことをしっかりと身につけてほしい。

(2) **問題文だけを見て、練習問題を解く**……まずは、自分の頭の中に基本文章を思い浮かべながら、問題文だけを見て解いてみてほしい。

(3) **解答を確認し、本問のポイント、答案作成のアプローチを読む**……トレーニング編の最大の特長は、答案作成のアプローチにある。現役講師が、問題文のどの箇所に注意を置いているか、どのような基本文章を思い浮かべ、そしてそれをどのように答案としてまとめていくのかなど、自分の解き方と比較し、しっかりと身につけてほしい。使えるものはまねをし、欠点があれば修正するなど、今後の解き方の参考になるだろう。

(4) **答案作成の参考となる基本文章を見ながら、練習問題を解く**……(3)で身につけた内容を確認するように、基本文章を見て、自分の思考過程を追いながら、問題を解く。まだ身についていないと感じるようならば、あらためて答案作成へのアプローチを読むとよいだろう。

(5) **再び問題文だけを見て、練習問題を解く**……繰り返して解くことで、本当の実力、合格答案を作成するための力が身につく。

(6) **実践問題を解く**……これまで解き、読んできたことがしっかりと身についているか、実践問題を解くことにより確認する。なお、実践問題にも詳細な答案作成へのアプローチを掲載してある。

> 繰り返し解くことができるよう、それぞれの問題の解答欄は、弊社ホームページ（Cyber Book Store）にてダウンロードすることができます。

ワークブック編

(1) **重要語句を穴埋めしながら、読む**……空欄に入る重要語句を考え、書きながら読むことで、理論問題の答案作成の際に重要となる基本文章をしっかりと覚えることができる。

(2) **繰り返し読む**……繰り返し読むことで、より確実に覚えることができる。また、それでも不安な箇所は、ノートなどに書き写す、声に出して読むなどをすることで、より覚えやすくなるだろう。

講師が問題を解く際に、実際に行った書込み、
基本文章についての判断をありのままに紹介

答案作成のアプローチ

〈問　題〉

　有形固定資産の減価償却方法を決定するにあたって、定額法または定率法で選択の余地がある
場合、企業が採用すべき方法とその理由を保守主義の見地から述べなさい。
　　　　　　　　　　　　❶　　　　　　　　　　❷

1

答案作成のために参考となる基本文章

1　保守主義の原則の要請内容

保守主義の原則は、ある会計処理を行うにあたって、幾通りもの判断ができる場合には、予
測される将来の危険に備えて慎重な判断に基づく会計処理を行うことを要請している。

2　減価償却の方法

① 定額法の長所

　定額法は計算が簡便であり、毎期同額の減価償却費を計上することになるので、安定した
取得原価の期間配分を行うことができる。

② 定率法の長所

　定率法は耐用年数の初期に多額の減価償却費を計上することになるので、投下資本を早期
に回収することができ、また、維持修繕費が逓増する耐用年数の後半には減価償却費が減少
し、毎期の費用負担を平準化することができる。

2

　本問の解答に引用できる部分

企業が採用すべき方法は、定率法である。
　なぜなら、保守主義は予測される将来の危険に備えて慎重な判断に基づく
会計処理を行うことを思考するものであり、当該事例においては費用を早期
に計上する方法を選択すべきである。定率法は耐用年数の初期に多額の減価
償却費を計上することから、費用を早期に計上する方法であるため、定率法
を採用すべきである。

3

　追加的に説明すべき部分　　　　　　基本文章からの引用

　直接的な解答となる部分を先に解答する

	問題において
▨	解答要求事項
＿＿＿	ヒントとなる箇所
〜〜〜	解答関連事項

86

> 講師がどのような解答手順、思考過程で問題を
> 解いているのかを解説

1 問題の要求事項を確認

❶ 企業が採用すべき減価償却の方法およびその理由が問われていることを確認。

❷ 減価償却方法の選択にあたり、保守主義の見地から採用すべき方法を選択し、理由を述べることを確認。

難易度 C

2 基本文章をイメージする

❶ 上記問題に対し、直接的な解答となる基本文章をイメージする。

　⇒　直接的な解答となる基本文章は存在しない。

❷ 次に、解答要求に関連する基本文章をイメージする。

　⇒・保守主義の原則の要請内容

　　・減価償却の方法（定額法の長所、定率法の長所）

❸ 上記❷のうち、利用できる基本文章をピックアップする。

　⇒・保守主義の原則の要請内容

　　・定率法の長所

3 解答文章の作成

❶ まずは、直接的な解答となる部分（結論）を先に述べる。

❷ 次に、できる限り基本文章を利用して理由の文章をまとめる。

87

> 重要語句が空欄になっている会計基準
> 穴埋めをして、繰り返し読んで、覚えましょう

金融商品に関する会計基準

最終改正 2019年7月4日

1 金融資産及び金融負債の範囲

(1) 金融資産及び金融負債の範囲
　　⇒抽象的な定義ではなく、具体的な定義をもって範囲を明確化
(2) 金融資産の範囲
　　⇒現金預金、金銭債権、有価証券及びデリバティブ取引により生じる正味の債権等
(3) 金融負債の範囲
　　⇒金銭債務並びにデリバティブ取引により生じる正味の債務等

〈会計基準〉

4．金融資産とは、（①）、（②）、売掛金及び貸付金等の（③）、株式その他の出資証券及び公社債等の（④）並びに先物取引、先渡取引、オプション取引、スワップ取引及びこれらに類似する取引（以下「（⑤）」という。）により生じる（⑥）等をいう。

5．金融負債とは、支払手形、買掛金、借入金及び社債等の（⑦）並びに（⑤）により生じる（⑧）等をいう。

〈結論の背景〉

52．本会計基準の適用対象となる金融資産及び金融負債については、適用範囲の（⑨）の観点から、米国基準等に見られる（⑩）な定義によるのではなく、現金預金、金銭債権債務、有価証券、デリバティブ取引により生じる正味の債権債務等の（⑪）な資産負債項目をもって、その範囲を示すこととした。なお、デリバティブ取引に関しては、その価値は当該契約を構成する（⑫）と（⑬）の価値の（⑭）に求められることから、デリバティブ取引により生じる正味の債権は（⑮）となり、正味の債務は（⑯）となる（第4項及び第5項参照）。このように金融資産及び金融負債の範囲を（⑪）に定めたことにより、国際的な基準における適用範囲との差異が生じるものではない。なお、金融資産、金融負債及びデリバティブ取引に係る契約を総称して（⑰）ということにするが、（⑰）には複数種類の金融資産又は金融負債が組み合わされているもの（複合金融商品）も含まれる。

①
②
③
④
⑤
⑥
⑦
⑧
⑨
⑩
⑪
⑫
⑬
⑭
⑮
⑯
⑰

①現金預金　②受取手形　③金銭債権　④有価証券　⑤デリバティブ取引　⑥正味の債権　⑦金銭債務　⑧正味の債務　⑨明確化　⑩抽象的　⑪具体的　⑫権利　⑬義務　⑭純額　⑮金融資産　⑯金融負債　⑰金融商品

9

目　　次

第1編　アプローチ編

第2編　トレーニング編

第1章　難易度A

第2章　難易度B

第3章　難易度C

第1編

アプローチ編

本書での学習の前に、まずは過去の本試験問題を題材にして、自分なりに問題を解いてみましょう。

第66回本試験　第一問

制限時間 **20**分

〈問　題〉

会計上の利益概念に関する以下の問いに答えなさい。

1 「包括利益の表示に関する会計基準」から抜粋した次の文の空欄　イ　から　ニ　に当てはまる適切な語句を〔語句群〕の各空欄に対応する選択肢から選び、その記号（A～E）を答案用紙に記入しなさい。

4．「包括利益」とは、ある企業の特定期間の財務諸表において認識された　イ　の変動額のうち、当該企業の　イ　に対する持分所有者との直接的な取引によらない部分をいう。当該企業の　イ　に対する持分所有者には、当該企業の株主のほか当該企業の発行する　ロ　の所有者が含まれ、連結財務諸表においては、当該企業の子会社の非支配株主も含まれる。

・・・・・・・・・

6．当期純利益にその他の包括利益の内訳項目を加減して包括利益を表示する。

・・・・・・・・・

8．その他の包括利益の内訳項目は、　ハ　を控除した後の金額で表示する。・・・

9．当期純利益を構成する項目のうち、当期又は過去の期間にその他の包括利益に含まれていた部分は、　ニ　として、その他の包括利益の内訳項目ごとに注記する。・・・

〔語句群〕

空欄	選　択　肢
イ	A　総資産 B　純資産 C　株主資本 D　資本金 E　利益剰余金

ロ	A	新株予約権
	B	優先株式
	C	自己株式
	D	社債
	E	劣後債
ハ	A	子会社の非支配株主持分
	B	被投資会社のその他の包括利益に対する投資会社の持分相当額
	C	税効果
	D	減価償却累計額及び減損損失累計額
	E	自己株式
ニ	A	前期損益修正額
	B	累積的影響額
	C	法人税等調整額
	D	組替調整額
	E	株主資本以外の項目の当期変動額

2 次の項目のうち、その他の包括利益の内訳項目に該当しないものを1つ選び、その記号（A〜E）を答案用紙に記入しなさい。

A	土地再評価差額金
B	退職給付に係る調整額
C	為替換算調整勘定
D	繰延ヘッジ損益
E	減損損失

3 「包括利益の表示に関する会計基準」第6項は、当期純利益にその他の包括利益の内訳項目を加減して包括利益を表示することを求めている。この計算過程の表示は、国際的な会計基準においても採られている方式である。この方式が採られている理由を述べなさい。

4 売買目的有価証券の評価差額を当期の損益として処理する一方で、その他有価証券の評価差額を、連結財務諸表上はその他の包括利益累計額（個別財務諸表上は評価・換算差額等）に計上するか、又は、時価が取得原価を上回る評価差額を連結財務諸表上はその他の包括利益累計額（個別財務諸表上は評価・換算差額等）に計上し時価が取得原価を下回る評価差額を当期の損失として処理することになっている。このように、有価証券の評価差額の処理方法が売買目的有価証券とその他有価証券とで異なる理由と、その他有価証券の時価が取得原価を下回る評価差額の処理方法が2種類ある理由を述べなさい。

5 ある期間における資本の増減（資本取引による増減を除く。）が当該期間の利益と等しくなる関係をクリーン・サープラス関係という。個別財務諸表と連結財務諸表のそれぞれにおけるクリーン・サープラス関係を説明しなさい。なお、連結財務諸表においては2種類のクリーン・サープラス関係が成立することに留意しながら解答すること。

〈解答欄〉

1

イ		ロ		ハ		ニ	

2

3

4

5

| |
| |
| |
| |
| |

 ## 答案作成のために参考となる基本文章

1 包括利益

「包括利益」とは、ある企業の特定期間の財務諸表において認識された純資産の変動額のうち、当該企業の純資産に対する持分所有者との直接的な取引によらない部分をいう。

2 その他の包括利益

その他の包括利益とは、包括利益のうち当期純利益に含まれない部分をいう。

3(1) 包括利益を表示する目的

包括利益を表示する目的は、期中に認識された取引及び経済的事象（資本取引を除く。）により生じた純資産の変動を報告することである。

包括利益の表示の導入は、包括利益を企業活動に関する最も重要な指標として位置づけることを意味するものではなく、当期純利益に関する情報と併せて利用することにより、企業活動の成果についての情報の全体的な有用性を高めることを目的とするものである。

(2) 包括利益の表示によって得られる有用性

① 包括利益の表示によって提供される情報は、投資家等の財務諸表利用者が企業全体の事業活動について検討するのに役立つことが期待される。

② 貸借対照表との連携（純資産と包括利益とのクリーン・サープラス関係）を明示することを通じて、財務諸表の理解可能性と比較可能性を高めるものと考えられる。

4 売買目的有価証券の評価差額を当期の損益とする理由

売買目的有価証券は、売却することについて事業遂行上等の制約がなく、時価の変動にあたる評価差額が企業にとっての財務活動の成果と考えられることから、その評価差額は当期の損益として処理する。

5 その他有価証券評価差額金の評価差額の取扱いの理由

その他有価証券については、事業遂行上等の必要性から直ちに売買・換金を行うことには制約を伴う要素もあり、評価差額を直ちに当期の損益として処理することは適切ではないため、評価差額を当期の損益として処理することなく、税効果を調整の上、純資産の部に記載する。

ただし、企業会計上、保守主義の観点から、これまで認められていた低価法による評価の考え方を考慮し、部分純資産直入法を適用して、時価が取得原価を下回る銘柄の評価差額は損益計算書に計上することもできる。

解 答

〈解答欄〉

1

イ	B	ロ	A	ハ	C	ニ	D

2

	E

3

包括利益及びその他の包括利益の内訳を表示する目的は、期中に認識された取引及び経済的事象により生じた純資産の変動を報告するとともに、その他の包括利益の内訳項目をより明瞭に開示することである。

当期純利益にその他の包括利益の内訳項目を加減して包括利益を表示する方法は、包括利益に至る過程が明瞭であることや、その他の包括利益の内訳の表示について国際的な会計基準とのコンバージェンスを図ることができるためである。

4

> 　売買目的有価証券とその他有価証券とで評価差額の処理方法が異なるのは、売買目的有価証券は売却することについて事業遂行上等の制約がないのに対して、その他有価証券は事業遂行上等の必要性から直ちに売買・換金を行うことには制約を伴う要素もあるためである。
>
> 　上記の理由から、その他有価証券の時価が取得原価を下回る評価差額は、原則としてその他の包括利益累計額（評価・換算差額等）に計上することとなる。しかし、企業会計上、保守主義の観点から、これまで認められていた低価法による評価の考え方を考慮して、例外的に当期の損失として処理することが認められるため、当該評価差額の処理方法が２種類あるのである。

5

> 　個別財務諸表においては、当期純利益と資本取引を除く株主資本の増減額が等しくなるというクリーン・サープラス関係が成立する。これに対して、連結財務諸表においては、当期純利益と資本取引を除く株主資本の増減額が等しくなるというクリーン・サープラス関係及び包括利益と資本取引を除く純資産の増減額が等しくなるというクリーン・サープラス関係が成立する。

| **1** 各1点 | **2** 2点 | **3** 5点 | **4** 8点 | **5** 6点 | 合計25点 |

■　本試験問題を体験してみて

いかがでしたか？

本試験では、既学習項目ばかりではなく未学習項目が出題されることもあります。ここで大事なことは満点を狙うことではなく、限られた時間の中で1点でも多くの得点を獲得することです。そのためには、はじめに問題全体に目を通し、難易度の判断を行い、効果的に得点することが必要となります。

■　難易度の判断基準

そこで、解答要求事項に応じて難易度を分類したものが以下の表になります。今後理論問題を解く際には、以下の表を参考にして、難易度の判断を行った上で答案作成に当たるようにしてください。

難易度	解 答 要 求 事 項
Aレベル	意義、定義などの基本文章をそのまま解答させる問題
Bレベル	基本文章を少し加工して解答させる問題
Cレベル	基本文章をベースに解答文章を受験生自身に作成させる問題（基本文章が存在するケース）
Dレベル	内容の理解をベースに解答文章を受験生自身に作成させる問題（基本文章が存在しないケース）
Eレベル	解答が困難と思われる問題（未学習論点からの出題のため、思い切って捨てる）

第66回本試験第一問の問題を上記の判断基準に基づいて分析すると、おおむね以下のとおりになります。

問　題	1				2	3	4	5
	イ	ロ	ハ	ニ				
配　点	1	1	1	1	2	5	8	6
難易度	A	A	B	B	A	D	C	B

この問題の合格予想点は14〜15点程度と考えられます。上記の表に基づくと合格点を獲得するためには、難易度A〜Cレベルまでを得点に結びつけることが必要であることがおわかりいただけるでしょう。

本試験で合否を分けるのは、おおむね難易度Cレベルの問題になります。難易度AおよびBレベルの問題は、暗記の精度を高めることによって、得点の獲得率を高めることができます。また、難易度Cレベルの問題は、答案作成の技術を身につけることによって、より多くの得点が獲得できるようになります。なお、難易度Dレベルの問題は、部分点を獲得できれば十分ですし、難易度Eレベルの問題は、仮に得点できなかったとしても、合否に影響を与えることはありません。逆に、難易度AおよびBレベルの問題が得点できなければ合格点をとることはできません。

今回、難易度AおよびBレベルの問題で失点した人は、基本文章の暗記の精度を高めることにも力を注いでください。

2 合格答案を作成するために

　皆さんの答案を採点する試験委員は、皆さんの実力を答案用紙のみから判断することになります。このため、内容が理解できていないのも、理解はできているもののそれを答案用紙に反映することができないのも試験委員にとっては同じレベルにしか見えないのです。したがって、財務諸表論の内容がある程度理解できている（もしくは今後の努力によってできるようになる）のであれば、それを答案用紙に反映できるようにすることが必要になります。

　理論答案を作成する際には、「問題を読む（解答要求を把握する）→（要求に即した形で）答案を作成する」という2つのプロセスを経ることになります。したがって、合格答案を作成するためには「『読む』力」と「『書く』力」の両方を養っていくことが必要です。

　これから学習する内容は、上記の2点を伸ばすための具体的な方法と考えてください。学習する内容の中には、当たり前のようなことも含まれており、無意識にすでに実践できているようなものも含まれていると思います。しかしながら、合格点を獲得するためには、この当たり前のことをきちんと実践できなければなりません。そのことを念頭において学習に取り組んでください。

1　「『読む』力」を伸ばす

　本試験問題を解く際には、まず、解答要求事項を正確に把握することが必要です。

　どんなに多くの知識を持っていたとしても、優れた文章能力があったとしても、問われている内容が把握できなければ、得点を獲得することはできません。特に、理論問題は1題あたりの配点が大きいので、1つのミスが致命傷になることもあります。そのようなミスを防ぐためには、以下の点に留意することが必要となります。

⑴　**問題文はゆっくりと読む**

　難しそうな問題は、おのずと深く読み込むことになるため、読み間違いをすることはまずありません。簡単そうな問題ほど雑に読んでしまう傾向が強く、誤った先入観で解答してしまい、それが思わぬ失点につながります。

　先にも述べたとおり、合否を分けるのは難易度の高い問題ではなく、比較的平易な問題です。したがって、仮に難しそうな問題の題意を読み間違えてしまったとしても、そもそも解答要求事項の把握が困難な問題ですから、それが合否に大きな影響を与えることはありません。逆に簡単そうな問題は誰もが得点できる問題ですから、簡単そうな問題ほど確実に得点に結びつけることが必要になるのです。

　簡単な問題ほどゆっくり読むことを心掛けよう！

(2) 「解答要求となる部分」および「解答のヒントとなる部分」に印を付ける

　本試験問題の中には、解答範囲を限定させる指示が与えられているものや、文章中に解答の
ヒントが示されているものもあります。このような指示やヒントを見落としてしまうのは、あ
まりにももったいないことです。

　本試験では、緊張感もあり、独特の雰囲気もあることから、自分の持っている能力すべてを
発揮することは難しいかもしれません。特に試験開始の直後は、過度の緊張感によって意識が
空白化してしまい、冷静さを失ってしまうことも多々あります。そのような状況の中で問題文
を読み進めてしまうと、解答要求事項の一部を見落としてしまい、それが思わぬ失点につなが
ることがあります。

　このような事態を回避するためには、できる限り①意識的に注意を払えるような方法をと
る、②読み取りの作業をパターン化して、その作業を反復的に繰り返すことが必要です。上記
①については、「解答要求となる部分」や「解答のヒントになる部分」に印を付けることによ
って、上記②については、弊社刊行の「財務諸表論 理論問題集 基礎編」「財務諸表論 理論問
題集 応用編」や各受験専門学校における答案練習会などの日々の練習の段階からその方法を
取り入れ、反復的に繰り返すことによって実現可能になるでしょう。

> **本試験での緊張感による意識の空白化を防ぐために**
> **① マーカー等で目印を付け、意識的に注意を払える方法を採る！**
> **② 読み取り作業をパターン化し、日々の練習からそれを実行する！**

(3) 応用問題は基礎的な内容の中から考える

　応用問題とはいっても、学習範囲を大きく逸脱した問題が出題されることはまずありませ
ん。「試験終了後に模範解答で確認をしてみたら、がっかりするほど単純な内容であった」と
いうような経験をもつ人も多いのです。応用問題の中には、少し視点を変えただけの問題や、
ただ単純に問題表現が漠然としているだけの問題も含まれています。このような応用問題をい
くら厳密に解答しようとしても、なかなか解答のイメージが浮かばないと思います。このよう
な応用問題のときこそ、基礎的な内容に置き換えて考えることが必要になります。応用問題は
基礎的な内容の中から考えることによって、解答の糸口が見えてくるものです。

> **応用問題は基礎的な内容に置き換えることによって解答の糸口がつかめるもの！**

2 「『書く』力」を伸ばす

　皆さんの答案を採点する試験委員には、よい印象をもって採点されたいものです。採点者に最もよい印象を与えるのは、採点者が一読しただけで理解できるような、読みやすくて、わかりやすい答案になります。このためには、できるだけ丁寧な字を心掛けること、ある程度の文章マナーを守ることはもちろんのこと、このほかに以下の点にも留意する必要があります。

(1) 解答要求に即した解答をする

> （問題）　静態論のもとで重視される財産計算について説明しなさい。
>
> （解答例①）　財産と債務の差額計算により純財産を計算する。
>
> （解答例②）　財産計算とは、財産と債務の差額計算により純財産を計算することをいう。

　上記の問題において、解答例①と解答例②を比較した場合、解答例②の方が採点者に対する印象がよく、かつ、高得点が見込まれます。換言すれば、解答例①は解答要求に即した解答ができていません。

　上記の問題で要求されているのは、『財産計算について』ですから、「財産計算とは何か（どのような方法か）」を解答することが必要になります。解答例①が解答しているのは、「純財産の計算」であり、『財産計算について』解答しているとはいいがたいでしょう。

> **確実に得点に結びつけるためには、解答要求に即した解答をすることが必要！**

(2) 結論を重視して端的に解答する

　近年の本試験では、想定する解答文章よりも実際の解答スペースの方が狭いことがよくあります。このような場合には、解答スペースに応じて、要点となる部分を端的にまとめて解答することになりますが、「要点を後半部分でまとめようとしたら、結果として、解答スペースが足りなかった」という経験を持つ人も多いでしょう。文章が完結していなければ、減点対象になるでしょうし、要点の抜けた解答では、部分点すら獲得することが難しくなります。

　このような状況を回避するためには、「結論（要点）を先に、かつ、端的な文章」を心掛けることが必要になります。

> **書き損じを防ぐためには、必ず解答しなければいけない部分は先に解答することが必要！**

(3) うそを書かない

　うそを書くつもりで解答する人はいないと思いますが、「軽い気持ちで付け足した一言が、結果として余計だった」という経験を持つ人は多いと思います。自信のないときは、部分点を狙うつもりで、確信をもって解答できる部分のみ解答して、解答にうそが含まれないよう気を付けましょう。

　先にも述べたとおり、難易度Dランクの問題であれば、部分点を獲得できれば十分です。受験上は保守的に考えた方が、結果として高得点が得られることになります。

曖昧な表現は減点のもととなる。確信をもって解答できる部分のみを解答しよう！

(4) できるだけ基本文章を引用する

　解答の軸となる基本文章がある場合には、その基本文章をもとに答案を作成することになりますが、該当する基本文章がない場合には、その場で自ら解答文章を作成することになります。しかしながら、このような場合であっても、他の基本文章に流用できそうな表現があるときは、それをもとに解答文章を作成するとよいでしょう。そのようにすることによって、ある程度、会計基準や関連法令に沿った解答文章を作成することができ、部分点を獲得できる可能性も高くなるでしょう。

基本文章を引用した方が部分点を獲得できる可能性は高い！

3 サンプル答案からわかること

　過去の本試験を皆さん自身で解いて頂いた後は、下記のサンプル答案を見ていきましょう。下記の甲さん、乙さん、丙さんの各答案は何点になるのか、実際に採点してみましょう。

(1) 甲さんの答案

/25点

1

イ	B	ロ	A	ハ	A	ニ	C

2

3

4

　売買目的有価証券は、売却することについて業務遂行上等の制約がなく、時価の変動にあたる評価差額が企業にとっての財務活動の成果と考えられる。
　その他有価証券については、業務遂行上等の必要性から直ちに売買・換金を行うことには制約を伴うので、評価差額を直ちに当期の損益として処理することは適切ではないため、評価差額を当期の損益として処理することなく、税効果を調整の上、純資産の部に記載する。

5

　クリーン・サープラス関係とは、資本取引による株主持分の払込や払出がなかった場合、期間損益と純資産の一会計期間における増減額が一致する関係をいう。

13

⑵ 乙さんの答案

／25点

1

イ	B	ロ	A	ハ	C	ニ	A

2

E

3

4

　　売買目的有価証券は、売却することについて事業遂行上等の制約がなく、時価の変動にあたる評価差額が企業にとっての財務活動の成果と考えられる。
　　その他有価証券については、事業遂行上等の必要性から直ちに売買・換金を行うことには制約を伴うので、評価差額を直ちに当期の損益として処理することは適切ではないため、評価差額を当期の損益として処理することなく、税効果を調整の上、純資産の部に記載する。

5

　　個別財務諸表においては、当期純利益と資本取引を除く株主資本の増減額が等しくなるというクリーン・サープラス関係が成立する。

(3) 丙さんの答案

/25点

1

イ	B	ロ	A	ハ	C	ニ	C

2

E

3

4

　売買目的有価証券は、売却することについて事業遂行上等の制約がなく、時価の変動にあたる評価差額が企業にとっての財務活動の成果と考えられる。それに対して、その他有価証券については、事業遂行上等の必要性から直ちに売買・換金を行うことには制約を伴うので、評価差額を直ちに当期の損益として処理することは適切ではないため、両者の処理が異なるのである。また、保守主義の観点から、部分純資産直入法を適用して、時価が取得原価を下回る銘柄の評価差額は損益計算書に計上することもできる。

5

　個別財務諸表においては、当期純利益と資本取引を除く株主資本の増減額が等しくなるというクリーン・サープラス関係が成立する。連結財務諸表においては、当期純利益と資本取引を除く株主資本の増減額が等しくなるというクリーン・サープラス関係と包括利益と資本取引を除く純資産の増減額が等しくなるというクリーン・サープラス関係が成立する。

15

⑷ 採点講評

いかがでしたか。それでは、各答案をみていきましょう。

① 甲さんの答案からわかること

甲さんの答案はＡＢＣを中心に埋めてあります。しかし、正確性が不十分なため、得点することはできません。ここでは、実質相対評価である本試験においては、基本的な文章の正確性が極めて重要ということをご理解いただければと思います。

また、甲さんは、4の解答に当たって、非常に時間をかけ、ペース配分を誤りました。また「事業遂行上等の制約」を「業務遂行上等の制約」と解答しており、大幅な減点をされています。その結果、記号選択においても空白があり、答案用紙に空白が目立つという状況です。当然ですが、白紙は０点です。

> ・基本論点の正確性は非常に大事
> ・ペース配分に注意
> ・白紙は避けよう

なお、1で２点、2で０点、3で０点、4で２点、5で０点で計４点と、採点しました。

② 乙さんの答案からわかること

乙さんの答案は3以外を埋めてあります。その中で、難易度Ａ・Ｂのものについては正確性が高いです。乙さんは、解答に当たり、焦って、即座に解答できそうなところから手を付けていきました。そのため、答案は埋まっているのですが、解答の流れの中で把握すべき出題意図を見抜けず、また難易度Ｃのものについては、一部の解答要求にしか答えておらず、減点されています。

> ・解答要求はしっかりと読み取ろう
> ・出題意図も考慮してみよう

なお、1で３点、2で２点、3で０点、4で６点、5で２点で計13点と、採点しました。

③ 丙さんの答案からわかること

丙さんも答案の全て埋めてはいません。しかし、難易度Ａ・Ｂはほぼ正確であり、かつ、出題意図も見抜けていることから、難易度Ｃで部分点が取れ、合格に必要な点数は取れてある答案になり得ます。

どのような試験問題であれ、合格答案は共通している部分があると考えられることから、次章のトレーニング編を通じて、合格答案の作成能力を高めていきましょう。

なお、1で３点、2で２点、3で０点、4で７点、5で６点で計18点と、採点しました。

第2編

トレーニング編

第 1 章

難易度A

設 例　第60回本試験　第一問（一部改題）

〈問　題〉

　割引現在価値に基づく資産評価が、資産の定義に照らして妥当とされる根拠を簡潔に説明しなさい。

〈解答欄〉

 ## 答案作成のために参考となる基本文章

1　資産の定義

資産とは、過去の取引又は事象の結果として、報告主体が支配している経済的資源をいう。

2　割引現価主義の論拠

資産を経済的資源、負債を経済的資源を放棄若しくは引き渡す義務又はその同等物とみる資産・負債概念に立てば、当該資産・負債から生じるであろうキャッシュ・フローを現在価値に割り引いた額をもって評価することで、資産・負債の本質と評価が会計理論的に一貫したものとなると考えられるためである。

解　答	理解度チェック		

資産とは、過去の取引又は事象の結果として、報告主体が支配している経済的資源をいう。当該資産概念に立てば、当該資産から得られるであろうキャッシュ・フローを現在価値に割り引いた額をもって評価額とすることが、資産の本質と評価が会計理論的に一貫したものとなると考えられるためである。

 ## 本問のポイント

　上記の問題であれば、誰でも解答要求を容易に把握することができ、かつ解答することができるでしょう。このような問題の場合には、論述内容の精度の高さが合否を分けることになります。

難易度Aで習得すべきこと

　上記の問題から、難易度Aレベルの問題において、確実に得点するために必要なことは何かを考えてみましょう。

　アプローチ編で示した答案作成上の留意点は以下のとおりです。

1 「『読む』力」を伸ばす

⑴　問題文はゆっくりと読む

⑵　「解答要求となる部分」および「解答のヒントとなる部分」に印を付ける

⑶　応用問題は基礎的な内容の中から考える

2 「『書く』力」を伸ばす

⑴　解答要求に即した解答をする

⑵　結論を重視して端的に解答する

⑶　うそを書かない

⑷　できるだけ基本文章を引用する

　難易度Aレベルの問題を解答するにあたって考慮しなければいけないのは、上記1⑴および⑵でしょう。

　難易度Aレベルの問題は、解答要求の把握や解答文章の作成が難しいということはほとんどなく、基本文章が正確に暗記ができていれば、基本的には満点がとれる問題です。そのため、このような問題は他の受験生に差をつけられないよう、基本文章の表現を使って丁寧に論述することが大切です。

　このような問題を解く際に気をつけなければならないことは、ケアレスミスを防ぐために上記1⑴および⑵を心掛けておくことです。

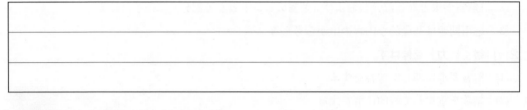

練習問題①

売買目的有価証券の評価方法とその理由を述べなさい。

〈解答欄〉

答案作成のために参考となる基本文章

① **定　義**

売買目的有価証券とは、時価の変動により利益を得ることを目的として保有する有価証券をいう。

② **評価および評価差額の取扱い**

売買目的有価証券については、時価をもって貸借対照表価額とし、評価差額は当期の損益として処理する。

③ **時価評価を行う理由**

売買目的有価証券については、投資者にとっての有用な情報は有価証券の期末時点での時価に求められると考えられるため、時価をもって貸借対照表価額とする。

④ **評価差額を当期の損益とする理由**

売買目的有価証券は、売却することについて事業遂行上等の制約がなく、時価の変動にあたる評価差額が企業にとっての財務活動の成果と考えられることから、その評価差額は当期の損益として処理する。

解答

理解度
チェック

売買目的有価証券については、時価をもって貸借対照表価額とする。その理由は、投資者にとっての有用な情報は期末時点での時価に求められると考えられるためである。

 ## 本問のポイント

〈本問における誤った解答例〉

売買目的有価証券については、時価をもって貸借対照表価額とし、評価差額は当期の損益として処理する。その理由は、売却することに事業遂行上等の制約がないものと考えられるためである。

　上記の違いを即座に指摘できる人は、頭の中で論点整理がしっかりとできている人でしょう。

　本問の解答要求は、売買目的有価証券の「評価方法とその評価方法を採用する理由」です。しかし、誤った解答例では、売買目的有価証券の評価方法に加えて、「評価差額の取扱い」を解答してしまい、それに伴いその理由として「評価差額を当期の損益とする理由」を解答してしまっています。

　本問が本試験で問われた場合には、合格圏内にいる人は、確実に完璧な答案を作成するでしょう。合格点をとるためには、絶対にやってはいけないミスであることを意識してください。

答案作成のアプローチ

〈問　題〉

売買目的有価証券の評価方法とその理由を述べなさい。
　　　　　　❶　　　　　❷❸

🔑 **答案作成のために参考となる基本文章**

① **定　義**

　　売買目的有価証券とは、時価の変動により利益を得ることを目的として保有する有価証券をいう。

② **評価および評価差額の取扱い**

　　売買目的有価証券については、時価をもって貸借対照表価額とし、評価差額は当期の損益として処理する。

③ **時価評価を行う理由**

　　売買目的有価証券については、投資者にとっての有用な情報は有価証券の期末時点での時価に求められると考えられるため、時価をもって貸借対照表価額とする。

④ **評価差額を当期の損益とする理由**

　　売買目的有価証券は、売却することについて事業遂行上等の制約がなく、時価の変動にあたる評価差額が企業にとっての財務活動の成果と考えられることから、その評価差額は当期の損益として処理する。

 本問において不要な部分

　　売買目的有価証券については、期末時点での時価をもって貸借対照表価額とする。その理由は、投資者にとっての有用な情報は期末時点での時価に求められると考えられるためである。

難
易
度
A

1 問題の要求事項を確認

❶ 売買目的有価証券に関する問題であることを確認。

❷ 売買目的有価証券の評価方法、評価差額の取扱いのうち、本問が評価方法に限定して問われていることを確認。

❸ あわせて、解答すべき評価方法（時価評価）する理由が問われていることを確認。

2 基本文章をイメージする

❶ 上記問題に関連する基本文章を頭にイメージする。

❷ ケアレスミスとして、評価差額の取扱い、評価差額を当期の損益とする理由を解答してしまう例が多いことを頭の中で確認し、基本文章中の不要部分を排除する。

❸ 本問が難易度Aレベルの基本問題であることを意識し、ミスの無い、確実な論述を行うことを心掛ける。

練 習 問 題 ②

〈問 題〉

　以下の問題文の「解答要求となる部分」を◯で囲み、「解答のヒントとなる部分」に下線を引き、その解答を答案用紙の所定の箇所に記載しなさい。

> 投資者保護のために、企業の価値の算定・表示を重視する会計観において、資産はどのようなものと捉えられるか説明しなさい。

〈解答欄〉

 答案作成のために参考となる基本文章

資産の定義

① **資産負債アプローチにおける資産の定義**

　資産とは、過去の取引または事象の結果として、報告主体が支配している経済的資源をいう。

② **収益費用アプローチにおける資産の定義**

　資産とは、企業活動の一定時点における企業資本の運用形態を示すものである。

解 答

理解度
チェック

(1) 解答要求およびヒントとなる部分

投資者保護のために、<u>企業の価値の算定・表示を重視する会計観</u>において、<u>資産はどのようなものと捉えられるか</u>説明しなさい。

(2) 資産の捉え方（定義）

資産とは、過去の取引または事象の結果として、報告主体が支配している経済的資源をいう。

本問のポイント

〈本問における誤った解答例〉

資産とは、企業活動の一定時点における企業資本の運用形態を示すものである。

上記のような誤った解答を書いてしまった人は、当該論点の内容の理解が不十分であったか、もしくは問題文を丁寧に読まなかったため、「解答のヒントとなる部分」を読み落としてしまっている可能性があります。注意するようにしましょう。

1 「解答要求およびヒントとなる部分」について

本問のポイントは「企業の価値の算定・表示を重視する会計観」という解答のヒントとなる部分をしっかりチェックできたかどうかにあります。なぜなら、会計観が異なれば、それに応じて資産の捉え方（定義）も異なることになるからです。

2 「資産の捉え方（定義）」について

会計観が異なれば、資産の捉え方（定義）も異なることになります。債権者保護を目的とする静態論においては、資産を「換金価値のある財産」と捉えられますが、動態論においてはその捉え方が異なります。収益費用アプローチにおいては、(1)企業資本の循環運動から捉えた場合「企業資本の運用形態」と捉えられ、(2)資産の持つ物的給付能力に着目すると「将来の収益力要因」と捉えられます。また、資産負債アプローチにおいては「報告主体が支配する経済的資源」と捉えられます。

本問においては、「企業の価値の算定・表示を重視する会計観」というヒントから、資産負債アプローチの立場から資産の定義が問われていることが読み取れます。したがって、「報告主体が支配する経済的資源」が解答として求められていることがわかるでしょう。

答案作成のアプローチ

〈問 題〉

以下の問題文の「解答要求となる部分」を ⌒ で囲み、「解答のヒントとなる部分」に下線を引き、その解答を答案用紙の所定の箇所に記載しなさい。

投資者保護のために、<u>企業の価値の算定・表示を重視する会計観</u>において、資産はどのようなものと捉えられるか説明しなさい。
　　　　　　　　　　　　　　　　　　　　　❷
　　　　　　　　　　　　　　❶

1

 答案作成のために参考となる基本文章

資産の定義

① **資産負債アプローチにおける資産の定義**

資産とは、過去の取引または事象の結果として、報告主体が支配している経済的資源をいう。

② 収益費用アプローチにおける資産の定義

資産とは、企業活動の一定時点における企業資本の運用形態を示すものである。

本問において不要な部分

2

(1) 解答要求およびヒントとなる部分

投資者保護のために、<u>企業の価値の算定・表示を重視する会計観</u>において、(資産はどのようなものと捉えられるか)説明しなさい。

(2) 資産の捉え方（定義）

資産とは、過去の取引または事象の結果として、報告主体が支配している経済的資源をいう。

1 問題の要求事項を確認

❶ 資産の定義が問われていることを確認。

❷ 様々な会計観のうち、資産負債アプローチの立場から資産の定義が問われていることを確認。

2 基本文章をイメージする

❶ 上記問題に関連する基本文章を頭にイメージする。

❷ 本問が難易度Ａレベルの基本問題であることを意識し、ミスの無い、確実な論述を行うことを心掛ける。

難易度Ａレベルの問題から導かれる結論

① 簡単そうな問題ほど、思い込みを捨て、問題文を正確に読むようにする！

② 解答要求を正確に把握するためには、マーカー等で印を付けることも必要！

③ 基本文章に沿った正確な論述を心掛けること！

コラム① 税理士試験は競争試験!?

　税理士試験は、検定試験ではなく、実質、競争試験であるといわれます。検定試験と競争試験は何が違うのでしょう？

　一般に検定試験は「100点満点中、70点以上を獲得すれば合格」というように、合格の基準点を超えてさえいれば合格できる試験です。ですから、基準点を超えている人が1,000人いれば、その1,000人すべてが合格者になります。逆に基準点を超えている人が1人だけであれば、その1人のみが合格者になります。

　一方、税理士試験のような競争試験は「上位10％以内の人を合格者とする」というように、獲得した点数に関係なく、上位の一定の範囲内の人を合格者とする試験です。

　よって、たとえ100点満点中30点しか獲得できていなかったとしても、その点数が上位10％以内に入っていれば合格者になります。逆に90点獲得できたとしても、それが上位10％に入っていない場合には不合格になってしまいます。

　そこで、税理士試験のような競争試験で合格するためには、どのような点が大事なのでしょうか？

■　競争試験での最重要ポイント

　競争試験での一番大切な点は、他の受験生に勝つことではありません。他の受験生に負けないようにすること（差をつけられないようにすること）です！

　合格圏内にいる受験生に差をつけられ、負けてしまっては絶対に合格できません。しかし、合格圏内にいる受験生との引き分けに持ち込めば、あなたも合格できるのです！

　もちろん勝つことにこしたことはありませんが、それよりも競争試験においては「負けないこと（差をつけられないこと）が大事！」であることを強く意識してください。

　なお、負けないようにするために、試験問題を解くときには以下の点を意識するようにしてください。

⑴　**満点を狙わない！**

　⇒　合格に必要な点数を確実に取る。

⑵　**基本問題（やさしい問題）は確実に得点する！**

　⇒　合格者のほとんどが解答する問題は、自分も確実に解答し、得点を取る。

⑶　**やや難しい問題は後で解く！**

　⇒　後回しにし、残された時間で1つでも多く解ければよい。

⑷　**難しい問題は思い切って捨てる**

　⇒　多くの受験生が間違う確率の高い難しい問題は、自分が間違っても問題はない（皆が間違えば、差がつかないため、合否に影響しない）。時間の浪費を避けるため、思い切って捨てる。

第 2 章

難易度B

〈問 題〉

　下記の【資料】は金融商品に関する会計基準（以下「基準」という。）において規定された有価証券の原則的な会計処理を要約したものである。

【資料】

有価証券の分類	適用される評価基準	評価差額の処理
Ⅰ．売買目的有価証券	時　価	当期損益に計上
Ⅱ．満期保有目的の債券	償却原価	評価差額は生じない
Ⅲ．子会社及び関連会社株式	取得原価	評価差額は生じない
Ⅳ．その他有価証券	時　価	純資産の部に計上

　「基準」が【資料】に示されるような評価基準の適用と評価差額の処理を要求しているのはどのような理由によるものか、Ⅰ～Ⅳの有価証券ごとに説明しなさい。なお、解答においては、強調したい用語に下線を引くこと。

〈解答欄〉

Ⅰ	
Ⅱ	
Ⅲ	
Ⅳ	

答案作成のために参考となる基本文章

1　売買目的有価証券

① **定　義**

　　売買目的有価証券とは、時価の変動により利益を得ることを目的として保有する有価証券をいう。

② **評価および評価差額の取扱い**

　　売買目的有価証券については、時価をもって貸借対照表価額とし、評価差額は当期の損益として処理する。

③ **時価評価を行う理由**

　　売買目的有価証券については、投資者にとっての有用な情報は有価証券の期末時点での時価に求められると考えられるため、時価をもって貸借対照表価額とする。

④ **評価差額を当期の損益とする理由**

　　売買目的有価証券は、売却することについて事業遂行上等の制約がなく、時価の変動にあたる評価差額が企業にとっての財務活動の成果と考えられることから、その評価差額は当期の損益として処理する。

2　満期保有目的の債券

① **定　義**

　　満期保有目的の債券とは、企業が満期まで所有する意図をもって保有する社債その他の債券をいう。

② **評　価**

　　満期保有目的の債券については、取得原価をもって貸借対照表価額とする。ただし、債券を債券金額より低い価額又は高い価額で取得した場合において、取得価額と債券金額との差額の性格が金利の調整と認められるときは、償却原価法に基づいて算定された価額をもって貸借対照表価額としなければならない。

③ **時価評価を行わない理由**

　　満期保有目的の債券については、時価が算定できるものであっても、満期まで保有することによる約定利息及び元本の受取りを目的としており、満期までの間の金利変動による価格変動のリスクを認める必要がないことから、原則として、取得原価又は償却原価法に基づいて算定された価額をもって貸借対照表価額とする。

難易度 B

3 子会社株式及び関連会社株式

① 評 価

子会社株式及び関連会社株式は、取得原価をもって貸借対照表価額とする。

② 時価評価を行わない理由

子会社株式については、事業投資と同じく時価の変動を財務活動の成果とは捉えないという考え方に基づき、取得原価をもって貸借対照表価額とする。

また、関連会社株式については、他企業への影響力の行使を目的として保有する株式であることから、子会社株式の場合と同じく事実上の事業投資と同様の会計処理を行うことが適当であるため、取得原価をもって貸借対照表価額とする。

4 その他有価証券

① 定 義

その他有価証券とは、売買目的有価証券、満期保有目的の債券、子会社株式及び関連会社株式以外の有価証券をいう。

② 評価および評価差額の取扱い

その他有価証券については、時価をもって貸借対照表価額とし、評価差額は洗い替え方式に基づき、次のいずれかの方法により処理する。

イ　評価差額の合計額を純資産の部に計上する。

ロ　時価が取得原価を上回る銘柄に係る評価差額は純資産の部に計上し、時価が取得原価を下回る銘柄に係る評価差額は当期の損失として処理する。

なお、純資産の部に計上されるその他有価証券の評価差額については、税効果会計を適用しなければならない。

③ 理 由

イ　時価評価を行う理由

その他有価証券については、投資情報としても、企業の財務認識としても、さらに、国際的調和化の観点からも、これを時価評価し適切に財務諸表に反映することが必要である。

ロ　評価差額の取扱いの理由

その他有価証券については、事業遂行上等の必要性から直ちに売買・換金を行うことには制約を伴う要素もあり、評価差額を直ちに当期の損益として処理することは適切ではないため、評価差額を当期の損益として処理するとなく、税効果を調整の上、純資産の部に記載する。

ただし、企業会計上、保守主義の観点から、これまで認められていた低価法による評価の考え方を考慮し、部分純資産直入法を適用して、時価が取得原価を下回る銘柄の評価差額は損益計算書に計上することもできる。

解 答

難易度 B

Ⅰ	投資者にとっての<u>有用な情報は期末時点での時価</u>に求められる。評価差額は売却することについて<u>事業遂行上等の制約がなく</u>、時価の変動にあたる評価差額が企業にとっての<u>財務活動の成果と考えられる</u>ことから、当期の損益に計上する。
Ⅱ	満期まで保有することによる<u>約定利息及び元本の受取りを目的</u>としており、満期までの間の<u>金利変動による価格変動のリスクを認める必要がない</u>ため償却原価で評価する。
Ⅲ	事業投資と同じく時価の変動を<u>財務活動の成果と捉えない</u>という考え方に基づくため取得原価で評価する。
Ⅳ	<u>投資情報、企業の財務認識及び国際的調和化の観点から時価評価する。</u>評価差額は事業遂行上等の必要性から<u>直ちに売買・換金を行うことには制約を伴う要素もあるため純資産の部に計上する。</u>

本問のポイント

　本問において、解答要求は「【資料】に示されるような評価基準の適用と評価差額の処理を要求している理由」ですから、売買目的有価証券とその他有価証券については、「評価基準を適用している理由」と「評価差額をそのように処理している理由」の2つを解答することになります。一方、満期保有目的の債券と子会社及び関連会社株式については、評価差額が生じないので、「評価基準を適用する理由」のみを解答することになります。なお、関連会社株式の評価基準を適用している理由は、子会社株式の考え方（理由）と同様であり、解答スペースからも2つの内容を要約して解答することは困難と考えられるため、本問の解答では省略しています。

　本問では、解答として想定できる基本文章に対して解答スペースが狭いため、該当する基本文章を要約して解答することが必要になります。

基本文章から解答すべき文章への要約方法

Ⅰ 売買目的有価証券については、投資者にとっての有用な情報は有価証券の期末時点での時価に求められると考えられるため、時価をもって貸借対照表価額とする。

売買目的有価証券は、売却することについて事業遂行上等の制約がなく、時価の変動にあたる評価差額が企業にとっての財務活動の成果と考えられることからその評価差額は当期の損益として処理する。

評価基準を適用している理由　　　　　　**評価差額をそのように処理している理由**

（基本文章をもとにうまくつながるように文章をととのえる）

Ⅱ 満期保有目的の債券については、時価が算定できるものであっても、満期まで保有することによる約定利息及び元本の受取りを目的としており、満期までの間の金利変動による価格変動のリスクを認める必要がないことから、原則として、取得原価又は償却原価法に基づいて算定された価額をもって貸借対照表価額とする。

評価基準を適用している理由

（基本文章をもとに文章をととのえる）

Ⅲ 子会社株式については、事業投資と同じく時価の変動を財務活動の成果とは捉えないという考え方に基づき、取得原価をもって貸借対照表価額とする。

また、関連会社株式については、他企業への影響力の行使を目的として保有する株式であることから、子会社株式の場合と同じく事実上の事業投資と同様の会計処理を行うことが適当であるため、取得原価をもって貸借対照表価額とする。

評価基準を適用している理由

（基本文章をもとに文章をととのえる）

Ⅳ その他有価証券については、投資情報としても、企業の財務認識としても、さらに、国際的調和化の観点からも、これを時価評価し適切に財務諸表に反映することが必要である。

その他有価証券については、事業遂行上等の必要性から直ちに売買・換金を行うことには制約を伴う要素もあり、評価差額を直ちに当期の損益として処理することは適切ではないため、評価差額を当期の損益として処理することなく、税効果を調整の上、純資産の部に記載する。

ただし、企業会計上、保守主義の観点から、これまで認められていた低価法による評価の考え方を考慮し、部分純資産直入法を適用して、時価が取得原価を下回る銘柄の評価差額は損益計算書に計上することもできる。

評価基準を適用している理由　　　　　　**評価差額をそのように処理している理由**

（基本文章をもとにうまくつながるように文章をととのえる）

難易度Bで習得すべきこと

　上記の問題から、難易度Bレベルの問題において、確実に得点するために必要なことは何かを考えてみましょう。

　アプローチ編で示した答案作成上の留意点は以下のとおりです。

1　「『読む』力」を伸ばす

(1)　問題文はゆっくりと読む

(2)　「解答要求となる部分」および「解答のヒントとなる部分」に印を付ける

(3)　応用問題は基礎的な内容の中から考える

2　「『書く』力」を伸ばす

(1)　解答要求に即した解答をする

(2)　結論を重視して端的に解答する

(3)　うそを書かない

(4)　できるだけ基本文章を引用する

　難易度Bレベルの問題を解答するにあたって考慮しなければいけないのは、すでに学習した上記1(1)および(2)に加えて、上記2(1)および(2)になります。

　難易度Bレベルの問題でも、解答要求の把握が難しいということはないと思いますが、「解答として想定できる基本文章に対して解答スペースが狭い」ことや「解答要求に即した形に基本文章を一部加工しなければならない」ことが多くなります。この場合、解答すべき内容を限られた解答スペースに織り込まなければならないため、覚えている基本文章のうち、解答要求に即した内容を要約し論述しなければなりません。

　また、多少なりとも受験生自ら文章を作成することになるので、文章全体が意味の通るものになるよう注意しなければなりません。

　そのため、すでに紹介した上記1(1)および(2)にプラスして、上記2(1)および(2)についても心掛けていくことが必要になります。

〈問　題〉

　有形固定資産を贈与により取得した場合には、時価等を基準として公正に評価した額をもって取得原価とする。

　取得原価をゼロとせず、上記のように取得原価とする理由を貸借対照表の観点から答えなさい。

〈解答欄〉

 答案作成のために参考となる基本文章

1　贈与（取得原価をゼロとした場合の問題点）

(1)　簿外資産が存在することになり、貸借対照表上に計上されないため、利害関係者の判断を誤らせるおそれがある。

解　答

　簿外資産が存在することになり、貸借対照表上に計上されないため、利害関係者の判断を誤らせるおそれがあるためである。

 ## 本問のポイント

　本問の解答要求は「取得原価をゼロとせず、時価等を基準として公正に評価した額を取得原価とする理由」であるが、当該理由には①貸借対照表の観点と②損益計算書の観点という2つの観点がある。

　本問では、解答のヒントとなる部分として「貸借対照表の観点」があるため、贈与（取得原価をゼロとした場合の問題点）の中から解答要求に対する解答として相応しい部分のみを選択して解答することが必要となる。

答案作成のアプローチ

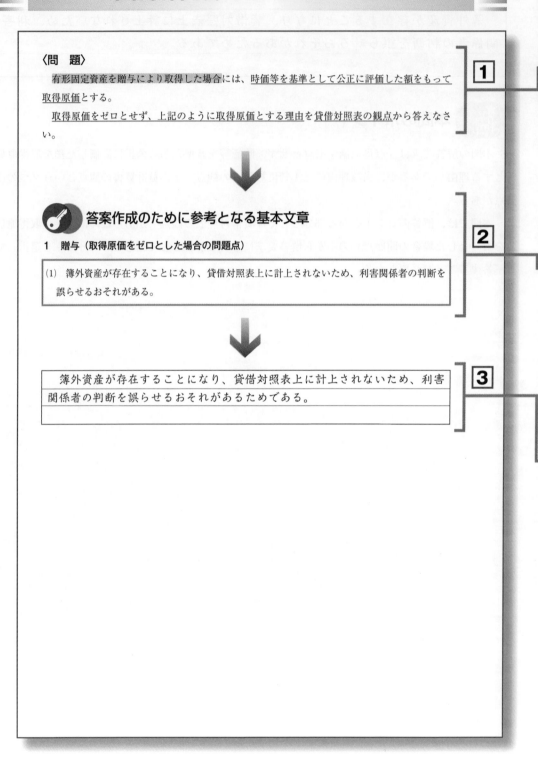

〈問　題〉

　有形固定資産を贈与により取得した場合には、時価等を基準として公正に評価した額をもって取得原価とする。

　取得原価をゼロとせず、上記のように取得原価とする理由を貸借対照表の観点から答えなさい。

1

🔑 **答案作成のために参考となる基本文章**

1　贈与（取得原価をゼロとした場合の問題点）

(1)　簿外資産が存在することになり、貸借対照表上に計上されないため、利害関係者の判断を誤らせるおそれがある。

2

　簿外資産が存在することになり、貸借対照表上に計上されないため、利害関係者の判断を誤らせるおそれがあるためである。

3

1 問題の要求事項を確認

❶ 有形固定資産の贈与された場合の取得原価に関する問題であることを確認。

❷ ２つの理由のうち、解答要求が「貸借対照表の観点」からの採用根拠に限定して解答することを確認。

❸ 解答文章として、時価等を基準として公正に評価した額をもって取得原価とする理由が求められていることを確認。

2 基本文章をイメージする

❶ 上記問題に関連する基本文章をイメージする。

❷ 問題の限定要求に対応する採用理由を「貸借対照表の観点」「損益計算書の観点」から選択する。

⇒ 「貸借対照表の観点」を選択

3 解答文章の作成

❶ 問題の解答要求に応じ、「取得原価をゼロとした場合の問題点」の中から解答要求に対する解答として「貸借対照表の観点」の内容を正確に解答する。

〈問　題〉

以下の文章の「解答要求となる部分」を◯◯◯◯で囲み、その解答をそれぞれの答案用紙のスペースに応じ、所定の箇所に記載しなさい。

棚卸資産の払出単価の計算方法である先入先出法と後入先出法のうち、期末における公正価値評価の観点から望ましい払出単価の計算方法について答えなさい。

〈解答欄〉

解答①

解答②

解答③

答案作成のために参考となる基本文章

1　先入先出法の定義

　先入先出法は、最も古く取得されたものから順次払出しが行われ、期末棚卸資産は最も新しく取得されたものからなるとみなして期末棚卸資産の価額を算定する方法である。

難
易
度
B

2　先入先出法の長所

①　物的流れに即応した払出額計算ができる。

②　在庫の金額に直近の市場価格が反映される。

解 答

(1) 解答要求となる部分

　棚卸資産の払出単価の計算方法である先入先出法と後入先出法のうち、期末における公正価値評価の観点から望ましい払出単価の計算方法について答えなさい。

(2)

解答①

　棚卸資産の払出単価の計算方法である先入先出法と後入先出法のうち、期末における公正価値評価の観点から望ましい払出単価の計算方法は、先入先出法である。

解答②

　棚卸資産の払出単価の計算方法である先入先出法と後入先出法のうち、期末における公正価値評価の観点から望ましい払出単価の計算方法は、先入先出法である。
　なぜならば、先入先出法によると、物的流れに即応した払出額計算ができ、在庫の金額に直近の市場価格が反映されるからである。

解答③

　棚卸資産の払出単価の計算方法である先入先出法と後入先出法のうち、期末における公正価値評価の観点から望ましい払出単価の計算方法は、先入先出法である。
　先入先出法は、最も古く取得されたものから順次払出しが行われ、期末棚卸資産は最も新しく取得されたものからなるとみなして期末棚卸資産の価額を算定する方法である。したがって、物的流れに即応した払出額計算ができ、在庫の金額に直近の市場価格が反映されるからである。

 ## 本問のポイント

1　解答要求となる部分について

　本問において、解答要求となる部分は「払出単価の計算方法」になります。すなわち、「どのような方法で払出単価の計算を行うのが妥当か」ということになります。よって、実際に解答を書く際にはその点を意識して解答することが必要です。

2　解答①について

　「払出単価の計算方法」という解答要求に対して、答案用紙のスペースが3行しかありません。よって、一番の結論となる部分である「先入先出法」ということを解答の柱に据えて解答

することになります。

3　解答②について

　本問では、解答スペースが5行になっているため、解答①に比べて、内容を詳細に書くことができます。よって、「先入先出法」がなぜ「公正価値評価の観点から望ましい」のか、という理由について、先入先出法の長所である「物的流れに即応した払出額計算ができ、また、期末棚卸資産は新しい価額で評価されることになる」という文章を加え解答することになります。

4　解答③について

　本問ではさらに解答スペースが7行になっているため、解答②に比べて、より内容を詳細に書くことができます。よって、さらに具体的な内容である記載内容（先入先出法の内容）をプラスして解答することになります。

　上記のように、解答内容は解答スペースに応じて変わることとなります。与えられた条件の中で、できるだけ的確な解答をするためには、ポイント部分が頭に入っていることが大前提ですが、それに加えて「解答要求に対して最も必要なのはどの部分か」を判断できなければなりません。日頃の学習において、精度の高い暗記を心掛けるとともに、重要度を判断するための内容理解にも力を注いでください。

答案作成のアプローチ

〈問　題〉

　以下の文章の「解答要求となる部分」を◯で囲み、その解答をそれぞれの答案用紙のスペースに応じ、所定の箇所に記載しなさい。

　　棚卸資産の払出単価の計算方法である先入先出法と後入先出法のうち、期末における公正価
　　値評価の観点から望ましい払出単価の計算方法について答えなさい。
　　　　　　　　　　　　　　　　❶　　　　　　　　　　　　　　　　❷

1

 答案作成のために参考となる基本文章

2

1　先入先出法の定義

　先入先出法は、最も古く取得されたものから順次払出しが行われ、期末棚卸資産は最も新しく取得されたものからなるとみなして期末棚卸資産の価額を算定する方法である。

2　先入先出法の長所

① 物的流れに即応した払出額計算ができる。

② 在庫の金額に直近の市場価格が反映される。

難
易
度
B

1 問題の要求事項を確認

❶ 先入先出法と後入先出法のうち、期末における公正価値評価の観点から望ましい方法が問われていることを確認。

❷ 払出単価の計算方法が問われていることを確認。

2 基本文章をイメージする

❶ 上記問題に関連する基本文章を頭にイメージする。

❷ 解答スペースを確認する。

〈解答①の場合〉

基本文章に対し解答スペースが極端に狭いことを確認。

〈解答②の場合〉

基本文章に対し解答スペースが狭いことを確認。

〈解答③の場合〉

基本文章を記述するのに十分なスペースが用意されていることを確認。

(1) 解答要求となる部分

棚卸資産の払出単価の計算方法である先入先出法と後入先出法のうち、期末における公正価値評価の観点から望ましい払出単価の計算方法について答えなさい。

(2)

解答①

棚卸資産の払出単価の計算方法である先入先出法と後入先出法のうち、期末における公正価値評価の観点から望ましい払出単価の計算方法は、先入先出法である。

解答②

棚卸資産の払出単価の計算方法である先入先出法と後入先出法のうち、期末における公正価値評価の観点から望ましい払出単価の計算方法は、先入先出法である。

なぜならば、先入先出法によると、物的流れに即応した払出額計算ができ、在庫の金額に直近の市場価格が反映されるからである。

解答③

棚卸資産の払出単価の計算方法である先入先出法と後入先出法のうち、期末における公正価値評価の観点から望ましい払出単価の計算方法は、先入先出法である。

先入先出法は、最も古く取得されたものから順次払出しが行われ、期末棚卸資産は最も新しく取得されたものからなるとみなして期末棚卸資産の価額を算定する方法である。したがって、物的流れに即応した払出額計算ができ、在庫の金額に直近の市場価格が反映されるからである。

3

必ず指摘しなければならないキーワード

キーワードのより詳細な内容

さらに具体的な内容

3 解答文章の作成

〈解答①の場合〉

❶ 基本文章に対し解答スペースが極端に狭いため、解答にあたり必ず指摘しなければ
ならないキーワードをピックアップする。

❷ ピックアップしたキーワードを軸に主語、述語を加え、解答文章を整える。

〈解答②の場合〉

❶ 基本文章に対し解答スペースが狭いため、解答にあたり必ず指摘しなければならな
いキーワードをピックアップする。

❷ 解答スペースに応じて、ピックアップしたキーワードの内容をより詳細な内容に変
換する。

❸ 変換したキーワードを軸に主語、述語を加え、解答文章を整える。

〈解答③の場合〉

❶ 基本文章を記述するのに十分なスペースが用意されているため、キーワードに対す
るより具体的な内容をイメージし、その内容を書き加える。

❷ 解答①、②と異なり、基本文章を要約する必要がない（暗記した基本文章をそのま
ま書けばよい）ため、解答しやすい問題であることを意識し、記述漏れ等が無いよう
に正確に記述することを心掛ける。

練習問題③

〈問 題〉

税効果会計の会計処理として繰延法と資産負債法があるが、このうち将来の法人税等の支払額に対する影響を表示することを目的としているのは、いずれの方法か説明しなさい。

〈解答欄〉

 答案作成のために参考となる基本文章

1 税効果会計の処理方法

① 繰延法

　繰延法とは、調整すべき差異を会計上の収益および費用と、税務上の益金および損金の差額から把握し、これに現行の税率を適用して算定した額を調整すべき税効果額として処理する方法である。

② 資産負債法

　資産負債法とは、調整すべき差異を会計上の資産および負債と、税務上の資産および負債の差額から把握し、これに将来施行されるべき税率（予測税率）を適用して算定した額を調整すべき税効果額として処理する方法である。

2 繰延法による税効果会計の目的

　繰延法のもとでは、発生年度における法人税等の額と税引前当期純利益とを期間的に対応させることが税効果会計を行う目的である。

3 資産負債法による税効果会計の目的

　資産負債法のもとでは、将来の法人税等の支払額に対する影響を表示することが税効果会計を行う目的である。

解　答

難
易
度
B

　将来の法人税等の支払額に対する影響額を表示することを目的としている
方法は資産負債法である。
　資産負債法とは、調整すべき差異を会計上の資産および負債と税務上の資
産および負債の差額から把握し、これに将来施行されるべき税率（予測税
率）を適用して算定した額を調整すべき税効果額として処理する方法である。

 ## 本問のポイント

　本問の解答として、以下に示すような解答を記述した受験生もいるでしょう。

　資産負債法とは、調整すべき差異を会計上の資産および負債と税務上の資産および負債の
差額から把握し、これに将来施行されるべき税率（予測税率）を適用して算定した額を調整
すべき税効果額として処理する方法である。

　上記のような解答文章の場合、解答要求に対して的確に論述しているとはいえません。
　本問の解答要求は「将来の法人税等の支払額に対する影響を表示することを目的としている方
法」ですから、まず「資産負債法であること」を指摘し、解答していくことが必要になります。
その際には、解答要求に即した文章となるべく問題文の表現を引用していくとよいでしょう。
　そのうえで、解答スペースに合わせて、「資産負債法」の具体的内容について説明すれば、解
答要求に即した、よりよい解答文章となるでしょう。

答案作成のアプローチ

〈問　題〉　　　　　　　　　　　　　　　　　　　　　　　　　　　　　　　　 1

　税効果会計の会計処理として繰延法と資産負債法があるが、このうち将来の法人税等の支払額
に対する影響を表示することを目的としているのは、いずれの方法か説明しなさい。

🔑 答案作成のために参考となる基本文章

1　税効果会計の処理方法

> ① **繰延法**
>
> 　繰延法とは、調整すべき差異を会計上の収益および費用と、税務上の益金および損金の差
> 額から把握し、これに現行の税率を適用して算定した額を調整すべき税効果額として処理す
> る方法である。
>
> ② **資産負債法**
>
> 　資産負債法とは、調整すべき差異を会計上の資産および負債と、税務上の資産および負債
> の差額から把握し、これに将来施行されるべき税率（予測税率）を適用して算定した額を調
> 整すべき税効果額として処理する方法である。

2　繰延法による税効果会計の目的

> 　繰延法のもとでは、発生年度における法人税等の額と税引前当期純利益とを期間的に対応さ
> せることが税効果会計を行う目的である。

3　資産負債法による税効果会計の目的

> 　資産負債法のもとでは、将来の法人税等の支払額に対する影響を表示することが税効果会計
> を行う目的である。

本問において不要な部分

> 　将来の法人税等の支払額に対する影響額を表示することを目的としている
> 方法は資産負債法である。
> 　資産負債法とは、調整すべき差異を会計上の資産および負債と税務上の資
> 産および負債の差額から把握し、これに将来施行されるべき税率（予測税
> 率）を適用して算定した額を調整すべき税効果額として処理する方法である。

> **直接的な解答となる部分（結論）を先に指摘する。**
> **その際、解答要求に即した文章となるように問題文**
> **の表現を引用する。**

> **その後、内容を正**
> **確に論述する。**

2

3

1 問題の要求事項を確認

❶ 税効果会計の会計処理に関する問題であることを確認。

❷ 2つの処理方法のうち、解答要求が「将来の法人税等の支払額に対する影響を表示することを目的」とする方法に限定して解答することを要求していることを確認。

❸ 解答文章として、処理方法の名称およびその内容説明が求められていることを確認。

2 基本文章をイメージする

❶ 上記問題に関連する基本文章を頭にイメージする。

❷ 問題の限定要求に対応する処理方法が繰延法、資産負債法のいずれの方法であるか選択する。

　⇒　資産負債法を選択

❸ 資産負債法に関する基本文章を頭に思い浮かべる。

3 解答文章の作成

❶ 問題の解答要求に応じ、目的に合致する方法が「資産負債法」であることを初めに指摘する。その際、問題文を引用し、うまく解答文章をまとめる。

❷ その後、資産負債法の内容を正確に論述する。

練習問題④

〈問　題〉

　リース取引の会計処理方法としては、売買取引に係る方法に準じて会計処理する方法と、通常の賃貸借取引に係る方法に準じて会計処理する方法の2つがある。

　ファイナンス・リース取引に該当した場合にどちらの会計処理を行うか、理由とともに説明しなさい。

〈解答欄〉

 ## 答案作成のために参考となる基本文章

リース取引

ファイナンス・リース取引を売買取引に係る方法に準じて会計処理する理由

　ファイナンス・リース取引は、リース取引の借手によるリース物件の割賦購入または借入資金によるリース物件の購入取引とみることができ、その経済的実態が売買取引と考えられるため、売買取引に係る方法に準じて会計処理を行う。

解 答

　ファイナンス・リース取引に該当する場合には、売買取引に係る方法に準じて会計処理する。

　なぜならファイナンス・リース取引は、リース取引の借手によるリース物件の割賦購入または借入資金によるリース物件の購入取引とみることができ、その経済的実態が売買取引と考えられるためである。

 本問のポイント

　本問でも、解答要求に対して直接的な解答となる部分（結論）を先に解答するということを確認してください。

　本問の解答要求は「ファイナンス・リース取引に該当した場合の会計処理」です。よって、解答要求に対して直接的な解答となる部分である「売買取引に係る方法に準じて会計処理する方法」ということをまず解答することが必要になります。その際、問題文をうまく引用し、解答文章をまとめるのはいうまでもありません。そして、その後解答スペースを考慮して、売買取引に係る方法に準じて会計処理する理由を解答していくことになります。

　解答要求に即した文章の作成を練習しているのは、本試験において、的外れな解答を書かないようにするためです。本試験問題には解答要求の読み取りが困難なものもあり、その問題に対して的確な解答を書けたかどうかが合否を分けるようになります。的外れな解答を作らないためにも、解答要求に対して、直接的な解答となる部分を強調して解答していくことが必要不可欠となるのです。

答案作成のアプローチ

〈問　題〉
　リース取引の会計処理方法としては、売買取引に係る方法に準じて会計処理する方法と、通常の賃貸借取引に係る方法に準じて会計処理する方法の2つがある。
　ファイナンス・リース取引に該当した場合にどちらの会計処理を行うか、理由とともに説明しなさい。

① ② ③

🔑 答案作成のために参考となる基本文章

リース取引

ファイナンス・リース取引を売買取引に係る方法に準じて会計処理する理由
ファイナンス・リース取引は、リース取引の借手によるリース物件の割賦購入または借入資金によるリース物件の購入取引とみることができ、その経済的実態が売買取引と考えられるため、売買取引に係る方法に準じて会計処理を行う。

ファイナンス・リース取引に該当する場合には、売買取引に係る方法に準じて会計処理する。
なぜならファイナンス・リース取引は、リース取引の借手によるリース物件の割賦購入または借入資金によるリース物件の購入取引とみることができ、その経済的実態が売買取引と考えられるためである。

直接的な解答となる部分（結論）を先に指摘する。その際、解答要求に即した文章となるように問題文の表現を引用する。

その後、理由を解答スペースに応じて論述する。

1
2
3

1 問題の要求事項を確認

❶ ファイナンス・リース取引に関する問題であることを確認。

❷ 第一に、ファイナンス・リース取引において採用される会計処理方法が問われていることを確認。

❸ 第二に、選択した会計処理が採用されている理由の説明が問われていることを確認。

2 基本文章をイメージする

❶ 上記問題に関連する基本文章を頭にイメージする。

❷ 問題の限定要求に対応する処理方法が、売買取引に係る方法に準じた会計処理、通常の賃貸借取引に係る方法に準じた会計処理のいずれの方法であるか選択する。

　⇒ 売買取引に係る方法に準じた会計処理方法を選択

❸ 売買取引に係る方法に準じて会計処理する理由に関する基本文章を頭に思い浮かべる。

3 解答文章の作成

❶ 問題の解答要求に応じ、合致する方法が売買取引に準じた会計処理方法であることを初めに指摘する。

❷ その後、ファイナンス・リース取引が売買取引に準じた会計処理を行う理由を解答スペースに応じて論述する。

練習問題⑤

〈問　題〉

　ファイナンス・リース取引に該当した場合には、売買取引に係る方法に準じて会計処理を行う。その理由を答えなさい。

〈解答欄〉

答案作成のために参考となる基本文章

リース取引

> **ファイナンス・リース取引を売買取引に係る方法に準じて会計処理する理由**
>
> 　ファイナンス・リース取引は、リース取引の借手によるリース物件の割賦購入または借入資金によるリース物件の購入取引とみることができ、その経済的実態が売買取引と考えられるため、売買取引に係る方法に準じて会計処理を行う。

解 答

理 解 度 チェック			

その理由は、リース取引の借手によるリース物件の割賦購入または借入資金によるリース物件の購入取引とみることができ、その経済的実態が売買取引と考えられるためである。

よって、ファイナンス・リース取引に該当する場合には、売買取引に係る方法に準じた会計処理を行うこととなる。

難易度B

 ## 本問のポイント

練習問題④と何が違うのかを判断できるでしょうか?

練習問題④で問われているのは「ファイナンス・リース取引に該当した場合の会計処理」ですから、解答の柱は「売買取引に係る方法に準じて会計処理する方法」の部分になります。それに対して、練習問題⑤は「売買取引に係る方法に準じて会計処理による理由」ですから、解答の柱は「経済的実態が売買取引」の部分となります。

繰り返しの説明になりますが、解答作成にあたって心掛けたいのは「解答要求に即した解答になっているか」ということです。その上で、できる範囲内で詳細な説明を加えることにより、丁寧な解答を作成していくことを心掛けましょう。

答案作成のアプローチ

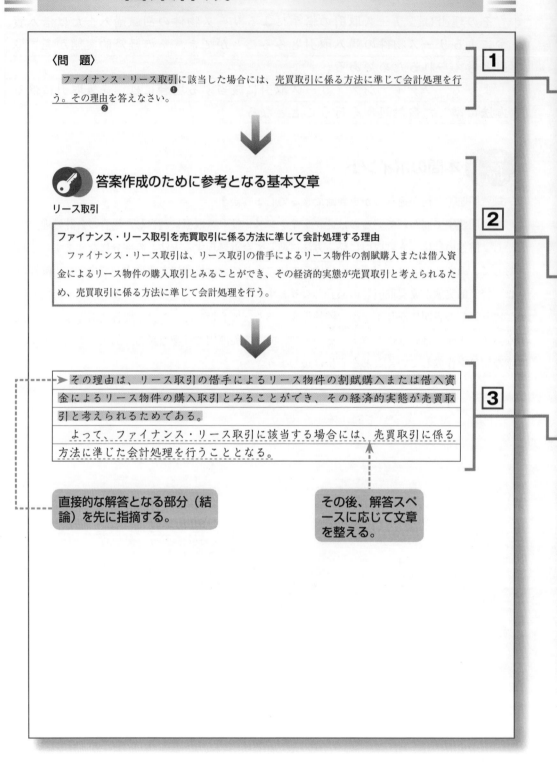

〈問　題〉

　ファイナンス・リース取引に該当した場合には、売買取引に係る方法に準じて会計処理を行う。その理由を答えなさい。
❶
❷

答案作成のために参考となる基本文章

リース取引

ファイナンス・リース取引を売買取引に係る方法に準じて会計処理する理由

　ファイナンス・リース取引は、リース取引の借手によるリース物件の割賦購入または借入資金によるリース物件の購入取引とみることができ、その経済的実態が売買取引と考えられるため、売買取引に係る方法に準じて会計処理を行う。

　その理由は、リース取引の借手によるリース物件の割賦購入または借入資金によるリース物件の購入取引とみることができ、その経済的実態が売買取引と考えられるためである。

　よって、ファイナンス・リース取引に該当する場合には、売買取引に係る方法に準じた会計処理を行うこととなる。

直接的な解答となる部分（結論）を先に指摘する。

その後、解答スペースに応じて文章を整える。

1 問題の要求事項を確認

❶ ファイナンス・リース取引に関する問題であることを確認。

❷ ファイナンス・リース取引において売買取引に係る方法に準じた会計処理方法が採用される理由が問われていることを確認。

2 基本文章をイメージする

❶ 上記問題に関連する基本文章を頭にイメージする。

3 解答文章の作成

❶ 問題の解答要求に応じ、まずは直接的な解答要求事項となる理由を論述する。

❷ その後、解答スペースに応じて文章を整える。

難易度Bレベルの問題から導かれる結論

① 解答要求に即した解答をするためには、問題文をうまく引用することも必要！

② 直接的な解答となる部分（結論など）は、書き損じの無いように先に解答しておく！

③ 解答にあたり必ず解答すべき部分（強調すべき部分）を的確に判断するためには、暗記だけでなく内容の理解も不可欠である！

ここまで学習した内容を、以下の実践問題を通じて確認してみましょう。

ここで意識してほしいのは「この問題で何点とれたか」ではなく「どれぐらい上手に書けたか」を確認することです。

したがって、点数に一喜一憂するのではなく「上手に書けなかった部分について、その原因を分析する」ことを目的として取り組んでください。

実践問題 Ⅰ

制限時間 **20**分

〈問 題〉

税効果会計に関連して以下の各問に答えなさい。

1 税効果会計の処理方法には、繰延法と資産負債法の2つがある。これに関連して以下の各問に答えなさい。

 (1) 繰延法における税効果会計の目的を説明しなさい。

 (2) 調整すべき差異の把握方法の観点から繰延法と資産負債法の違いを説明しなさい。

 (3) 繰延法のもとで把握される差異と資産負債法のもとで把握される差異との関係を説明しなさい。

 (4) 適用される税率の観点から繰延法と資産負債法の違いを説明しなさい。

2 資産負債法のもとで貸借対照表に計上される繰延税金資産について資産性が認められる理由を説明しなさい。

3 繰延税金資産について回収可能性が認められるためには、将来減算一時差異の解消年度を含む期間に3つの要件のいずれかを満たすことが必要となるが、その3つの要件について説明しなさい。

〈解答欄〉

1

 (1)

 (2)

⑶

難
易
度
B

⑷

2

3

①	
②	
③	

 答案作成のために参考となる基本文章

1　税効果会計の処理方法

⑴　繰延法

① **定　義**

　繰延法とは、調整すべき差異を会計上の収益及び費用と、税務上の益金及び損金の差額から把握し、これに現行の税率を適用して算定した額を調整すべき税効果額として処理する方法である。

② **目　的**

　繰延法のもとでは、発生年度における法人税等の額と税引前当期純利益とを期間的に対応させることが税効果会計を行う目的である。

⑵ 資産負債法

① 定　義
　　資産負債法とは、調整すべき差異を会計上の資産及び負債と、税務上の資産及び負債の差額から把握し、これに将来施行されるべき税率（予測税率）を適用して算定した額を調整すべき税効果額として処理する方法である。

② 目　的
　　資産負債法のもとでは、将来の法人税等の支払額に対する影響を表示することが税効果会計を行う目的である。

2　一時差異と期間差異の相違（関係）

　　一時差異と期間差異の範囲はほぼ一致するが、有価証券等の資産又は負債の評価替えにより直接純資産の部に計上された評価差額は一時差異ではあるが期間差異ではない。なお、期間差異に該当する項目は、すべて一時差異に含まれる。

3　繰延税金資産の資産性

　　繰延税金資産は、将来の法人税等の支払額を減額する効果を有し、一般的には法人税等の前払額に相当するため、その資産性が認められる。

4　繰延税金資産の回収可能性に関する判断基準

　　繰延税金資産は、次の3つのいずれかを満たすことにより、回収可能性（資産性）があるものと判断される。
①　将来減算一時差異の解消年度を含む期間に、一時差異等加減算前課税所得が生じる可能性が高いと見込まれること
②　将来減算一時差異の解消年度を含む期間に、タックスプランニングに基づく一時差異等加減算前課税所得が生じる可能性が高いと見込まれること
③　将来減算一時差異の解消年度を含む期間に、将来加算一時差異が解消されると見込まれること

解　答

理解度
チェック

難
易
度
B

1

(1)

> 　繰延法のもとでは、発生年度における法人税等の額と税引前当期純利益と
> を期間的に対応させることが税効果会計の目的となる。

(2)

> 　繰延法のもとでは、会計上の収益及び費用と税務上の益金及び損金の差額か
> ら調整すべき差異を把握するのに対して、資産負債法のもとでは、会計上の資
> 産及び負債と税務上の資産及び負債の差額から調整すべき差異を把握する。

(3)

> 　繰延法のもとで把握される差異を期間差異といい、資産負債法のもとで把握
> される差異を一時差異という。
> 　期間差異と一時差異の範囲はほぼ一致するが、有価証券等の資産又は負債の
> 評価替えにより直接純資産の部に計上された評価差額は一時差異ではあるが期
> 間差異ではない。なお、期間差異に該当する項目は、すべて一時差異に含まれる。

(4)

> 　繰延法のもとでは、現行の税率を適用するのに対して、資産負債法のもと
> では、将来施行されるべき税率（予測税率）を適用する。

2

> 　繰延税金資産は、将来の法人税等の支払額を減額する効果を有し、一般的
> には法人税等の前払額に相当するため、その資産性が認められる。

3

①	一時差異等加減算前課税所得が生じる可能性が高いと見込まれること
②	タックスプランニングに基づく一時差異等加減算前課税所得が生じる可能性が高いと見込まれること
③	将来加算一時差異が解消されると見込まれること

【配点】

> **1**(1)…3点　　(2)…4点　　(3)…4点　　(4)…4点　　**2**…4点　　**3**…各2点　　合計25点

本問のポイント

1(1)について

> 繰延法における税効果会計の目的を説明しなさい。
>   解答のヒントとなる部分   解答要求となる部分

　上記から明らかなように、本問の解答要求は「税効果会計の目的」です。しかし、税効果会計の処理方法には繰延法と資産負債法の２つがあり、いずれの方法を採用するかによって税効果会計の目的は異なってきます。

　本問では「繰延法における税効果会計の目的」が問われています。そのため、解答する際の文章表現は、「繰延法のもとでは〜が税効果会計の目的となる。」となります。本問においても、暗記した基本文章をそのまま論述するのではなく、解答要求に応じた適切な文章表現を使って解答するようにしましょう。

　なお、問題文の表現を引用して、「繰延法における税効果会計の目的は〜である。」という表現を使っても、特に問題はありません。

1(2)について

> 調整すべき差異の把握方法の観点から繰延法と資産負債法の違いを説明しなさい。
>   解答のヒントとなる部分   解答要求となる部分

　上記から明らかなように、本問の解答要求は「繰延法と資産負債法の違い」です。そのため、解答する際の文章表現は、「繰延法のもとでは〜となるのに対して、資産負債法のもとでは〜となる。」となります。

　税効果会計の処理方法として繰延法と資産負債法のいずれを採用するかによって、調整すべき差異の把握方法や適用される税率が異なってきます。繰延法のもとでは、「会計上の収益及び費用と税務上の益金及び損金の差額」から調整すべき差異が把握され、資産負債法のもとでは、「会計上の資産及び負債と、税務上の資産及び負債の差額」から調整すべき差異が把握されることになります。これらの内容を先ほどの文章表現にあてはめてるような形で解答するようにしましょう。

1(3)について

> 繰延法のもとで把握される差異と資産負債法のもとで把握される差異との関係を説明しなさい。
>   解答要求となる部分

　上記から明らかなように、本問の解答要求は「繰延法のもとで把握される差異と資産負債法のもとで把握される差異との関係」です。繰延法のもとで把握される差異を「期間差異」といい、資産負債法のもとで把握される差異を「一時差異」といいます。

　そのため、本問では、繰延法のもとで把握される差異が「期間差異」、資産負債法のもとで把

握される差異が「一時差異」であることを指摘した上で、「期間差異と一時差異の関係」を論述することとなります。

1(4)について

適用される税率の観点から繰延法と資産負債法の違いを説明しなさい。
← 解答のヒントとなる部分　　← 解答要求となる部分

　上記から明らかなように、本問の解答要求は「繰延法と資産負債法の違い」です。そのため、解答する際の文章表現は、「繰延法のもとでは〜となるのに対して、資産負債法のもとでは〜となる。」となります。

　税効果会計の処理方法として繰延法と資産負債法のいずれを採用するかによって、調整すべき差異の把握方法や適用される税率が異なってきます。繰延法のもとでは、「現行の税率」が適用され、資産負債法のもとでは、「将来施行されるべき税率（予測税率）」が適用されることになります。これらの内容を先ほどの文章表現にあてはめてるような形で解答するようにしましょう。

2について

　資産負債法のもとで貸借対照表に計上される繰延税金資産について資産性が認められる理由を説明しなさい。
解答要求となる部分

　上記から明らかなように、本問の解答要求は「繰延税金資産について資産性が認められる理由」です。そのため、「繰延税金資産の資産性」を論述することとなります。

　なお、問題文の表現を引用して、「繰延税金資産について資産性が認められる理由は〜である。」という表現を使っても、特に問題はありません。

3について

　繰延税金資産について回収可能性が認められるためには、将来減算一時差異の解消年度を含む期間に3つの要件のいずれかを満たすことが必要となるが、その3つの要件について説明しなさい。
解答要求となる部分

　上記から明らかなように、本問の解答要求は「（繰延税金資産について回収可能性が認められるための）3つの要件」です。そのため、「繰延税金資産の回収可能性の判断基準」を解答することとなります。

　本問では、「将来減算一時差異の解消年度を含む期間」及び「3つの要件のいずれかを満たすことが必要となる」が問題文に書かれていますので、それ以外の内容を解答スペースに応じて論述することとなります。

答案作成のアプローチ

〈問　題〉

　税効果会計に関連して以下の各問に答えなさい。

1　税効果会計の処理方法には、繰延法と資産負債法の2つがある。これに関連して以下の各問に答えなさい。

　(1)　繰延法における税効果会計の目的を説明しなさい。

　(2)　調整すべき差異の把握方法の観点から繰延法と資産負債法の違いを説明しなさい。

　(3)　繰延法のもとで把握される差異と資産負債法のもとで把握される差異との関係を説明しなさい。

　(4)　適用される税率の観点から繰延法と資産負債法の違いを説明しなさい。

2　資産負債法のもとで貸借対照表に計上される繰延税金資産について資産性が認められる理由を説明しなさい。

3　繰延税金資産について回収可能性が認められるためには、将来減算一時差異の解消年度を含む期間に3つの要件のいずれかを満たすことが必要となるが、その3つの要件について説明しなさい。

1　税効果会計の処理方法には、繰延法と資産負債法の2つがある。これに関連して以下の各問に答えなさい。

　(1)　繰延法における税効果会計の目的を説明しなさい。
　　　　❶ロ　　　　　　　　　❶イ

 答案作成のために参考となる基本文章

1　税効果会計の処理方法

　(1)　繰延法

> ①　定　義
>
> 　繰延法とは、調整すべき差異を会計上の収益及び費用と、税務上の益金及び損金の差額から把握し、これに現行の税率を適用して算定した額を調整すべき税効果額として処理する方法である。
>
> ②　目　的
>
> 　繰延法のもとでは、発生年度における法人税等の額と税引前当期純利益とを期間的に対応させることが税効果会計を行う目的である。

1　問題全体に関して

❶　税効果会計に関連する問題が出題されていることを確認。

❷　解答欄を確認し、解答として要求されている論述量を確認。

　⇒　本問の場合は、論述量がさほど多くはないことを把握する。

❸　1(1)～3までの各設問の問題を一読し、難易度の判定を行う。

　⇒　1(1)…A　(2)…B　(3)…B　(4)…B　2…A　3…Bと判断

❹　上記❷、❸を踏まえ、本問における大まかな時間配分を決める。

　⇒　本問の場合15分程度と判断

❺　難易度の低い問題（やさしい問題）から解答する。

2　1(1)について

❶　問題の解答要求を確認。

　イ　税効果会計の目的が問われていることを確認。

　ロ　本問においては、繰延法における税効果会計の目的が問われていることを確認。

❷　基本文章をイメージする。

　イ　本問に関連する基本文章（繰延法の目的）を頭の中にイメージする。

　ロ　本問が難易度Aレベルの基本問題であることを意識し、ミスの無い、確実な論述を
　　行うことを心掛ける。

1

(1)

> 繰延法のもとでは、発生年度における法人税等の額と税引前当期純利益とを期間的に対応させることが税効果会計の目的となる。

2　資産負債法のもとで貸借対照表に計上される繰延税金資産について資産性が認められる理由❶を説明しなさい。

🔑 **答案作成のために参考となる基本文章**

3　繰延税金資産の資産性

> 繰延税金資産は、将来の法人税等の支払額を減額する効果を有し、一般的には法人税等の前払額に相当するため、その資産性が認められる。

2

> 繰延税金資産は、将来の法人税等の支払額を減額する効果を有し、一般的には法人税等の前払額に相当するため、その資産性が認められる。

(2)　調整すべき差異の把握方法の観点から繰延法と資産負債法の違いを説明しなさい。
　　　　　　　　　❶ロ　　　　　　　　　　　　　　　　　❶イ

(4)　適用される税率の観点から繰延法と資産負債法の違いを説明しなさい。
　　　　　　　❶ロ　　　　　　　　　　　❶イ

3 ②について

❶ 問題の解答要求を確認。

　繰延税金資産の資産性が問われていることを確認。

❷ 基本文章をイメージする。

　イ　本問に関連する基本文章（繰延税金資産の資産性）を頭の中にイメージする。

　ロ　本問が難易度Ａレベルの基本問題であることを意識し、ミスの無い、確実な論述を

　　行うことを心掛ける。

答案作成のために参考となる基本文章

1 税効果会計の処理方法

(1) 繰延法

① 定 義

　繰延法とは、調整すべき差異を会計上の収益及び費用と、税務上の益金及び損金の差額から把握し、これに現行の税率を適用して算定した額を調整すべき税効果額として処理する方法である。

② 目 的

　繰延法のもとでは、発生年度における法人税等の額と税引前当期純利益とを期間的に対応させることが税効果会計を行う目的である。

(2) 資産負債法

① 定 義

　資産負債法とは、調整すべき差異を会計上の資産及び負債と、税務上の資産及び負債の差額から把握し、これに将来施行されるべき税率（予測税率）を適用して算定した額を調整すべき税効果額として処理する方法である。

② 目 的

　資産負債法のもとでは、将来の法人税等の支払額に対する影響を表示することが税効果会計を行う目的である。

> **本問の解答に引用できる部分**

(2)

　繰延法のもとでは、会計上の収益及び費用と税務上の益金及び損金の差額から調整すべき差異を把握するのに対して、資産負債法のもとでは、会計上の資産及び負債と税務上の資産及び負債の差額から調整すべき差異を把握する。

(4)

　繰延法のもとでは、現行の税率を適用するのに対して、資産負債法のもとでは、将来施行されるべき税率（予測税率）を適用する。

> **基本文章からの引用**　　　　**解答要求に即した形にまとめる**

難
易
度
B

4　1⑵及び⑷について

❶　問題の解答要求を確認。

イ　繰延法と資産負債法の違いが問われていることを確認。

ロ　調整すべき差異の把握方法の観点、適用される税率の観点から、上記イの内容が問われていることを確認。

❷　基本文章をイメージする。

イ　関連する基本文章（税効果会計の処理方法）を頭の中にイメージする。

ロ　上記イのうち、引用できる部分（調整すべき差異の把握方法、適用される税率）をピックアップする。

❸　解答文章を作成する。

イ　解答要求に即した文章となるように解答文章を整える。

(3) 繰延法のもとで把握される差異と資産負債法のもとで把握される差異との関係を説明しなさい。 ❶

 答案作成のために参考となる基本文章

2 一時差異と期間差異の相違（関係）

> 一時差異と期間差異の範囲はほぼ一致するが、有価証券等の資産又は負債の評価替えにより直接純資産の部に計上された評価差額は一時差異ではあるが期間差異ではない。なお、期間差異に該当する項目は、すべて一時差異に含まれる。

(3)

> 繰延法のもとで把握される差異を期間差異といい、資産負債法のもとで把握される差異を一時差異という。
>
> 期間差異と一時差異の範囲はほぼ一致するが、有価証券等の資産又は負債の評価替えにより直接純資産の部に計上された評価差額は一時差異ではあるが期間差異ではない。なお、期間差異に該当する項目は、すべて一時差異に含まれる。

先に差異の名称を指摘する　　　　　　　基本文章からの引用

5

難易度 B

5 1(3)について

❶ 問題の解答要求を確認。

　繰延法のもとで把握される差異と資産負債法のもとで把握される差異との関係が問われていることを確認。

❷ 基本文章をイメージする。

　関連する基本文章（一時差異と期間差異の相違（関係））を頭の中にイメージする。

❸ 解答文章を作成する。

　イ　繰延法のもとで把握される差異が「期間差異」、資産負債法のもとで把握されるが「一時差異」であることを指摘する。

　ロ　解答要求に即した文章となるように解答文章を整える。

3 繰延税金資産について回収可能性が認められるためには、将来減算一時差異の解消年度を含む期間に3つの要件のいずれかを満たすことが必要となるが、その3つの要件について説明しなさい。●

 答案作成のために参考となる基本文章

4　繰延税金資産の回収可能性に関する判断基準

　　繰延税金資産は、次の3つのいずれかを満たすことにより、回収可能性（資産性）があるものと判断される。
① 　将来減算一時差異の解消年度を含む期間に、一時差異等加減算前課税所得が生じる可能性が高いと見込まれること
② 　将来減算一時差異の解消年度を含む期間に、タックスプランニングに基づく一時差異等加減算前課税所得が生じる可能性が高いと見込まれること
③ 　将来減算一時差異の解消年度を含む期間に、将来加算一時差異が解消されると見込まれること

6

基本文章からの引用（問題文に書かれていない部分）

3

①	一時差異等加減算前課税所得が生じる可能性が高いと見込まれること
②	タックスプランニングに基づく一時差異等加減算前課税所得が生じる可能性が高いと見込まれること
③	将来加算一時差異が解消されると見込まれること

6　3について

❶　問題の解答要求を確認。

　　繰延税金資産について回収可能性が認められるための要件が問われていることを確認。

❷　基本文章をイメージする。

　イ　関連する基本文章（繰延税金資産の回収可能性に関する判断基準）を頭の中にイメージする。

　ロ　上記イのうち、問題文に書かれていない部分をピックアップする。

❸　解答文章を作成する。

　　解答要求に即した文章となるように解答文章を整える。

コラム② 演繹法と帰納法

　理論の文章がうまくまとまらず、自分の意図と異なる文章になってしまったり、主張がきちんとできていない文章となってしまった、というような経験を持つ人も多いでしょう。これは論理展開がうまくできていなかったことが原因なのです。

　では、筋道のある文章を書くためにはどのようにすればよいのでしょうか？

　ここでは、論理展開の基本形である演繹法と帰納法を紹介しましょう。これをマスターすれば、文章がうまくまとまらないといったような問題を解決できるようになるでしょう。

① 演繹法

　演繹法とは、一般的原理から論理的推論により結論として個々の事象を導く方法で、一般的に「三段論法」などといわれたりします。

　結論を聞いたときに「それはそうだ！」と思えるような論理展開をするのが、演繹法による論理展開になります。

〈例示〉

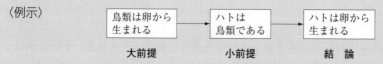

② 帰納法

　帰納法とは、個々の事象から、事象間の本質的な因果関係を推論し、結論として一般的原理（類似性）を導く方法です。

　結論を聞いたときに「なるほどね！」と思えるような論理展開をするのが、帰納法による論理展開になります。

〈例示〉

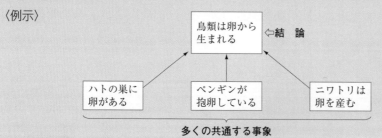

③ 理論問題への応用

　上記の演繹法や帰納法を利用して解答を論述すれば、主張すべき点をきちんと主張し、文章をうまくまとめられ、試験委員に対しても印象のよい答案が書けるようになるでしょう。

　どちらの方法を利用するかは、問題によっても異なるでしょうが、試験での解答を述べる際には、一般に帰納法を用いた方が内容をよりよく伝えることができるでしょう。ただし、その際には結論を先に述べ、その後に理由を示すような表現、「●●は、××である。なぜなら△△だからである。」のような表現をとるとよいでしょう。

難易度C

〈問　題〉

費用配分の原則と費用収益対応の原則との関係について簡潔に説明しなさい。

〈解答欄〉

 答案作成のために参考となる基本文章

1　費用配分の原則

① 定　義

費用配分の原則とは、費用性資産の取得原価を各会計期間に費用として配分していくことを指示する原則をいう。

② 費用配分の原則の性格

費用配分の原則は費用性資産についての費用の測定原則であるとともに、資産の評価原則でもある。

2　費用の認識原則

費用は発生主義の原則により認識され、その後、実現収益に対応する部分が費用収益対応の原則により抜き出される。

ここに発生主義の原則とは、費用を発生の事実に基づいて計上することを要請する費用の認識原則である。

また、費用収益対応の原則とは、発生した費用のうち、期間実現収益に対応するものを限定し、期間対応費用を決定することを要請する原則である。

解　答

> 　費用配分の原則は、資産の取得原価を各会計期間に費用として配分していくことを指示する原則である。これに対して、費用収益対応の原則は、実現収益との対応に基づいて、費用の認識時点を決定することを指示する原則である。従って、費用配分の原則により当該費用の測定が行われ、費用収益対応の原則により費用の認識時点が決定される関係にある。

 ## 本問のポイント

　本問において、解答要求となる部分は「費用配分の原則と費用収益対応の原則との関係の説明」ですが、この解答要求に対して直接的な解答となる基本文章は存在しません。

　このような場合、通常は、解答要求に関連した内容について、受験生自身の理解に基づき、解答を作成することになります。しかし、自分自身の表現で解答を作成すると、「誤った表現をしてしまう」ことや、「言いたいことが伝わらない」など、合格答案からかけ離れた答案になることが多くあります。よって、このように直接的な解答となる文章が存在しない場合であっても、いきなり自分自身の表現で解答を作成するのではなく、まずは、その解答要求に関連する基本文章をピックアップするようにしましょう。

　本問のポイントは、「費用配分の原則と費用収益対応の原則との関係の説明」から「費用の認識と測定の関係」に気付けたかどうかです。

　基本文章にあるように、費用配分の原則は費用の測定原則であり、費用収益対応の原則は費用の認識原則です。ここでいう測定とは金額に着目した考え方であり、認識とは時点に着目した考え方をいいます。これら測定と認識という二つの観点から考慮して費用は決定されることになります。

　本問の解答要求となる部分は「費用配分の原則と費用収益対応の原則との関係の説明」ですから、必ず解答しなければならないのは、「関係の説明」です。ここを解答の柱とした上で、解答スペースに余裕があることから、それぞれの原則の説明を、基本文章を中心に、設問に沿うように少し加工して加えることによって、解答文章を作成していくことになります。

　以下に、解答アプローチの手順を示すので参考にしてください。

解答アプローチの手順

〈手順①〉 解答要求となる部分と解答のヒントになる部分を把握する。

 解答要求となる部分:「費用配分の原則と費用収益対応の原則との関係の説明」

〈手順②〉 直接的な解答となる基本文章をピックアップする。

 直接的な解答となる文章:特になし

〈手順③〉 解答要求に関連する基本文章をピックアップする。

 解答要求に関連する文章:費用配分の原則および費用の認識原則

〈手順④〉 その中で利用できる基本文章をピックアップする。

 その中で利用できる基本文章:費用配分の原則および費用収益対応の原則

〈手順⑤〉 問題文に照らしてふさわしい解答であるかを吟味する。

 ⇒ 解答要求に即した解答となるよう、できるだけ問題文を引用する。

費用配分の原則は、資産の取得原価を各会計期間に費用として配分していくことを指示する原則である。これに対して、費用収益対応の原則は、実現収益との対応に基づいて、費用の認識時点を決定することを指示する原則である。従って、費用配分の原則により当該費用の測定が行われ、費用収益対応の原則により費用の認識時点が決定される関係にある。

　　問題文の引用　　　　　基本文章を加工　　　　　基本文章からの引用

〈手順⑥〉 間違いが含まれないように解答をまとめる。

 難易度Cで習得すべきこと

　上記の問題から、難易度Cレベルの問題を得点につなげるために必要なことは何かを考えてみましょう。

　アプローチ編で示した答案作成上の留意点は以下のとおりです。

1 「『読む』力」を伸ばす

⑴ 問題文はゆっくりと読む

⑵ 「解答要求となる部分」および「解答のヒントとなる部分」に印を付ける

⑶ 応用問題は基礎的な内容の中から考える

2 「『書く』力」を伸ばす

⑴ 解答要求に即した解答をする

⑵ 結論を重視して端的に解答する

⑶ うそを書かない

⑷ できるだけ基本文章を引用する

　難易度Ｃレベルの問題を解答するにあたって考慮しなければいけないのは、すでに難易度Ａ、Ｂで学習したものに加え、上記１⑶と上記２⑶および⑷になります。

　本問のポイントにもあるように、本問のポイントは、「費用配分の原則と費用収益対応の原則との関係の説明」という解答要求となる部分から「費用の認識と測定との関係」が問われていることに気付けたかどうかです。

　このような応用問題は、一見難しく感じられますが、「費用の決定」という共通項を見つけ出し、基礎レベルまで引き下げて考えることができれば、解答要求に関連する文章を導くことができるはずです。すべての応用問題は、基礎レベルまで落とし込んで考えることで、解答の糸口が見つかることを覚えておいてください。

練習問題①

〈問　題〉

　有形固定資産の減価償却方法を決定するにあたって、定額法または定率法で選択の余地がある場合、企業が採用すべき方法とその理由を保守主義の見地から述べなさい。

〈解答欄〉

 答案作成のために参考となる基本文章

1　保守主義の原則の要請内容

　保守主義の原則は、ある会計処理を行うにあたって、幾通りもの判断ができる場合には、予測される将来の危険に備えて慎重な判断に基づく会計処理を行うことを要請している。

2　減価償却の方法

① **定額法の長所**

　定額法は計算が簡便であり、毎期同額の減価償却費を計上することになるので、安定した取得原価の期間配分を行うことができる。

② **定率法の長所**

　定率法は耐用年数の初期に多額の減価償却費を計上することになるので、投下資本を早期に回収することができ、また、維持修繕費が逓増する耐用年数の後半には減価償却費が減少し、毎期の費用負担を平準化することができる。

解 答

　企業が採用すべき方法は、定率法である。
　なぜなら、保守主義は予測される将来の危険に備えて慎重な判断に基づく会計処理を行うことを思考するものであり、当該事例においては費用を早期に計上する方法を選択すべきである。定率法は耐用年数の初期に多額の減価償却費を計上することから、費用を早期に計上する方法であるため、定率法を採用すべきである。

難
易
度
C

 ## 本問のポイント

　本問において、解答要求となる部分は「企業が採用すべき方法」を述べること、および「その理由」であり、解答のヒントとなる部分は「保守主義の見地から」です。

　したがって、「企業が採用すべき方法を保守主義の見地から考える」ことになります。ここで、保守主義の考え方を思い出してみましょう。保守主義の原則を思い出してみると「予測される将来の危険に備えて慎重な判断に基づく会計処理を行うこと」という基本文章が思い出されてくるでしょう。この内容をもう少し端的に表現すると「結果として利益を控えめに計上すること」を思考していると考えられ、この点を本問の事例にあてはめると、費用を早期に計上する方法を選択すべきという結論に達することになります。

　次に、定額法および定率法の2つの方法のうち、どちらが費用を早期に計上する方法であるかを考えることになりますが、ここは、減価償却の方法に関する基本文章を思い出せば、定率法が該当するものと判断することができます。

　最後に、解答を作成していくことになりますが、すでに学習したとおり、直接的な解答となる部分を先に解答するようにしましょう。次に、その結論に至った背景を論述することになりますが、その際には、解答上の制約条件である保守主義の内容からアプローチし、その上で具体的事例である定率法まで落とし込むという論述方法をとれば文章がスムーズに流れていくでしょう。

答案作成のアプローチ

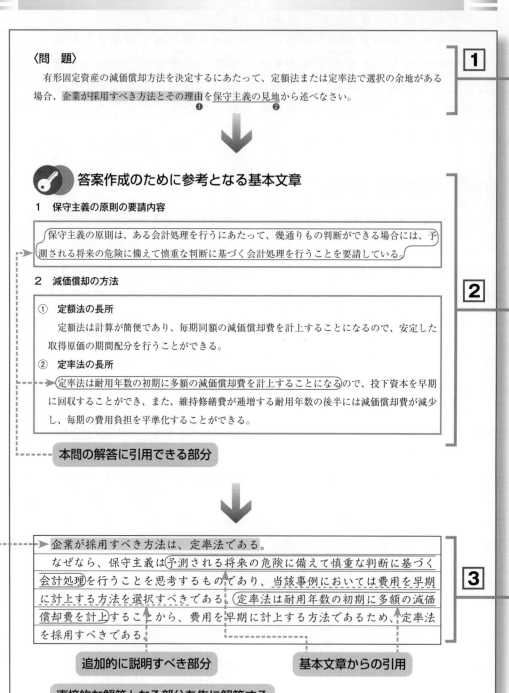

〈問　題〉

　有形固定資産の減価償却方法を決定するにあたって、定額法または定率法で選択の余地がある場合、企業が採用すべき方法とその理由を保守主義の見地から述べなさい。

答案作成のために参考となる基本文章

1　保守主義の原則の要請内容

保守主義の原則は、ある会計処理を行うにあたって、幾通りもの判断ができる場合には、予測される将来の危険に備えて慎重な判断に基づく会計処理を行うことを要請している。

2　減価償却の方法

① 定額法の長所

　定額法は計算が簡便であり、毎期同額の減価償却費を計上することになるので、安定した取得原価の期間配分を行うことができる。

② 定率法の長所

定率法は耐用年数の初期に多額の減価償却費を計上することになるので、投下資本を早期に回収することができ、また、維持修繕費が逓増する耐用年数の後半には減価償却費が減少し、毎期の費用負担を平準化することができる。

本問の解答に引用できる部分

企業が採用すべき方法は、定率法である。

　なぜなら、保守主義は予測される将来の危険に備えて慎重な判断に基づく会計処理を行うことを思考するものであり、当該事例においては費用を早期に計上する方法を選択すべきである。定率法は耐用年数の初期に多額の減価償却費を計上することから、費用を早期に計上する方法であるため、定率法を採用すべきである。

追加的に説明すべき部分　　　基本文章からの引用

直接的な解答となる部分を先に解答する

1　問題の要求事項を確認

❶　企業が採用すべき減価償却の方法およびその理由が問われていることを確認。

❷　減価償却方法の選択にあたり、保守主義の見地から採用すべき方法を選択し、理由を述べることを確認。

難易度 C

2　基本文章をイメージする

❶　上記問題に対し、直接的な解答となる基本文章をイメージする。

⇒　直接的な解答となる基本文章は存在しない。

❷　次に、解答要求に関連する基本文章をイメージする。

⇒・保守主義の原則の要請内容

　・減価償却の方法（定額法の長所、定率法の長所）

❸　上記❷のうち、利用できる基本文章をピックアップする。

⇒・保守主義の原則の要請内容

　・定率法の長所

3　解答文章の作成

❶　まずは、直接的な解答となる部分（結論）を先に述べる。

❷　次に、できる限り基本文章を利用して理由の文章をまとめる。

練習問題②

〈問　題〉

期間損益計算を思考する今日の会計において、収支計算と損益計算との関わり合いから導かれる貸借対照表の内容について説明しなさい。

〈解答欄〉

 答案作成のために参考となる基本文章

貸借対照表の機能（動的貸借対照表の機能）

① 期間損益計算の連結機能

貸借対照表は、収支計算と損益計算との期間的なズレから生じる未解決項目を収める場所であり、連続する期間損益計算を連結する機能を果たしている。

② 財政状態表示機能

貸借対照表は、企業資本の運用形態とそれら資本の調達源泉とを対照表示したものである。したがって、それは、一定時点における企業の財政状態を表示する機能を果たしている。

解　答

> 　今日の会計において、貸借対照表は未解決項目の残高表である。
> 　なぜなら、期間損益計算を思考する今日の会計において、貸借対照表は収支計算と損益計算との期間的なズレから生じる未解決項目を収める場所であり、連続する期間損益計算を連結する機能を果たしているといえるからである。

 ## 本問のポイント

　本問において、解答要求となる部分は「貸借対照表の内容」であり、解答のヒントとなる部分は「期間損益計算を思考」および「収支計算と損益計算との関わり合いから導かれる」になります。

　まだこの段階では、解答のイメージがあまり浮かばない方もいるでしょう。このようなときこそ、解答要求に関連する文章をピックアップしましょう。本問の解答要求である「貸借対照表の内容」という文言から、関連しそうな基本文章の内容をイメージしてみてください。直接的な解答となる基本文章は存在しませんが、解答要求に関連する基本文章として、「貸借対照表の機能」をピックアップすることができると思います。

　その後は、解答のヒントとなる部分から解答を絞り込んでいくことになります。まず、「期間損益計算を思考」および「収支計算と損益計算との関わり合いから導かれる」というヒントから、本問が実質面を意図した出題であることがわかります。つまり、解答要求は「期間損益計算の観点から導かれる貸借対照表の内容」であると判断できます。この点から、解答としては貸借対照表の機能のうち、期間損益計算の連結機能を利用して解答を作成するものと判断できます。

　期間損益計算の連結機能の中で、貸借対照表の内容を示している部分は「収支計算と損益計算との期間的なズレから生じる未解決項目を収める場所」の文言であり、ここから、貸借対照表は未解決項目を一覧表にまとめたもの、すなわち「未解決項目の残高表」という解答を導き出すことができます。

　実際に解答をする際には、解答要求に対して直接的な解答となる部分、すなわち、「未解決項目の残高表」を先に指摘し、残った解答スペースとの関係から、当該内容となる理由、すなわち、「期間損益計算の観点から、貸借対照表は期間損益計算の連結機能を果たしているからである」ことについて、解答していくことになります。

答案作成のアプローチ

〈問　題〉 **1**

　　期間損益計算を思考する今日の会計において、収支計算と損益計算との関わり合いから導かれる貸借対照表の内容について説明しなさい。
❷　❶　❸

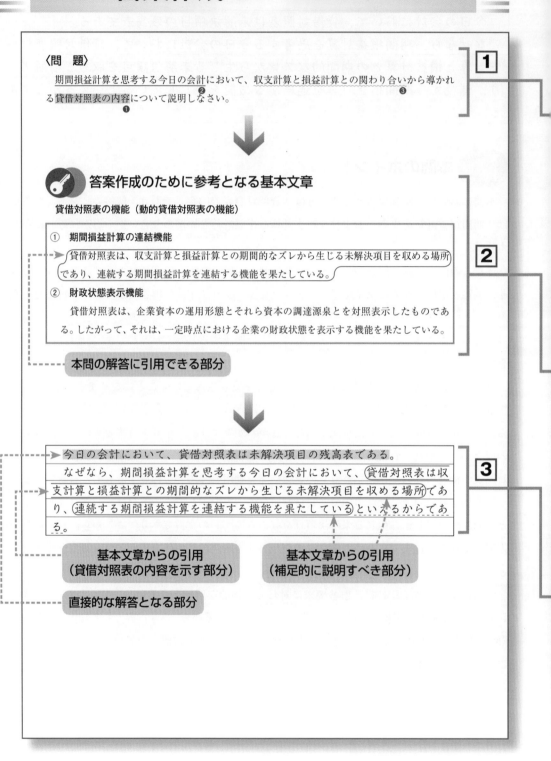

🔑 **答案作成のために参考となる基本文章** **2**

貸借対照表の機能（動的貸借対照表の機能）

① 期間損益計算の連結機能

　貸借対照表は、収支計算と損益計算との期間的なズレから生じる未解決項目を収める場所であり、連続する期間損益計算を連結する機能を果たしている。

② 財政状態表示機能

　貸借対照表は、企業資本の運用形態とそれら資本の調達源泉とを対照表示したものである。したがって、それは、一定時点における企業の財政状態を表示する機能を果たしている。

本問の解答に引用できる部分

今日の会計において、貸借対照表は未解決項目の残高表である。 **3**

　なぜなら、期間損益計算を思考する今日の会計において、貸借対照表は収支計算と損益計算との期間的なズレから生じる未解決項目を収める場所であり、連続する期間損益計算を連結する機能を果たしているといえるからである。

基本文章からの引用
（貸借対照表の内容を示す部分）

基本文章からの引用
（補足的に説明すべき部分）

直接的な解答となる部分

1 問題の要求事項を確認

❶ 貸借対照表の内容に関する説明が求められていることを確認。

❷ 説明にあたり「期間損益計算を思考する今日の会計」から導かれる貸借対照表の内容を述べることを確認。

⇒ 動的貸借対照表の内容を述べる。

❸ さらに、「収支計算と損益計算との関わり合い」から導かれる内容を述べることを確認。

⇒ 期間損益計算の連結機能の内容を述べる。

2 基本文章をイメージする

❶ 上記問題に対し、直接的な解答となる基本文章をイメージする。

⇒ 直接的な解答となる基本文章は存在しない。

❷ 次に、解答要求に関連する基本文章をイメージする。

⇒ 動的貸借対照表の機能（期間損益計算の連結機能、財政状態表示機能）。

❸ 上記❷のうち、利用できる基本文章をピックアップする。

⇒ 期間損益計算の連結機能。

3 解答文章の作成

❶ まずは、直接的な解答となる部分（結論）を先に述べる。

❷ 次に、できる限り基本文章を利用して理由の文章をまとめる。

練習問題③

〈問　題〉

　税効果会計を適用しない場合には、損益計算書及び貸借対照表にそれぞれ問題点が生ずると考えられるが、それぞれの問題点について簡潔に説明しなさい。

〈解答欄〉

損益計算書上の問題点

貸借対照表上の問題点

 答案作成のために参考となる基本文章

1　繰延法

(1)　定義

　繰延法とは、調整すべき差異を会計上の収益及び費用と、税務上の益金及び損金の差額から把握し、これに現行の税率を適用して算定した額を調整すべき税効果額として処理する方法である。

(2)　目的

　繰延法のもとでは、発生年度における法人税等の額と税引前当期純利益とを期間的に対応させることが税効果会計を行う目的である。

2 資産負債法

(1) 定義

> 資産負債法とは、調整すべき差異を会計上の資産及び負債と、税務上の資産及び負債の差額から把握し、これに将来施行されるべき税率（予測税率）を適用して算定した額を調整すべき税効果額として処理する方法である。

(2) 目的

> 資産負債法のもとでは、将来の法人税等の支払額に対する影響を表示することが税効果会計を行う目的である。

解 答

理解度チェック

損益計算書上の問題点

> 法人税等の額が税引前当期純利益と期間的に対応しない点が問題である。

貸借対照表上の問題点

> 将来の法人税等の支払額に対する影響が表示されない点が問題である。

 本問のポイント

　本問の解答要求は、「税効果会計を適用しない場合の損益計算書上の問題点及び貸借対照表上の問題点」ですが、この解答要求に対して直接的な基本文章は存在しません。このように直接的な基本文章がない問題であっても、まずは、その解答要求に関連する基本文章をピックアップするようにしましょう。

　本問のポイントは損益計算書上の問題点については税効果会計の会計処理方法のうち「繰延法」を、貸借対照表上の問題点については「資産負債法」に結びつけられたかどうかです。結びつけることが出来たのであれば、「繰延法」、「資産負債法」それぞれによる税効果会計の処理が行われないのであれば、それぞれの目的が達成できないことになります。

　本問の解答要求となる部分は「問題点」であるので「繰延法の目的」及び「資産負債法の目的」を解答の柱とした上で、解答要求に沿うように加工を加え、解答文章を作成していきます。

答案作成のアプローチ

〈問 題〉
　税効果会計を適用しない場合には、損益計算書及び貸借対照表にそれぞれ問題点が生ずると考えられるが、それぞれの問題点について簡潔に説明しなさい。

1

 答案作成のために参考となる基本文章

1　繰延法
　(1)　定義

> 　繰延法とは、調整すべき差異を会計上の収益及び費用と、税務上の益金及び損金の差額から把握し、これに現行の税率を適用して算定した額を調整すべき税効果額として処理する方法である。

　(2)　目的

> 　繰延法のもとでは、発生年度における法人税等の額と税引前当期純利益とを期間的に対応させることが税効果会計を行う目的である。

2

2　資産負債法
　(1)　定義

> 　資産負債法とは、調整すべき差異を会計上の資産及び負債と、税務上の資産及び負債の差額から把握し、これに将来施行されるべき税率（予測税率）を適用して算定した額を調整すべき税効果額として処理する方法である。

　(2)　目的

> 　資産負債法のもとでは、将来の法人税等の支払額に対する影響を表示することが税効果会計を行う目的である。

損益計算書上の問題点

> 　法人税等の額が税引前当期純利益と期間的に対応しない点が問題である。

貸借対照表上の問題点

> 　将来の法人税等の支払額に対する影響が表示されない点が問題である。

基本文章からの引用　　　解答要求に即した形にまとめる

3

1 問題の要求事項を確認

❶ 税効果会計を適用しない場合の問題点が問われていることを確認。

❷ 「損益計算書」、「貸借対照表」それぞれの問題点が問われていることを確認。

難
易
度
C

2 基本文章をイメージする

❶ 直接的な解答となる基本文章をイメージする。

⇒ 直接的な解答となる基本文章はない。

❷ 解答要求に関連する基本文章をイメージする。

⇒ 「繰延法の目的」、「資産負債法の目的」をイメージする。

3 解答文章の作成

❶ まずは、「繰延法の目的」、「資産負債法の目的」を論述する。

❷ その際は、問題文を利用し、解答要求に即した文章になるよう整える。

難易度Cレベルの問題から導かれる結論

① 応用問題は、基礎レベルに置き換えることで解答を導き出すことができる！

② 応用問題は自分の表現を用いて解答する場合もあるため、解答要求に即した的確な文章
を作成するためには、内容の理解も不可欠！

③ 自分の表現で解答する場合は、間違いがないように細心の注意を払い、解答を保守的に
まとめることが大事！

〈問 題〉

棚卸資産の費用配分に関する以下の各問に答えなさい。

1 棚卸資産の貸借対照表価額の決定について述べなさい。なお、収益性が低下した場合における簿価切下げの内容については触れる必要はない。

2 数量計算の方法である棚卸計算法は、実際の期末数量を把握することができるが、当該理由を説明しなさい。

3 数量計算の方法である継続記録法のみを適用した場合、減耗等を把握することができないが、当該理由を説明しなさい。

4 払出単価の計算方法である先入先出法と後入先出法について、価格変動時に経営成績の適正開示の観点から優れているのは、いずれの方法かを理由とともに指摘しなさい。

〈解答欄〉

1

2

3

4

| |
| |
| |
| |
| |

難易度 C

 ## 答案作成のために参考となる基本文章

1　費用性資産の評価

> 費用性資産は、原価主義の原則によって、当該資産の取得に要した支出額、すなわち取得原価に基づき評価される。
>
> また、費用性資産の取得原価は、費用配分の原則によって各会計期間に費用として配分され、費用配分後の残余部分が各会計期間末における評価額となる。

2　数量計算の方法

（1）継続記録法

> #### ①　定　義
> 　継続記録法とは、棚卸資産の受入れ及び払出しのつど商品有高帳などの帳簿に記録を行って、払出数量を直接的に計算する方法である。
>
> #### ②　長　所
> 　イ　払出数量を把握できるため、売上原価を正確に算定できる。
> 　ロ　実地棚卸を併用することによって棚卸減耗を把握することができる。
>
> #### ③　短　所
> 　イ　記録・計算等の事務に手数がかかる。
> 　ロ　実地棚卸を行わないと実際の期末数量が把握できない。

(2) 棚卸計算法

① 定　義

　　棚卸計算法とは、棚卸資産の受入れの記録は行われるが、期中における払出しの記録は行われず、期末に実地棚卸を行って、払出数量を間接的に計算する方法である。

② 長　所

　イ　計算が簡便で手数がかからない。

　ロ　実際の期末数量を把握することができる。

③ 短　所

　イ　棚卸減耗が払出数量に混入するため、売上原価を正確に算定できない。

　ロ　棚卸減耗を把握することができない。

3　金額計算の方法

(1)　先入先出法

① 定　義

　　先入先出法は、最も古く取得されたものから順次払出しが行われ、期末棚卸資産は最も新しく取得されたものからなるとみなして期末棚卸資産の価額を算定する方法である。

② 長　所

　イ　物的流れに即応した払出額計算ができる。

　ロ　在庫の金額に直近の市場価格が反映される。

③ 短　所

　　損益計算上古い原価が新しい収益に対応されるため、費用収益の同一価格水準的対応が図られず、価格変動時には保有損益が計上されることになる。

(2)　後入先出法

① 定　義

　　後入先出法は、最も新しく取得されたものから払出しが行われ、期末棚卸資産は最も古く取得されたものからなるとみなして期末棚卸資産の価額を算定する方法である。

② 長　所

　　損益計算上新しい原価が新しい収益に対応されるため、費用収益の同一価格水準的対応が図られることとなり、価格変動時には保有損益の計上を抑制できることになる。

③ 短　所

　イ　物的流れと逆の払出額計算となる。

　ロ　在庫の金額が直近の市場価格から乖離する。

解 答

1

> 原価主義の原則にしたがって評価された棚卸資産の取得原価は、費用配分の原則によって、数量計算および金額計算により、各会計期間に費用として配分され、費用配分後の残余部分が棚卸資産の貸借対照表価額となる。

2

> 棚卸計算法とは、棚卸資産の受入れの記録は行われるが、期中における払出しの記録は行われず、期末に実地棚卸を行って、払出数量を間接的に計算する方法であるため、実際の期末数量を確定させることができるからである。

3

> 継続記録法とは、棚卸資産の受入れおよび払出しのつど商品有高帳などの帳簿に記録を行って、払出数量を直接的に計算する方法である。よって、継続記録法のみを適用した場合には帳簿上の数量しか把握できず、実際の期末数量が把握できないため、減耗等を把握することができないのである。

4

> 価格変動時に経営成績の適正開示の観点から優れているのは、後入先出法である。
>
> なぜなら、後入先出法は損益計算上新しい原価が新しい収益に対応されるため、価格変動時に費用収益の同一価格水準的対応が図られることとなり、価格変動時には保有損益の計上を抑制できるためである。

【配点】

1…4点	2…5点	3…8点	4…8点	合計25点

 ## 本問のポイント

1について

　本問において、解答要求となる部分は「棚卸資産の貸借対照表価額の決定」です。これについてもすべてを自分の表現で書こうとせず、まずは、解答要求に関連する基本文章をピックアップしましょう。関連する基本文章は「費用性資産の評価」になります。

　次に、それが解答要求に対してふさわしい解答であるかを吟味しましょう。本問の解答要求は「貸借対照表価額の決定」であるため、関連する基本文章である「費用性資産の評価」のうち、決算時の評価の部分が該当することになります。また、本問では費用性資産ではなく、棚卸資産

難
易
度

C

という具体的事例で問われているため、基本文章の一部を棚卸資産の定義に置き換えて解答することが必要となります。また、収益性が低下した場合における簿価切下げについては問われていないことに注意しましょう。

2について

本問において、解答要求となる部分は「棚卸計算法によれば実際の期末数量を計算できる理由」です。一見すると何を解答するか判断に迷うと思います。このようなときほど、解答要求に関連する基本文章をピックアップして手掛かりを探すようにしましょう。

関連する基本文章としてピックアップできるのは、「棚卸計算法の定義と長所」であり、解答要求に即した解答をするためには、「棚卸計算法の定義」を利用することが必要となります。

あとは、解答要求に即した文章となるように「棚卸計算法の定義」を改良すればよいのです。

3について

本問において、解答要求となる部分は「継続記録法のみを適用した場合、減耗等を把握することができない理由」です。

この解答要求に関連する基本文章は、「継続記録法の定義と短所」であり、解答要求に即した形で解答するためには、「継続記録法の定義」を利用することが必要となります。

あとは、解答要求に即した文章となるように「継続記録法の定義」を改良すればよいのです。

4について

本問において、解答要求となる部分は、(1)「価格変動時に経営成績の適正開示の観点で優れている方法」、(2)「優れている理由」の2つです。

まず、解答要求(1)に対しては、「後入先出法の方が優れている」ということは容易に判断できるでしょう。あとは解答要求(2)をどう解答するかを考えなければいけません。解答要求(2)に関連する基本文章としては、①先入先出法の短所、②後入先出法の長所をあげることができますが、解答要求に即した文章となるようにするためには、「後入先出法の長所」を利用することが必要となるでしょう。

MEMO

難易度C

答案作成のアプローチ

1　棚卸資産の貸借対照表価額の決定について述べなさい。なお、収益性が低下した場合における簿価切下げの内容については触れる必要はない。

🔑 答案作成のために参考となる基本文章

1　費用性資産の評価

> 費用性資産は、原価主義の原則によって、当該資産の取得に要した支出額、すなわち取得原価に基づき評価される。
>
> また、費用性資産の取得原価は、費用配分の原則によって各会計期間に費用として配分され、費用配分後の残余部分が各会計期間末における評価額となる。

本問の解答に利用できる部分

1

> 原価主義の原則にしたがって評価された棚卸資産の取得原価は、費用配分の原則によって、数量計算および金額計算により、各会計期間に費用として配分され、費用配分後の残余部分が棚卸資産の貸借対照表価額となる。

費用性資産の評価に関する基本文章を中心に
部分的に棚卸資産に関連する内容に修正、追加

※　下線部以外は、費用性資産の評価の文章を引用

2

1　問題全体に関して

❶　棚卸資産に関連する問題が問われていることを確認。

❷　答案用紙を確認し、解答として要求されている論述量を確認。

⇒　各設問ごとの論述量も多めであり、かつ、全体としての論述量もやや多めであることを確認する。

❸　1〜4までの各設問の問題を一読し、難易度の判定を行う。

⇒　設問1…C　設問2…B　設問3…B　設問4…C

❹　上記❷、❸を踏まえ、本問における大まかな時間配分を決める。

⇒　本問の場合、20分程度と判断

❺　難易度の低い問題（やさしい問題）から解答する。

難
易
度
C

2　1について

❶　問題要求事項の確認。

棚卸資産の評価（貸借対照表価額）に関する問題であることを確認。

収益性が低下した場合の簿価切下げについては問われていないことを確認。

❷　基本文章をイメージする。

イ　直接的な解答となる基本文章をイメージする。

⇒　直接的な解答となる基本文章はない。

ロ　解答要求に関連する基本文章をイメージする。

⇒　「棚卸資産の貸借対照表価額の決定」という問題文から、「費用性資産の貸借対照表価額の決定」の仕方をイメージし、関連する基本文章として「費用性資産の評価」をイメージする。

ハ　上記ロのうち、本問の解答に利用できる部分をピックアップする。

⇒　費用性資産の決算時の評価部分をピックアップ

❸　解答文章を作成。

イ　費用性資産の評価（決算時の評価の部分）をベースに解答文章を構築する。

ロ　本問の解答要求に合わせるため、上記イの文章に棚卸資産に関連する内容に修正、追加を加える。

2 数量計算の方法である棚卸計算法は、実際の期末数量を把握することができるが、当該理由を説明しなさい。

🔑 **答案作成のために参考となる基本文章**

2 数量計算の方法

(2) 棚卸計算法

---

① **定 義**

棚卸計算法とは、棚卸資産の受入れの記録は行われるが、期中における払出しの記録は行われず、期末に実地棚卸を行って、払出数量を間接的に計算する方法である。

② **長 所**

イ　計算が簡便で手数がかからない。

ロ　実際の期末数量を把握することができる。

③ **短 所**

イ　棚卸減耗が払出数量に混入するため、売上原価を正確に算定できない。

ロ　棚卸減耗を把握することができない。

本問の解答に引用できる部分

2

棚卸計算法とは、棚卸資産の受入れの記録は行われるが、期中における払出しの記録は行われず、期末に実地棚卸を行って、払出数量を間接的に計算する方法であるため、実際の期末数量を確定させることができるからである。

棚卸計算法の内容
（基本文章から引用）

解答要求に即した形にまとめる

3 2について

❶ 問題要求事項の確認。

　イ　棚卸計算法によれば実際の期末数量を把握できる理由が問われていることを確認。

　ロ　「できる理由」という問題文から、本問が棚卸計算法において長所が認められる理由、すなわち、棚卸計算法の定義が問われていることを確認。

❷ 基本文章をイメージする。

　　直接的な解答となる基本文章をイメージする。

　⇒　棚卸計算法の定義をイメージする。

❸ 解答文章を作成。

　イ　直接的な解答要求部分である棚卸計算法の定義を先に述べる。

　ロ　解答要求に即した文章となるように解答文章を整える。

難
易
度
C

3 数量計算の方法である<u>継続記録法のみを適用した場合、減耗等を把握することができない</u>が、<u>当該理由を説明しなさい。</u>

 答案作成のために参考となる基本文章

2 数量計算の方法

（1） 継続記録法

---

① **定　義**

　継続記録法とは、棚卸資産の受入れ及び払出しのつど商品有高帳などの帳簿に記録を行って、払出数量を直接的に計算する方法である。

② **長　所**

　イ　払出数量を把握できるため、売上原価を正確に算定できる。

　ロ　実地棚卸を併用することによって棚卸減耗を把握することができる。

③ **短　所**

　イ　記録・計算等の事務に手数がかかる。

　ロ　実地棚卸を行わないと実際の期末数量が把握できない。

本問の解答に引用できる部分

4

3

　継続記録法とは、棚卸資産の受入れ及び払出しのつど商品有高帳などの帳簿に記録を行って、払出数量を直接的に計算する方法である。よって、継続記録法のみを適用した場合には帳簿上の数量しか把握できず、実際の期末数量が把握できないため、減耗等を把握することができないのである。

**継続記録法の内容
（基本文章から引用）**　　　**解答要求に即した形にまとめる**

4 3について

❶ 問題要求事項の確認。

イ　継続記録法のみの適用では、減耗等を把握できない理由が問われていることを確認。

ロ　「できない理由」という問題文から、本問が継続記録法において短所が認められる理由、すなわち、継続記録法の定義が問われていることを確認。

❷ 基本文章をイメージする。

直接的な解答となる基本文章をイメージする。

⇒　継続記録法の定義をイメージする。

❸ 解答文章を作成。

イ　直接的な解答要求部分である継続記録法の定義を先に述べる。

ロ　解答要求に即した文章となるように解答文章を整える。

難易度 C

4 払出単価の計算方法である先入先出法と後入先出法について、価格変動時に経営成績の適正開示の観点から優れているのは、いずれの方法かを理由とともに指摘しなさい。

 答案作成のために参考となる基本文章

3 金額計算の方法

(2) 後入先出法

① 定　義

　　後入先出法は、最も新しく取得されたものから払出しが行われ、期末棚卸資産は最も古く取得されたものからなるとみなして期末棚卸資産の価額を算定する方法である。

② 長　所

　　損益計算上新しい原価が新しい収益に対応されるため、費用収益の同一価格水準的対応が図られることとなり、価格変動時には保有損益の計上を抑制できることになる。

③ 短　所

　イ　物的流れと逆の払出額計算となる。

　ロ　在庫の金額が直近の市場価格から乖離する。

本問の解答に引用できる部分

4

　価格変動時に経営成績の適正開示の観点から優れているのは、後入先出法である。

　　なぜなら、後入先出法は損益計算上新しい原価が新しい収益に対応されるため、価格変動時に費用収益の同一価格水準的対応が図られることとなり、価格変動時には保有損益の計上を抑制できるためである。

結論を先に述べる

その後基本文章を引用し理由を述べる

5

5 | 4について

❶ 問題要求事項の確認。

イ 先入先出法と後入先出法のうち「価格変動時に経営成績の適正開示の観点で優れている方法」が問われていることを確認。

ロ 「優れている方法」という問題文から、両方法の長所のみを考慮し、該当する方法を選択すればよいことを確認。

ハ また、その理由が問われていることを確認。

ニ 理由を述べるにあたり、本問が「価格変動時」に限定して問われていることを確認。

❷ 基本文章をイメージする。

イ 直接的な解答となる基本文章をイメージする。

⇒ 直接的な解答となる基本文章はない。

ロ 解答要求に関連する基本文章をイメージする。

⇒ 後入先出法の定義と長所をイメージする。

❸ 解答文章を作成。

イ まずは、直接的な解答要求である後入先出法を指摘し、その後、理由を述べる。

ロ 理由を述べる場合は、基本文章をうまく引用し、解答に即した文章となるように整える。

難易度 C

コラム3 難しい問題の意図を読みほどくには!?

　問題の意図が読み取りにくい難しい問題や解答に直接的に関連する基本文章が思い浮かばない場合などは、基本問題に置き換えて考えると解答を導き出すことができます。

　でも、基本問題に置き換えて考えるといっても、どのように考えれば導き出すことができるのでしょう?

　ここでは、問題の原因追究や問題の解決策を考えるときに利用される思考法であるロジックツリーを紹介しましょう。

■　問題解決のためのロジックツリー

　問題解決のためのロジックツリーとは、最重要課題から重要課題へ、重要課題から小課題へとブレイクダウンしながら解決策を導き出す思考法です。

　ブレイクダウンするときには、「そのためには何が必要なのか?」を常に繰り返し行っていくことが大切になります。

　このロジックツリーを応用すれば、問題の意図が読み取りにくい難しい問題や解答に直接的に関連する基本文章が思い浮かばない場合などにおいても、解答を導き出すことができるようになるでしょう。

　難易度Cレベルの問題にあった【設例】を例にとり、ロジックツリーを用いてブレイクダウンすると以下のようになります。

〈例示〉

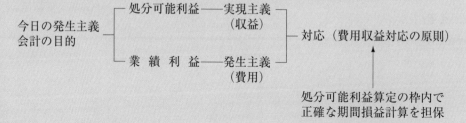

第4章

難易度D

〈問　題〉

　会社法の計算規則では、「剰余金の配当」が規定されている。これに関して、以下の問に答え
なさい。

問　その他資本剰余金からの配当可能性の是非に関し、企業会計の基本的観点から理由とともに
　　述べなさい。

〈解答欄〉

答案作成のために参考となる基本文章

⇒ 特になし

答案作成のために参考となる資料

1 企業会計原則 一般原則三

資本取引と損益取引とを明瞭に区別し、特に資本剰余金と利益剰余金とを混同してはならない。

2 企業会計における資本の分類

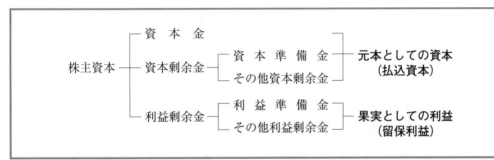

3 各資本項目の特質

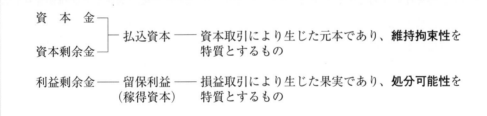

難
易
度
D

解 答

> その他資本剰余金には、配当可能性はない。なぜならその他資本剰余金は資本取引から生じた維持拘束性を特質とする払込資本だからである。

 本問のポイント

本問において、解答要求となる部分は「その他資本剰余金からの配当可能性の是非」および「その理由」であり、解答のヒントとなる部分は「企業会計の基本的観点」です。

本問の場合、解答要求に対して直接的、かつ、間接的に関連した基本文章は存在しません。そのため今までの学習において理解した内容をベースに解答を作成していくことになります。

まず、その他資本剰余金とは何かを考えてみましょう。その他資本剰余金とは、資本剰余金のうち資本準備金以外のものを指します。これを念頭において、もう一度問題文を読んでみると、「その他資本剰余金からの配当可能性の是非に関し…」という文言から、その他資本剰余金を使用して配当を行うことが可能であるかということが問われていることがわかります。

次に、このような配当を行うことが可能であるかを考えてみましょう。本問では、「企業会計の基本的観点」からその是非を考えることになります。その他資本剰余金は払込資本に該当しますが、払込資本は、「資本取引により生じた維持拘束性を特質とする払込資本」であったはずです。この点に着目すれば、答えは否であると判断できるでしょう。

続けて、解答を作成することになりますが、本問のように解答要求に関連する文章が存在しない場合には、自らの知識をもとに解答を作成することになります。その際には、間違いが含まれないよう、確信をもって解答できる部分だけを解答するようにしましょう。本問であれば、先に判断したとおり、解答要求に対して直接的な解答となる「配当可能性はない」と「資本取引により生じた維持拘束性を特質とする払込資本」という2点を解答することになります。

 解答アプローチの手順

〈手順①〉 解答要求となる部分と解答のヒントになる部分を把握する。

　解答要求となる部分：「その他資本剰余金からの配当可能性の是非」

　解答のヒントとなる部分：「企業会計の基本的観点」

〈手順②〉 直接的な解答となる文章をピックアップする。

　直接的な解答となる文章：特になし

〈手順③〉 解答要求に関連する文章をピックアップする。

　解答要求に関連する文章：特になし

〈手順④〉 自らの知識で確信をもって解答できる文章をピックアップする。

確信をもって解答できる文章：「その他資本剰余金は資本取引から生じた維持拘束性を特質
とする払込資本」

「配当可能性はない」

〈手順⑤〉　問題文に照らしてふさわしい解答であるかを吟味する。

⇒　確信をもって解答できる文章のみを解答する。

〈手順⑥〉　間違いが含まれないように保守的に解答する。

〈本問で認められる別解〉

「配当可能性はある」という立場に立った解答でも、論旨が的確に述べてあれば認められる。

その他資本剰余金には、配当可能性が認められる。なぜならその他資本剰余金からの配当は株主からの払込資本の払戻しの性格を有すると考えられるためである。

 難易度Ｄで習得すべきこと

上記問題から、難易度Ｄレベルの問題を得点につなげるために必要なことは何かを考えてみましょう。

アプローチ編で示した答案作成上の留意点は以下のとおりです。

1　「『読む』力」を伸ばす

⑴　問題文はゆっくりと読む

⑵　「解答要求となる部分」および「解答のヒントとなる部分」に印を付ける

⑶　応用問題は基礎的な内容の中から考える

2　「『書く』力」を伸ばす

⑴　解答要求に即した解答をする

⑵　結論を重視して端的に解答する

⑶　うそを書かない

⑷　できるだけ基本文章を引用する

難易度Ｄレベルの問題において特に考慮すべき事項も、先にあげた難易度Ｃレベルの問題のところと同様です。

しかし、難易度Ｄレベルの問題では、より一層、自分自身の表現を使って解答するウエートが大きくなるため、確信をもって解答できる部分だけを解答し、確実な部分点を獲得するようにしましょう。

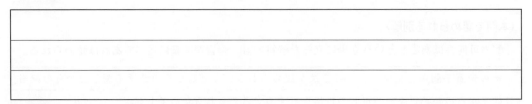

練習問題①

〈問 題〉

　株式払込剰余金の取崩額を原資として配当を行うことは「一般原則三」の趣旨に反するであろうか。理由を付して述べなさい。

〈解答欄〉

| |
| |
| |
| |

答案作成のために参考となる基本文章

　　　⇒　特になし

答案作成のために参考となる資料

1　企業会計原則　一般原則三

　資本取引と損益取引とを明瞭に区別し、特に資本剰余金と利益剰余金とを混同してはならない。

2　企業会計における資本の分類

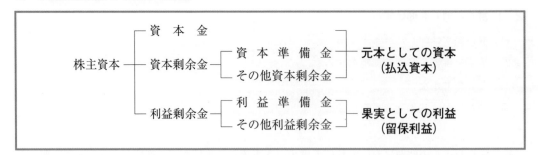

3　各資本項目の特質

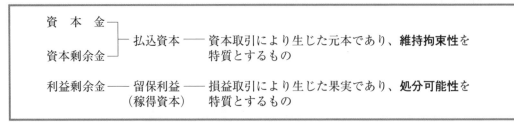

解　答

理解度
チェック

　株式払込剰余金は株主からの払込資本であり、維持拘束性を特質とするため、その取崩額を配当原資とすることは「一般原則三」の趣旨に反するものである。

 ## 本問のポイント

　本問において、解答要求となる部分は「株式払込剰余金を原資とした配当は一般原則三の趣旨に反するかどうか」です。

　本問も解答要求に対して直接的、かつ、間接的に関連した基本文章は存在しません。そのため、今までの学習で理解した部分をベースに解答を作成していくことになります。

　まず、株式払込剰余金とは何かを考えてみましょう。株式払込剰余金とは、株主による払込額のうち資本金に組み入れられなかったものをいい、資本準備金に該当します。

　これをイメージしながら問題文をもう一度読んでみると「株式払込剰余金の取崩額を原資として配当を行うことは…」という内容から、資本準備金の取崩額を原資として配当することを想定していることがわかります。言い換えれば、資本剰余金を使用しての配当です。

　次に、この取扱いが問題となるか否かを考えることになります。本問では、「一般原則三の趣旨」に反するかどうかが問われているため、企業会計原則（会計理論）の立場からその是非を考えることになります。資本剰余金は払込資本に該当しますが、払込資本については「資本取引により生じた元本であり、維持拘束性を特質とする」ものであったはずです。この点に着目すれば、答えは否であることが判断できるでしょう。

難易度
D

答案作成のアプローチ

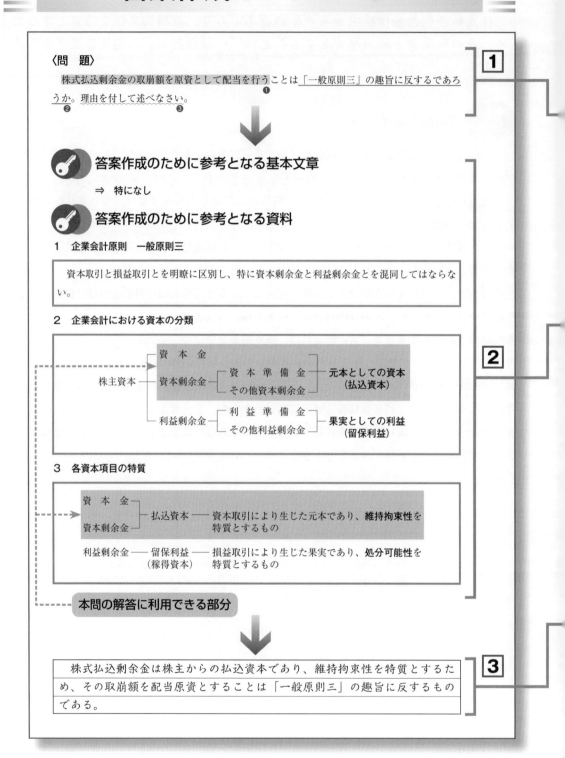

〈問　題〉

　株式払込剰余金の取崩額を原資として配当を行うことは「一般原則三」の趣旨に反するであろうか。理由を付して述べなさい。
①　　　　　　　　　　　　　　　　　　②　　　　　　　③

答案作成のために参考となる基本文章

⇒　特になし

答案作成のために参考となる資料

1　企業会計原則　一般原則三

　資本取引と損益取引とを明瞭に区別し、特に資本剰余金と利益剰余金とを混同してはならない。

2　企業会計における資本の分類

株主資本 ── 資　本　金
　　　　　　資本剰余金 ── 資　本　準　備　金
　　　　　　　　　　　　　 その他資本剰余金　　元本としての資本（払込資本）
　　　　　　利益剰余金 ── 利　益　準　備　金
　　　　　　　　　　　　　 その他利益剰余金　　果実としての利益（留保利益）

3　各資本項目の特質

資　本　金
資本剰余金 ── 払込資本 ── 資本取引により生じた元本であり、**維持拘束性**を特質とするもの

利益剰余金 ── 留保利益（稼得資本）── 損益取引により生じた果実であり、**処分可能性**を特質とするもの

本問の解答に利用できる部分

　株式払込剰余金は株主からの払込資本であり、維持拘束性を特質とするため、その取崩額を配当原資とすることは「一般原則三」の趣旨に反するものである。

1 問題の要求事項を確認

❶ 株式払込剰余金、すなわち、資本準備金に関する配当の是非が問われていることを確認。

❷ 当該配当の是非を一般原則三の趣旨に照らして判断することを確認。

❸ 上記❶、❷の判断理由を示すことを確認。

2 基本文章をイメージする

❶ 上記問題に対し、直接的な解答となる基本文章をイメージする。

⇒ 直接的な解答となる基本文章は存在しない。

❷ 次に、解答要求に関連する基本文章をイメージする。

⇒ 関連する基本文章も存在しない。

❸ 自らの理解から関連する内容をイメージする。

⇒・株式払込剰余金は資本取引により生じた元本であり、維持拘束性を特質とするもの。

・当該取崩額を原資として配当することは「一般原則三」の趣旨に反する。

3 解答文章の作成

❶ 確信をもって解答できる部分に限定して、論述する。

⇒ 間違いが無いように保守的に文章をまとめ、確実な部分点を狙う。

❷ 解答要求に即した文章となっているかを確認。

練習問題②

〈問 題〉

有形固定資産の減価償却に係る以下の記述から最も適切なものを選び、記号で答えなさい。

ア 残存価額を高く見積もれば、耐用年数にわたり計上される減価償却費の総額は大きくなる。

イ 残存価額をゼロと見積もり、定額法を適用する状況で、耐用年数を短く設定すれば毎期の償却費は小さくなる。

ウ 除却損は残存価額を過小に見積もった場合に計上される。

エ 取得原価と残存価額とを与件とし、かつ中途で除却などを行わなかったとすれば、償却方法として定額法を採用しても、定率法を採用しても、耐用年数を通算した減価償却費の総額は変わらない。

〈解答欄〉

 答案作成のために参考となる基本文章

⇒ 特になし

 答案作成のために参考となる資料

⇒ 特になし

計算の知識を用いて、減価償却の計算をイメージする。

解 答

> エ

 ## 本問のポイント

　本問は、「減価償却の目的を答えなさい」というような単純な暗記力を問うものではなく、減価償却計算全般に係わる理解力を試す問題になっています。このような問題は、直接的に関連した基本文書は存在しませんが、計算の知識を使って正解を導いていかなくてはなりません。しかし、限られた時間の中で正解を導くためには、頭の中で考え、悩んでいてもなかなか先に進むことはできません。そこで、このような計算と結び付きのある問題が出題されたときは、具体的な数値や図を書きながらイメージを膨らませていくことで解答の精度を高めることが可能になります。

　例えば、選択肢ア（「残存価額を高く見積もれば、耐用年数にわたり計上される減価償却費の総額は大きくなる。」）であれば、下記のような図を書くことで格段に解答しやすくなるはずです。

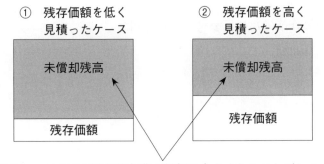

②のケースの方が減価償却費の総額は小さくなることがわかる

難
易
度
D

答案作成のアプローチ

〈問 題〉

有形固定資産の減価償却に係る以下の記述から最も適切なものを選び、記号で答えなさい。
❶

ア 残存価額を高く見積もれば、耐用年数にわたり計上される減価償却費の総額は大きくなる。

イ 残存価額をゼロと見積もり、定額法を適用する状況で、耐用年数を短く設定すれば毎期の償却費は小さくなる。

ウ 除却損は残存価額を過小に見積もった場合に計上される。

エ 取得原価と残存価額とを与件とし、かつ中途で除却などを行わなかったとすれば、償却方法として定額法を採用しても、定率法を採用しても、耐用年数を通算した減価償却費の総額は変わらない。

 答案作成のために参考となる基本文章

⇒ 特になし

 答案作成のために参考となる資料

⇒ 特になし

計算の知識を用いて、減価償却の計算をイメージする。

エ

1 問題の要求事項を確認

❶ 有形固定資産の減価償却に関する問題であることを確認。

難
易
度
D

2 基本文章をイメージする

❶ 上記問題に対し、直接的な解答となる基本文章をイメージする。

⇒ 直接的な解答となる基本文章は存在しない。

❷ 計算の知識を使って内容をイメージする。

⇒ この際、具体的な数値や図を書きながらイメージを膨らませる。

3 解答する

❶ 上記 1 及び 2 のプロセスを踏まえて最も適切な文章を選択する。

⇒ 正しい記号をすぐに選択できないときは、明らかに誤っている文章を解答から排除
していき、消去法で正解の文章を導くこと。

難易度Dレベルの問題から導かれる結論

① 自ら作文するような難しい問題は、確信をもてる部分のみを解答し、確実な部分点を狙
う！

② 基本文章がイメージできない場合は、計算の知識も利用し、解答のイメージをふくらま
す！

③ 元々が難しい問題であることを考慮し、時間をかけずに簡潔に解答をまとめる！

〈問　題〉

引当金に関する以下の各問に答えなさい。

1　現行の企業会計の立場から、引当金の本質について述べなさい。

2　引当金を計上した場合の借方項目である引当金繰入額は、財貨・用役の価値費消が将来に生ずると考えられるのに、なぜ当期に発生費用として認識されるのかを説明しなさい。なお、解答するにあたっては重要な箇所に1箇所下線を引きなさい。

3　将来の地震に伴う災害損失に備えるための引当金、すなわち、地震損失引当金を設定してよいかどうかを、企業会計原則・注解18に規定する計上要件をとりあげて説明しなさい。

4　引当金を設定する目的は、主として期間損益計算を正しく行うためであるが、この損益計算書目的のほか、貸借対照表目的としてもいくつかの点を指摘することができる。その1つとして「企業が所有している資産の正しい価額を示すため」という目的をあげることができるが、この目的に合致すると思われる引当金の名称を企業会計原則・注解18の引当金から指摘した上で、その理由を述べなさい。

5　現行の企業会計の立場から引当金の性質に着目した場合、企業会計原則・注解18に規定する引当金はどのように分類されるか説明しなさい。

〈解答欄〉

1

| |
| |
| |

2

| |
| |
| |
| |

3

4

名称 [   ]

5

 答案作成のために参考となる基本文章

1　引当金の定義・計上要件・計上根拠

① **定　義**
　　引当金とは、将来の費用・損失を当期の費用・損失としてあらかじめ見越計上したときの貸方項目である。

② **計上要件**
　　引当金は、将来の特定の費用又は損失であって、その発生が当期以前の事象に起因し、発生の可能性が高く、かつ、その金額を合理的に見積ることができる場合に計上される。

③ **計上根拠**
　　引当金を計上するのは、収益と費用を対応させ、期間損益計算の適正化を図るためであり、発生主義の原則をその計上根拠とする。

2 費用の認識原則

① 費用の認識原則

　費用は発生主義の原則により認識され、その後、実現収益に対応する部分が費用収益対応の原則により抜き出される。

　ここに発生主義の原則とは、費用を発生の事実に基づいて計上することを要請する費用の認識原則である。

　また、費用収益対応の原則とは、発生した費用のうち、期間実現収益に対応するものを限定し、期間対応費用を決定することを要請する原則である。

② 採用根拠

　処分可能利益の計算という制約を受けながらも、その枠内において、できるだけ正確な期間損益計算を行うためである。

3 発生主義の原則における「発生」の意味

　費用の発生とは、財貨又は用役の価値費消事実の発生と財貨又は用役の価値費消原因事実の発生を意味する。

 答案作成のために参考となる資料

引当金の分類

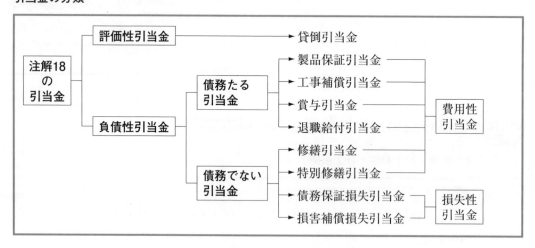

解 答

1

　引当金とは、収益と費用を対応させ、期間損益計算の適正化を図るために、将来の費用・損失を当期の費用・損失としてあらかじめ見越計上したときの貸方項目である。

2

　発生費用は、財貨・用役の価値費消事実の発生または財貨・用役の価値費消原因事実の発生に基づいて認識される。

　引当金繰入額は、財貨・用役の価値費消は将来に生ずるが、財貨・用役の価値費消原因事実が当期に生じるため、発生費用として認識されるのである。

3

　将来の地震に伴う災害損失に備えるため、引当金を設定することは認められない。

　なぜなら、引当金は将来の特定の費用又は損失であって、その発生が当期以前の事象に起因し、発生の可能性が高く、かつ、その金額を合理的に見積ることができる場合に計上されるものであり、地震損失引当金は当該計上要件すべてを満たさないことから、引当金を設定することは認められない。

4

名称　貸倒引当金

　注解18の引当金のうち、資産に関連する引当金は貸倒引当金のみであり、かつ、当該引当金は、資産の評価勘定としての性質を有するものだからである。

5

　引当金は、性質の違いから評価性引当金と負債性引当金に分けられ、負債性引当金はさらに、債務性の観点から債務たる引当金と債務でない引当金とに細分される。

【配点】

1…4点	2…6点	3…6点	4　名称…1点　理由…4点	5　4点	合計25点

本問のポイント

1について

　本問において、解答要求となる部分は「引当金の本質」です。

　「本質」と問われると何を解答すればよいのか迷う受験生も多いようです。「本質」は「根本的な性質」を意味しますから、「引当金の本質」とは、換言すれば「引当金の根本的な性質」、すなわち「引当金とはどのようなものか」が本問の解答要求になります。よって、解答要求に対して直接的な解答となる文章は「引当金の定義」となります。

　続けて、解答スペースに余裕があることから、「引当金の定義」の文章を解答の柱として、「引当金の計上根拠」の文章の結論的部分を付加して解答を作成していくとよいでしょう。

2について

　本問において、解答要求となる部分は「引当金繰入額が当期の発生費用として認識される理由」であり、解答のヒントとなる部分は「財貨・用役の価値費消が将来に生ずると考えられる」です。

　当該解答要求に関連する基本文章は「費用の認識原則」および「発生の意味」となります。

　解答を作成していく際には、まず、発生主義の原則に基づく費用の認識を解答した上で、引当金繰入額の場合の費用の認識について解答するとよいでしょう。

　なお、本問は引当金繰入額の費用の認識が問われているわけですから、引当金繰入額の内容についてのみを直接解答していくことも考えられます。ただし、その場合は、解答していく文章の多くが自分自身の表現になってしまうため、誤った内容を書いてしまう可能性が高くなります。したがって、できる限り基本文章を引用し、解答を作成していく方がよいでしょう。

　また、重要な箇所に下線を引くことが要求されていることを忘れないようにしましょう。

3について

　本問において、解答要求となる部分は「地震損失引当金を設定してよいかどうか」であり、解答のヒントとなる部分は「注解18の計上要件をとりあげて」です。したがって、解答要求に関連する文章は「引当金の計上要件」となります。

　解答を作成する際には、解答要求に対して直接的な解答となる部分を先に解答するようにしましょう。本問では「地震損失引当金の計上は認められない」がこれに該当します。続けて、そのように判断した理由の説明として、引当金の計上要件を示し、地震損失引当金が当該計上要件すべてを満たさない旨を指摘して解答することになります。

　なお、本問は地震損失引当金の計上が認められるか否かが問われているわけですから、引当金の計上要件のうち、地震損失引当金が満たさない部分を直接解答して、認められない理由を述べていくこともできるでしょう。

　ただし、その場合は、解答していく文章に自分自身の表現がかなり加わってしまうため、誤った内容を書いてしまう可能性が高くなります。したがって、できる限り基本文章の表現を引用した方がよいでしょう。このような点を考慮すると、解答は模範解答のようになります。

4について

　本問において、解答要求となる部分は「引当金の設定目的を、貸借対照表の側面から指摘した場合に、その目的に合致するものの例示」と「その例示を選択した理由」の2点であり、解答のヒントとなる部分は、「企業が所有している資産の正しい価額を示すため」です。

　本問では、問題文に「資産の正しい価額を示すため」とあることから、解答にあげるべき例示は、資産に関連する引当金ということになります。さらに、その例示を注解18の中から指摘するとなれば、解答は貸倒引当金に限定されることになります。

　本問のような問題であれば、最低限、上記の内容を指摘し、部分点を確実に獲得するようにしてください。それができたら、次の段階として、問題文の「…資産の正しい価額を示すため」に対応する内容として「貸倒引当金が評価勘定として資産評価に関わっている」旨の内容が指摘できれば、よりよい解答になるでしょう。ただし、この内容が自信をもって指摘できない場合には、失点を最小限に抑えるためにも、前半部分だけを丁寧に論述し、確実な部分点を狙うようにしましょう。

5について

　本問において、解答要求となる部分は「企業会計原則・注解18の引当金の分類」であり、解答のヒントとなる部分は「引当金の性質に着目」です。

　引当金は2つの観点から分類することができますが、ヒントとなる部分である「引当金の性質に着目」から解答を限定することができるでしょう。

難易度 D

答案作成のアプローチ

1

〈問　題〉

引当金に関する以下の各問に答えなさい。

1　現行の企業会計の立場から、引当金の本質について述べなさい。

2　引当金を計上した場合の借方項目である引当金繰入額は、なぜ財貨・用役の価値費消が将来に生ずると考えられるのに、当期に発生費用として認識されるのかを説明しなさい。なお、解答するにあたっては重要な箇所に1箇所下線を引きなさい。

3　将来の地震に伴う災害損失に備えるための引当金、すなわち、地震損失引当金を設定してよいかどうかを、企業会計原則・注解18に規定する計上要件をとりあげて説明しなさい。

4　引当金を設定する目的は、主として期間損益計算を正しく行うためであるが、この損益計算書目的のほか、貸借対照表目的としてもいくつかの点を指摘することができる。その1つとして「企業が所有している資産の正しい価額を示すため」という目的をあげることができるが、この目的に合致すると思われる引当金の名称を企業会計原則・注解18の引当金から指摘した上で、その理由を述べなさい。

5　現行の企業会計の立場から引当金の性質に着目した場合、企業会計原則・注解18に規定する引当金はどのように分類されるか説明しなさい。

1 問題全体に関して

❶ 引当金に関連する問題が出題されていることを確認。

❷ 答案用紙を確認し、解答として要求されている論述量を確認。

⇒ 本問の場合は、論述量が多く、かつ、長文を書かせる問題も出題されている。

❸ 1～5までの各設問の問題を一読し、難易度の判定を行う。

⇒ 設問1…B 設問2…C 設問3…C 設問4…D 設問5…Bと判断。

❹ 上記❷、❸を踏まえ、本問における大まかな時間配分を決める。

⇒ 本問の場合、すべての問題を正確に解答するには30分程度かかることが想定される。よって、難易度の高い問題に時間をかけず、20分程度で解答をまとめると判断。

❺ 難易度の低い問題（やさしい問題）から解答をする。

難
易
度
D

1 現行の企業会計の立場から、引当金の本質について述べなさい。

 答案作成のために参考となる基本文章

1 引当金の定義・計上要件・計上根拠

① **定　義**

引当金とは、将来の費用・損失を当期の費用・損失としてあらかじめ見越計上したときの貸方項目である。

② **計上要件**

引当金は、将来の特定の費用又は損失であって、その発生が当期以前の事象に起因し、発生の可能性が高く、かつ、その金額を合理的に見積ることができる場合に計上される。

③ **計上根拠**

引当金を計上するのは、収益と費用を対応させ、期間損益計算の適正化を図るためであり、発生主義の原則をその計上根拠とする。

本問の解答に引用できる部分

2

1

引当金とは、収益と費用を対応させ、期間損益計算の適正化を図るために、将来の費用・損失を当期の費用・損失としてあらかじめ見越計上したときの貸方項目である。

基本文章から引用
（引当金の計上根拠の結論部分をスペースに応じ付加）

基本文章から引用
（解答の柱となる引当金の定義）

2 1について

❶ 問題の要求事項を確認。

 イ 引当金の本質、すなわち、定義が問われていることを確認。

 ロ 解答スペースとの関係から、補足事項として計上根拠についても言及を求めていると判断。

❷ 基本文章をイメージする。

 イ 本問に関連する基本文章を頭にイメージする。

  ⇒ 引当金の定義

 ロ 解答スペースの関係から、補足説明のために関連する基本文章をイメージする。

  ⇒ 引当金の計上根拠

❸ 解答文章の作成。

 イ 解答の柱となる引当金の定義を軸に解答文章を作成。

 ロ 解答スペースに応じ、引当金の計上根拠の結論的部分を付加し、脈絡のある文章に整える。

難易度 D

2 引当金を計上した場合の<u>借方項目である引当金繰入額</u>は、財貨・用役の価値費消が将来に生
ずると考えられるのに、なぜ当期に発生費用として認識されるのかを説明しなさい。なお、解
答するにあたっては<u>重要な箇所に1箇所下線を引きなさい</u>。

❶ロ

❶イ

❶ハ

🔑 **答案作成のために参考となる基本文章**

2　費用の認識原則

① **費用の認識原則**

　　費用は発生主義の原則により認識され、その後、実現収益に対応する部分が費用収益対応
の原則により抜き出される。

　　ここに発生主義の原則とは、費用を発生の事実に基づいて計上することを要請する費用の
認識原則である。

　　また、費用収益対応の原則とは、発生した費用のうち、期間実現収益に対応するものを限
定し、期間対応費用を決定することを要請する原則である。

② **採用根拠**

　　処分可能利益の計算という制約を受けながらも、その枠内において、できるだけ正確な期
間損益計算を行うためである。

3　発生主義の原則における「発生」の意味

　　費用の発生とは、財貨又は用役の価値費消事実の発生と財貨又は用役の価値費消原因事実の
発生を意味する。

 本問の解答に引用できる部分

3

2

　　発生費用は、財貨・用役の価値費消事実の発生または財貨・用役の価値費
消原因事実の発生に基づいて認識される。

　　引当金繰入額は、財貨・用役の価値費消は将来に生ずるが、財貨・用役の
価値費消原因事実が当期に生じるため、発生費用として認識されるのであ
る。

基本文章から引用し解答する部分

**問題文を引用しながら
補足的説明を加え解答
をまとめる**

3 2について

❶ 問題の要求事項を確認。

　イ　引当金繰入額の計上が発生費用として認識される理由が問われていることを確認。

　ロ　引当金繰入額が発生主義の原則に基づく認識であることの理由が問われていることを確認。

　ハ　重要な箇所に下線（1箇所）を引くことが求められていることを確認。

❷ 基本文章をイメージする。

　イ　本問の直接的な解答要求となる基本文章を頭にイメージする。

　　⇒　特になし

　ロ　本問の解答要求に関連する基本文章をイメージする。

　　⇒・費用の認識原則

　　　・発生主義の原則における「発生」の意味

❸ 解答文章の作成。

　イ　まずは、発生主義の原則による費用の認識について述べる。

　ロ　次に、引当金繰入額が発生主義の原則に基づく費用認識が行われていることを基本文章を引用しながら解答文章を作成する。

　ハ　最後に問題要求に応じ、重要部分に下線を引く。

難
易
度
D

3 将来の地震に伴う災害損失に備えるための引当金、すなわち、地震損失引当金を設定してよいかどうかを、企業会計原則・注解18に規定する計上要件をとりあげて説明しなさい。

🔑 **答案作成のために参考となる基本文章**

1 引当金の定義・計上要件・計上根拠

---

① **定 義**

引当金とは、将来の費用・損失を当期の費用・損失としてあらかじめ見越計上したときの貸方項目である。

② **計上要件**

引当金は、将来の特定の費用又は損失であって、その発生が当期以前の事象に起因し、発生の可能性が高く、かつ、その金額を合理的に見積ることができる場合に計上される。

③ **計上根拠**

引当金を計上するのは、収益と費用を対応させ、期間損益計算の適正化を図るためであり、発生主義の原則をその計上根拠とする。

4

▷ **本問の解答に引用できる部分**

3

▶ 将来の地震に伴う災害損失に備えるため、引当金を設定することは認められない。

なぜなら、引当金は将来の特定の費用又は損失であって、その発生が当期以前の事象に起因し、発生の可能性が高く、かつ、その金額を合理的に見積ることができる場合に計上されるものであり、地震損失引当金は当該計上要件すべてを満たさないことから、引当金を設定することは認められない。

▷ **追加的に説明すべき部分**

▷ **基本文章からの引用**

▷ **直接的な解答となる部分を先に解答する**

4 ３について

❶ 問題の要求事項を確認。

　イ　地震損失引当金の計上の是非に関する問題であることを確認。

　ロ　企業会計原則・注解18に規定する計上要件を取り上げて説明することを確認。

❷ 基本文章をイメージする。

　イ　本問の直接的な解答要求となる基本文章を頭にイメージする。

　　⇒　特になし

　ロ　本問の解答要求に関連する基本文章をイメージする。

　　⇒　引当金の計上要件

❸ 解答文章の作成。

　イ　まずは、結論となる「地震損失引当金の計上は認められない」ことを指摘する。

　ロ　次に認められない理由を述べる。

　ハ　理由を述べるにあたり、まずは問題要求に応じ、引当金の計上要件を示す。

　ニ　次に地震損失引当金が引当金の計上要件に合致しないことを示す。

難易度 D

4 引当金を設定する目的は、主として期間損益計算を正しく行うためであるが、この損益計算書目的のほか、貸借対照表目的としてもいくつかの点を指摘することができる。その1つとして「企業が所有している資産の正しい価額を示すため」という目的をあげることができるが、この目的に合致すると思われる引当金の名称を企業会計原則・注解18の引当金から指摘した上で、その理由を述べなさい。
❶イ
❶ロ
❶ハ

🔑 **答案作成のために参考となる資料**

引当金の分類

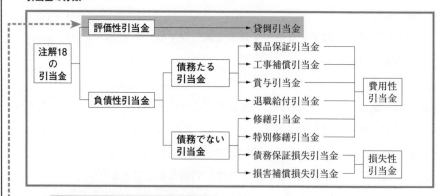

┈┈┈┈ **本問の解答に利用できる部分**

4

名称▶ 貸倒引当金

▶注解18の引当金のうち、資産に関連する引当金は貸倒引当金のみであり、かつ、当該引当金は、資産の評価勘定としての性質を有するものだからである。

先に確信をもって論述できる部分を書き、確実に部分点をとる。

確信をもてる場合のみ書く。確信がないときはあえて書かず保守的に解答をまとめる。

5 | 4について

❶ 問題の要求事項を確認。

イ　引当金の設定目的を貸借対照表目的の点から捉えた場合の問題であることを確認。

ロ　企業が所有している資産の正しい価額を示す点に着目した場合の例示を注解18の引当金から示すことを確認。

ハ　上記ロであげた例示を選択した理由を述べることを確認。

❷ 基本文章をイメージする。

イ　本問の直接的な解答要求となる基本文章を頭にイメージする。

⇒　特になし

ロ　本問の解答要求に関連する基本文章をイメージする。

⇒　引当金の分類

ハ　上記ロのうち、関連する部分をピックアップする。

⇒　評価性引当金に関する内容をピックアップ

❸ 解答文章の作成。

イ　具体例の名称（貸倒引当金）を示す。

ロ　理由として、まずは資産評価に関連する引当金は貸倒引当金のみであることを指摘。

ハ　次に、貸倒引当金の性質を説明することで問題の要求に合致する引当金が貸倒引当金であることを説明する。

ニ　本問は、受験生自らが文章を作成しなければならないことを考慮し、確信をもって書ける内容のみを解答し、簡潔にまとめ、確実に部分点を獲得すべきことを忘れない！

5 現行の企業会計の立場から引当金の性質に着目した場合、企業会計原則・注解18に規定する
　　引当金はどのように分類されるか説明しなさい。

 答案作成のために参考となる資料

引当金の分類

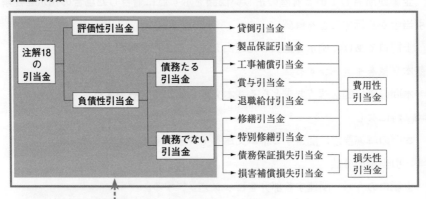

本問において解答が求められている分類方法

5

引当金は、性質の違いから評価性引当金と負債性引当金に分けられ、負債
性引当金はさらに、債務性の観点から債務たる引当金と債務でない引当金と
に細分される。

6

6 │ 5について

❶ 問題の要求事項を確認。

　イ　引当金の分類について問われていることを確認。

　ロ　2つの分類方法があるうち、引当金の性質の相違に着目した場合の分類方法が問われていることを確認。

❷ 基本文章をイメージする。

　イ　直接的な基本文章は無いが、各種引当金がどのような性質を持つ引当金であったかをイメージし、頭の中で整理する（必要に応じて問題の余白等にメモ書きをし、整理する）。

　ロ　上記イをもとに、解答を論述する。

難易度 D

第 5 章

難易度 E

〈問　題〉

　修繕に係る費用を引当金を用いて処理するのではなく、当該固定資産の評価勘定を用いて処理する見解がある。この見解について説明しなさい。

〈解答欄〉

答案作成のために参考となる基本文章

⇒　特になし

答案作成のために参考となる資料

⇒　特になし

解 答

当該見解は、修繕を要する分の固定資産の価値は減じているものとみて、固定資産の価値の減少額を費用として計上するというものである。すなわち、減価償却に反映されない固定資産の価値の減少を価値費消事実の発生に基づいて当期の費用として計上し、その結果として固定資産の評価勘定としての貸方項目を計上するというものである。この場合、修繕費は支出時に資本的支出として処理されることとなる。

 ## 本問のポイント

本問において、解答要求となる部分は「修繕に係る費用を、固定資産の評価勘定を用いて処理する見解の説明」であり、解答のヒントとなる部分は特にありません。

本問の場合、解答要求に対して直接的、かつ、間接的に関連した基本文章は存在しません。また、関連する資料も存在しません。

本問は、「資産除去債務の会計処理に関する論点整理」からの出題であり、このような内容を見たり、あるいは学習したことのある受験生はまずいないと思われます。また、非常に難しい内容であり、今までの学習内容の理解から解答要求を的確に把握したり、解答を推測したりすることは困難なことと思われます。

このように受験生が未学習の内容、今までの学習内容の理解から解答を推測することが困難な問題は、時間を浪費せず、思い切って捨てていくのがよいでしょう。第60回本試験問題〔第二問〕の合格点は25点中11～12点と想定されます。本問の配点は5点程度と予想されますから、仮に落としてしまったとしても合否に影響はありません。また、ほとんどの受験生が正解することができないでしょうから、捨ててしまったとしても差をつけられる心配もありません。

逆に、このような問題で時間を浪費してしまい、他のやさしい問題を解く時間を失ってしまっては、合格に必要な点数を確実に獲得することができず、合格者と差をつけられてしまうことになります。未学習の内容、今までの学習内容の理解から解答を推測することが困難な問題は、時間を浪費せずに思い切って捨てていくほうが、結果として本試験合格につながることになるでしょう。

解答アプローチの手順

〈手順①〉 解答要求となる部分と解答のヒントになる部分を把握する。

　解答要求となる部分：「修繕に係る費用を、固定資産の評価勘定を用いて処理する見解の説明」

〈手順②〉 直接的な解答となる文章をピックアップする。

　直接的な解答となる文章：特になし

〈手順③〉 解答要求に関連する文章をピックアップする。

　解答要求に関連する文章：特になし

〈手順④〉 解答要求に関連する資料をピックアップする。

　解答要求に関連する資料：特になし

〈手順⑤〉 問題が学習済の論点、学習内容の理解から推測できる論点か否かを確認する。

　⇒ 学習したことのない論点、解答を推測することができない論点であることを把握する。

〈手順⑥〉 時間を浪費しないように思い切って捨てる。

 難易度Eで習得すべきこと

　上記問題からもわかるとおり、難易度Eレベルの問題に関しては未学習の論点であり、解答が困難な問題であることがわかります。合否に影響を及ぼさない難易度Eレベルの問題については、時間を浪費しないためにも思い切って捨てるようにしましょう。

　ただし、思い切って捨てるときには安易に判断するのではなく、当該問題が未学習の論点からの出題であり、本当に合否に影響を与えない問題であることを慎重に判断するようにしてください。

難易度Eレベルの問題から導かれる結論

① 未学習の論点からの出題であり、すぐに解答が推測できないような問題で貴重な時間を浪費しない！

② 合否に影響を与えないような問題は、思い切って捨てることも大切！

③ ただし、思い切って捨てる場合には、慎重に判断すること！

MEMO

税理士　財務諸表論　理論答案の書き方　第7版
（ぜいりし　ざいむしょひょうろん　りろんとうあんの　かきかた　だいはん）

2010年 4 月 1 日　初　版　第 1 刷発行
2023年10月10日　第 7 版　第 1 刷発行
2024年 8 月 5 日　第 7 版　第 2 刷発行

編　著　者　　Ｔ Ａ Ｃ 株 式 会 社
　　　　　　　　　　　　　　（税理士講座）
発　行　者　　多　田　敏　男
発　行　所　　TAC株式会社　出版事業部
　　　　　　　　　　　　　　（TAC出版）

　　　　　　　〒101-8383
　　　　　　　東京都千代田区神田三崎町3-2-18
　　　　　　　電 話 03 (5276) 9492 (営業)
　　　　　　　ＦＡＸ 03 (5276) 9674
　　　　　　　https://shuppan.tac-school.co.jp

組　　　版　　株 式 会 社 グ ラ フ ト
印　　　刷　　日 新 印 刷 株 式 会 社
製　　　本　　東 京 美 術 紙 工 協 業 組 合

© TAC 2023　　　Printed in Japan

ISBN 978-4-300-10687-7
N.D.C. 336

ズバリ的中！

高い的中実績を誇る TACの本試験対策

TACが提供する演習問題などの本試験対策は、毎年高い的中実績を誇ります。
これは、合格カリキュラムをはじめ、講義・教材など、明確な科目戦略に基づいた合格コンテンツの結果でもあります。

簿記論

TAC実力完成答練 第2回

●実力完成答練　第2回〔第三問〕【資料2】1
【資料2】決算整理事項等
1　現金に関する事項
　　決算整理前残高試算表の現金はすべて少額経費の支払いのために使用している小口現金である。小口現金については設定額を100,000円とする定額資金前渡制度（インプレスト・システム）を採用しており、毎月末日に使用額の報告を受けて、翌月1日に使用額と同額の小切手を振り出して補給している。
　　2023年3月のその他の営業費として使用した額が97,460円（税込み）であった旨の報告を受けたが処理は行っていない。なお、現金の実際有高は2,700円であったため、差額については現金過不足として雑収入または雑損失に計上することとする。

2023年度 本試験問題

〔第三問〕【資料2】1
【資料2】決算整理事項等
1　小口現金
　　甲社は、定額資金前渡法による小口現金制度を採用し、担当部署に100,000円を渡して月末に小切手を振り出して補給している。決算整理前残高試算表の金額は3月末の補給前の金額であり、3月末の補給が既になされているが会計処理は未処理である。
　　なお、3月末の補給前の小口現金の実際有高では63,000円であり、帳簿残高との差額を調査した。3月31日の午前と午後に3月分の新聞代（その他の費用勘定）4,320円（税込み、軽減税率8%）を誤って二重に支払い、午前と午後にそれぞれ会計処理が行われていた。この二重払いについては4月中に4,320円の返金を受けることになっている。調査では、他に原因が明らかになるものは見つからなかった。

財務諸表論

TAC実力完成答練 第2回

●実力完成答練　第2回〔第三問〕2（3）
（3）　前期末においてC社に対する売掛金15,000千円を貸倒懸念債権に分類していたが、同社は当期に二度目の不渡りを発生させ、銀行取引停止処分を受けた。当該債権について今後1年以内に回収ができないと判断し、破産更生債権等に分類する。なお、当期において同社との取引はなく、取引開始時より有価証券（取引開始時の時価2,500千円、期末時価3,000千円）を担保として入手している。

2023年度 本試験問題

〔第三問〕2（2）
（2）　得意先D社に対する営業債権は、前期において経営状況が悪化していたため貸倒懸念債権に分類していたが、同社はX5年2月に二度目の不渡りを発生させ銀行取引停止処分になった。D社に対する営業債権の期末残高は受取手形6,340千円及び売掛金3,750千円である。なお、D社からは2,000千円相当のゴルフ会員権を担保として受け入れている。

所得税法

TAC実力完成答練 第4回

●実力完成答練　第4回〔第一問〕問2
問2　所得税法第72条（雑損控除）の規定において除かれている資産について損失が生じた場合の、その損失が生じた年分の各種所得の金額の計算における取扱いを説明しなさい。
　　なお、租税特別措置法に規定する取扱いについては、説明を要しない。

2023年度 本試験問題

〔第二問〕問2
問2　地震等の災害により、居住者が所有している次の(1)～(3)の不動産に被害を受けた場合、その被害による損失は所得税法上どのような取扱いとなるか、簡潔に説明しなさい。
　　なお、説明に当たっては、損失金額の計算方法の概要についても併せて説明しなさい。
　　（注）「災害被害者に対する租税の減免、徴収猶予等に関する法律」に規定されている事項については、説明する必要はない。

　　(1)　居住している不動産
　　(2)　事業の用に供している賃貸用不動産
　　(3)　主として保養の目的で所有している不動産

消費税法

TAC理論ドクター

●理論ドクター　P203
10.　レストランへの食材の販売
　　当社は、食品卸売業を営んでいます。当社の取引先であるレストランに対して、そのレストラン内で提供する食事の食材を販売していますが、この場合は軽減税率の適用対象となりますか。

2023年度 本試験問題

〔第一問〕問2（2）
（2）　食品卸売業を営む内国法人E社は、飲食店業を営む内国法人F社に対して、F社が経営するレストランで提供する食事の食材（肉類）を販売した。E社がF社に対し行う食材（肉類）の販売に係る消費税の税率について、消費税法令上の適用関係を述べなさい。

他の科目でも**的中**続出！（TAC税理士講座ホームページで公開）

2025年合格目標コース

反復学習でインプット強化！ & 豊富な演習量で実践力強化！

対象者：初学者／次の科目の学習に進む方

2024年				2025年							
9月	10月	11月	12月	1月	2月	3月	4月	5月	6月	7月	8月

9月入学 基礎マスター＋上級コース（簿記・財表・相続・消費・酒税・固定・事業・国徴）
3回転学習！年内はインプットを強化、年明けは演習機会を増やして実践力を鍛える！
※簿記・財表は5月・7月・8月・10月入学コースもご用意しています。

9月入学 ベーシックコース（法人・所得）
2回転学習！週2ペース、8ヵ月かけてインプットを鍛える！

9月入学 年内完結＋上級コース（法人・所得）
3回転学習！年内はインプットを強化、年明けは演習機会を増やして実践力を鍛える！

12月・1月入学 速修コース（全11科目）
7ヵ月～8ヵ月間で合格レベルまで仕上げる！

3月入学 速修コース（消費・酒税・固定・国徴）
短期集中で税法合格を目指す！

税理士試験

対象者：受験経験者（受験した科目を再度学習する場合）

2024年				2025年							
9月	10月	11月	12月	1月	2月	3月	4月	5月	6月	7月	8月

9月入学 年内上級講義＋上級コース（簿記・財表）
年内に基礎・応用項目の再確認を行い、実力を引き上げる！

9月入学 年内上級演習＋上級コース（法人・所得・相続・消費）
年内から問題演習に取り組み、本試験時の実力維持・向上を図る！

12月入学 上級コース（全10科目）
※住民税の開講はございません
講義と演習を交互に実施し、答案作成力を養成！

税理士試験

※2024年7月12日時点の情報です。最新の情報は、TAC税理士講座ホームページをご確認ください。

"入学前サポート"を活用しよう!

無料セミナー&個別受講相談

無料セミナーでは、税理士の魅力、試験制度、科目選択の方法や合格のポイントをお伝えしていきます。セミナー終了後は、個別受講相談でみなさんの疑問や不安を解消します。

TAC 税理士 セミナー 検索

https://www.tac-school.co.jp/kouza_zeiri/zeiri_gd_gd.htm

無料Webセミナー

TAC動画チャンネルでは、校舎で開催しているセミナーのほか、Web限定のセミナーも多数配信しています。受講前にご活用ください。

TAC 税理士 動画 検索

https://www.tac-school.co.jp/kouza_zeiri/tacchannel.html

体験入学

教室講座開講日(初回講義)は、お申込み前でも無料で講義を体験できます。講師の熱意や校舎の雰囲気を是非体感してください。

TAC 税理士 体験 検索

https://www.tac-school.co.jp/kouza_zeiri/zeiri_gd_gd.htm

税理士11科目 Web体験

「税理士11科目Web体験」では、TAC税理士講座で開講する各科目・コースの初回講義をWeb視聴いただけるサービスです。講義の分かりやすさを確認いただき、学習のイメージを膨らませてください。

TAC 税理士 検索

https://www.tac-school.co.jp/kouza_zeiri/taiken_form.html

税理士講座のご案内

チャレンジコース

受験経験者・独学生待望のコース!

4月上旬開講!

開講科目	簿記・財表・法人 所得・相続・消費

基礎知識の底上げ × **徹底した本試験対策**

チャレンジ講義 + チャレンジ演習 + 直前対策講座 + 全国公開模試

受験経験者・独学生向けカリキュラムが一つのコースに!

※チャレンジコースには直前対策講座(全国公開模試含む)が含まれています。

直前対策講座 5月上旬開講!

本試験突破の最終仕上げ!

直前期に必要な対策が
すべて揃っています!

学習メディア	教室講座・ビデオブース講座 Web通信講座・DVD通信講座・資料通信講座

＼ 全11科目対応 ／

開講科目	簿記・財表・法人・所得・相続・消費 酒税・固定・事業・住民・国徴

- 徹底分析!「試験委員対策」
- 即時対応!「税制改正」
- 毎年的中!「予想答練」

※直前対策講座には全国公開模試が含まれています。

チャレンジコース・直前対策講座ともに詳しくは2月下旬発刊予定の
「チャレンジコース・直前対策講座パンフレット」をご覧ください。

全国公開模試

6月中旬実施!

全11科目実施
TACの模試はここがスゴイ!

① 信頼の母集団
2023年の受験者数は、会場受験・自宅受験合わせて10,316名!この大きな母集団を分母とした正確な成績(順位)を把握できます。

信頼できる実力判定
10,316名が受験!
※11科目延べ人数

② 本試験を擬似体験
全国の会場で緊迫した雰囲気の中「真の実力」が発揮できるかチャレンジ!

③ 個人成績表
現時点での全国順位を確認するとともに「講評」等を通じて本試験までの学習の方向性が定まります。

④ 充実のアフターフォロー
解説Web講義を無料配信。また、質問電話による疑問点の解消も可能です。
※TACの受講生はカリキュラム内に全国公開模試の受験料が含まれています(一部期別申込を除く)。

直前オプション講座

**6月中旬～
8月上旬実施!**

最後まで油断しない!
ここからのプラス5点!

【重要理論確認ゼミ】
～理論問題の解答作成力UP!～

【ファイナルチェック】
～確実な5点UPを目指す!～

【最終アシストゼミ】
～本試験直前の総仕上げ!～

全国公開模試および直前オプション講座の詳細は4月中旬発刊予定の
「全国公開模試パンフレット」「直前オプション講座パンフレット」をご覧ください。

会計業界への就職・転職支援サービス

TPB

TACの100%出資子会社であるTACプロフェッションバンク（TPB）は、会計・税務分野に特化した転職エージェントです。勉強された知識とご希望に合ったお仕事を一緒に探しませんか？ 相談だけでも大歓迎です！ どうぞお気軽にご利用ください。

人材コンサルタントが無料でサポート

Step1 相談受付　完全予約制です。HPからご登録いただくか、各オフィスまでお電話ください。

Step2 面談　ご経験やご希望をお聞かせください。あなたの将来について一緒に考えましょう。

Step3 情報提供　ご希望に適うお仕事があれば、その場でご紹介します。強制はいたしませんのでご安心ください。

正社員で働く

● 安定した収入を得たい
● キャリアプランについて相談したい
● 面接日程や入社時期などの調整をしてほしい
● 今就職すべきか、勉強を優先すべきか迷っている
● 職場の雰囲気など、求人票でわからない情報がほしい

TACキャリアエージェント

https://tacnavi.com/

派遣で働く（関東のみ）

● 勉強を優先して働きたい
● 将来のために実務経験を積んでおきたい
● まずは色々な職場や職種を経験したい
● 家庭との両立を第一に考えたい
● 就業環境を確認してから正社員で働きたい

TACの経理・会計派遣

https://tacnavi.com/haken/

※ご経験やご希望内容によってはご支援が難しい場合がございます。予めご了承ください。　※面談時間は原則お一人様30分とさせていただきます。

自分のペースでじっくりチョイス

正社員・アルバイトで働く

● 自分の好きなタイミングで就職活動をしたい
● どんな求人案件があるのか見たい
● 企業からのスカウトを待ちたい
● WEB上で応募管理をしたい

Webで

TACキャリアナビ

https://tacnavi.com/kyujin/

就職・転職・派遣就労の強制は一切いたしません。会計業界への就職・転職を希望される方への無料支援サービスです。どうぞお気軽にお問い合わせください。

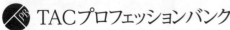
TACプロフェッションバンク

■ 有料職業紹介事業　許可番号13-ユ-010678　　■ 一般労働者派遣事業　許可番号（派）13-010932
■ 特定募集情報等提供事業　届出受理番号51-募-000541

東京オフィス
〒101-0051
東京都千代田区神田神保町 1-103
東京パークタワー 2F
TEL.03-3518-6775

大阪オフィス
〒530-0013
大阪府大阪市北区茶屋町 6-20
吉田茶屋町ビル 5F
TEL.06-6371-5851

名古屋 登録会場
〒453-0014
愛知県名古屋市中村区則武 1-1-7
NEWNO 名古屋駅西 8F
TEL.0120-757-655

プライバシーマーク
10860572

TAC出版 書籍のご案内

TAC出版では、資格の学校TAC各講座の定評ある執筆陣による資格試験の参考書をはじめ、資格取得者の開業法や仕事術、実務書、ビジネス書、一般書などを発行しています！

TAC出版の書籍

*一部書籍は、早稲田経営出版のブランドにて刊行しております。

資格・検定試験の受験対策書籍

- ✪日商簿記検定
- ✪建設業経理士
- ✪全経簿記上級
- ✪税　理　士
- ✪公認会計士
- ✪社会保険労務士
- ✪中小企業診断士
- ✪証券アナリスト

- ✪ファイナンシャルプランナー(FP)
- ✪証券外務員
- ✪貸金業務取扱主任者
- ✪不動産鑑定士
- ✪宅地建物取引士
- ✪賃貸不動産経営管理士
- ✪マンション管理士
- ✪管理業務主任者

- ✪司法書士
- ✪行政書士
- ✪司法試験
- ✪弁理士
- ✪公務員試験(大卒程度・高卒者)
- ✪情報処理試験
- ✪介護福祉士
- ✪ケアマネジャー
- ✪電験三種　ほか

実務書・ビジネス書

- ✪会計実務、税法、税務、経理
- ✪総務、労務、人事
- ✪ビジネススキル、マナー、就職、自己啓発
- ✪資格取得者の開業法、仕事術、営業術

一般書・エンタメ書

- ✪ファッション
- ✪エッセイ、レシピ
- ✪スポーツ
- ✪旅行ガイド (おとな旅プレミアム/旅コン)

TAC出版では、独学用、およびスクール学習の副教材として、各種対策書籍を取り揃えています。学習の各段階に対応していますので、あなたのステップに応じて、合格に向けてご活用ください!

（刊行内容、発行月、装丁等は変更することがあります）

●2025年度版 税理士受験シリーズ

「税理士試験において長い実績を誇るTAC。このTACが長年培ってきた合格ノウハウを"TAC方式"としてまとめたのがこの「税理士受験シリーズ」です。近年の豊富なデータをもとに傾向を分析、科目ごとに最適な内容としているので、トレーニング演習に欠かせないアイテムです。」

簿記論

01	簿記論	個別計算問題集	（8月）
02	簿記論	総合計算問題集 基礎編	（9月）
03	簿記論	総合計算問題集 応用編	（11月）
04	簿記論	過去問題集	（12月）
	簿記論	完全無欠の総まとめ	（11月）

財務諸表論

05	財務諸表論	個別計算問題集	（8月）
06	財務諸表論	総合計算問題集 基礎編	（9月）
07	財務諸表論	総合計算問題集 応用編	（12月）
08	財務諸表論	理論問題集 基礎編	（9月）
09	財務諸表論	理論問題集 応用編	（12月）
10	財務諸表論	過去問題集	（12月）
33	財務諸表論	重要会計基準	（8月）
※	財務諸表論	重要会計基準 暗記音声	（8月）
	財務諸表論	完全無欠の総まとめ	（11月）

法人税法

11	法人税法	個別計算問題集	（11月）
12	法人税法	総合計算問題集 基礎編	（10月）
13	法人税法	総合計算問題集 応用編	（12月）
14	法人税法	過去問題集	（12月）
34	法人税法	理論マスター	（8月）
※	法人税法	理論マスター 暗記音声	（9月）
35	法人税法	理論ドクター	（12月）
	法人税法	完全無欠の総まとめ	（12月）

所得税法

15	所得税法	個別計算問題集	（9月）
16	所得税法	総合計算問題集 基礎編	（10月）
17	所得税法	総合計算問題集 応用編	（12月）
18	所得税法	過去問題集	（12月）
36	所得税法	理論マスター	（8月）
※	所得税法	理論マスター 暗記音声	（9月）
37	所得税法	理論ドクター	（12月）

相続税法

19	相続税法	個別計算問題集	（9月）
20	相続税法	財産評価問題集	（9月）
21	相続税法	総合計算問題集 基礎編	（9月）
22	相続税法	総合計算問題集 応用編	（12月）
23	相続税法	過去問題集	（12月）
38	相続税法	理論マスター	（8月）
※	相続税法	理論マスター 暗記音声	（9月）
39	相続税法	理論ドクター	（12月）

酒税法

24	酒税法	計算問題+過去問題集	（2月）
40	酒税法	理論マスター	（8月）

消費税法

25	消費税法	個別計算問題集	（10月）
26	消費税法	総合計算問題集 基礎編	（10月）
27	消費税法	総合計算問題集 応用編	（12月）
28	消費税法	過去問題集	（12月）
41	消費税法	理論マスター	（8月）
※	消費税法	理論マスター 暗記音声	（9月）
42	消費税法	理論ドクター	（12月）
	消費税法	完全無欠の総まとめ	（12月）

固定資産税

29	固定資産税	計算問題＋過去問題集	（12月）
43	固定資産税	理論マスター	（8月）

事業税

30	事業税	計算問題＋過去問題集	（12月）
44	事業税	理論マスター	（8月）

住民税

31	住民税	計算問題＋過去問題集	（12月）
45	住民税	理論マスター	（12月）

国税徴収法

32	国税徴収法	総合問題＋過去問題集	（12月）
46	国税徴収法	理論マスター	（8月）

※暗記音声はダウンロード商品です。TAC出版書籍販売サイト「サイバーブックストア」にてご購入いただけます。

●2025年度版 みんなが欲しかった！税理士 教科書＆問題集シリーズ

効率的に税理士試験対策の学習ができないか？ これを突き詰めてできあがったのが、「みんなが欲しかった！税理士 教科書＆問題集シリーズ」です。必要十分な内容をわかりやすくまとめたテキスト（教科書）と内容確認のためのトレーニング（問題集）が1冊になっているので、効率的な学習に最適です。

みんなが欲しかった！税理士簿記論の教科書＆問題集 1 損益会計編 （8月）	みんなが欲しかった！税理士財務諸表論の教科書＆問題集 1 損益会計編 （8月）
みんなが欲しかった！税理士簿記論の教科書＆問題集 2 資産会計編 （8月）	みんなが欲しかった！税理士財務諸表論の教科書＆問題集 2 資産会計編 （8月）
みんなが欲しかった！税理士簿記論の教科書＆問題集 3 資産・負債・純資産会計編（9月）	みんなが欲しかった！税理士財務諸表論の教科書＆問題集 3 資産・負債・純資産会計編（9月）
みんなが欲しかった！税理士簿記論の教科書＆問題集 4 構造論点・その他編（9月）	みんなが欲しかった！税理士財務諸表論の教科書＆問題集 4 構造論点・その他編（9月）
	みんなが欲しかった！税理士財務諸表論の教科書＆問題集 5 理論編 （9月）

みんなが欲しかった！税理士消費税法の教科書＆問題集 1 取引分類・課税標準編 （8月）
みんなが欲しかった！税理士消費税法の教科書＆問題集 2 仕入税額控除編 （9月）
みんなが欲しかった！税理士消費税法の教科書＆問題集 3 納税義務編 （10月）
みんなが欲しかった！税理士消費税法の教科書＆問題集 4 申告制度・軽論点その他編 （11月）

●解き方学習用問題集

現役講師の解答手順、思考過程、実際の書込みなど、㊙テクニックを完全公開した書籍です。

簿記論	個別問題の解き方	〔第7版〕
簿記論	総合問題の解き方	〔第7版〕
財務諸表論	理論答案の書き方	〔第7版〕
財務諸表論	計算問題の解き方	〔第7版〕

●その他関連書籍

好評発売中！

消費税課否判定要覧 〔第5版〕

法人税別表4、5（一）（二）書き方完全マスター 〔第6版〕

女性のための資格シリーズ 自力本願で税理士

年商倍々の成功する税理士開業法

Q&Aでわかる 税理士事務所・税理士法人勤務 完全マニュアル

TACの書籍はこちらの方法でご購入いただけます

1 全国の書店・大学生協　**2** TAC各校 書籍コーナー

3 CYBER TAC出版書籍販売サイト **B**OOK STORE アドレス https://bookstore.tac-school.co.jp/

・2024年7月現在　・年度版各巻の価格は、決定しだい上記**3**のサイバーブックストアに掲載されますのでご参照ください

書籍の正誤に関するご確認とお問合せについて

書籍の記載内容に誤りではないかと思われる箇所がございましたら、以下の手順にてご確認とお問合せを
してくださいますよう、お願い申し上げます。

なお、正誤のお問合せ以外の書籍内容に関する解説および受験指導などは、一切行っておりません。
そのようなお問合せにつきましては、お答えいたしかねますので、あらかじめご了承ください。

1 「Cyber Book Store」にて正誤表を確認する

TAC出版書籍販売サイト「Cyber Book Store」の
トップページ内「正誤表」コーナーにて、正誤表をご確認ください。

CYBER TAC出版書籍販売サイト
BOOK STORE

URL:https://bookstore.tac-school.co.jp/

2 1 の正誤表がない、あるいは正誤表に該当箇所の記載がない ⇒ 下記①、②のどちらかの方法で文書にて問合せをする

★ご注意ください★

お電話でのお問合せは、お受けいたしません。

①、②のどちらの方法でも、お問合せの際には、「お名前」とともに、
「対象の書籍名（○級・第○回対策も含む）およびその版数（第○版・○○年度版など）」
「お問合せ該当箇所の頁数と行数」
「誤りと思われる記載」
「正しいとお考えになる記載とその根拠」
を明記してください。

なお、回答までに1週間前後を要する場合もございます。あらかじめご了承ください。

① ウェブページ「Cyber Book Store」内の「お問合せフォーム」より問合せをする

【お問合せフォームアドレス】

https://bookstore.tac-school.co.jp/inquiry/

② メールにより問合せをする

【メール宛先　TAC出版】

syuppan-h@tac-school.co.jp

※土日祝日はお問合せ対応をおこなっておりません。
※正誤のお問合せ対応は、該当書籍の改訂版刊行月末日までといたします。

乱丁・落丁による交換は、該当書籍の改訂版刊行月末日までといたします。なお、書籍の在庫状況等
により、お受けできない場合もございます。

また、各種本試験の実施の延期、中止を理由とした本書の返品はお受けいたしません。返金もいたし
かねますので、あらかじめご了承くださいますようお願い申し上げます。

(2022年7月現在)

別冊の使い方

　この冊子には、第3編 ワークブック編がとじ込まれています。下記を参照してご利用ください。

STEP1

　一番外側の色紙（本紙）を残して、ワークブックの冊子を取り外してください。

冊子を取り外す

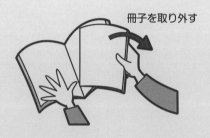

STEP2

　取り外した冊子の真ん中にあるホチキスの針は取り外さず、冊子のままご利用ください。

● 作業中のケガには十分お気をつけください。
● 取り外しの際の損傷についてのお取り替えはご遠慮願います。

第3編

ワークブック編

目次

企業会計原則及び企業会計原則注解

最終改正　昭和57年4月20日

1 一般原則

① _____

② _____

③ _____

④ _____

⑤ _____

⑥ _____

⑦ _____

⑧ _____

⑨ _____

⑩ _____

⑪ _____

⑫ _____

⑬ _____

⑭ _____

⑮ _____

〈企業会計原則〉

一　真実性の原則

　企業会計は、企業の（①）及び（②）に関して、真実な報告を提供するものでなければならない。

二　正規の簿記の原則

　企業会計は、すべての取引につき、（③）に従って、（④）を作成しなければならない。(注1)

三　資本利益区別の原則

　（⑤）と（⑥）とを明瞭に区別し、特に（⑦）と（⑧）とを混同してはならない。(注2)

四　明瞭性の原則

　企業会計は、財務諸表によって、利害関係者に対し必要な（⑨）を（⑩）し、企業の状況に関する判断を誤らせないようにしなければならない。(注1)

五　継続性の原則

　企業会計は、その（⑪）を（⑫）し、（⑬）これを変更してはならない。(注3)

六　保守主義の原則

　企業の財政に（⑭）を及ぼす可能性がある場合には、これに備えて（⑮）をしなければならない。(注4)

七　単一性の原則

　株主総会提出のため、信用目的のため、租税目的のため等種々の目的のために異なる形式の財務諸表を作成する必要がある場合、それらの内容は、信頼しうる会計記録に基づいて作成されたものであって、政策の考慮のために事実の真実な表示をゆがめてはならない。

〈企業会計原則注解〉

［注1］重要性の原則の適用について

　企業会計は、定められた会計処理の方法に従って正確な計算を行うべきものであるが、企業会計が目的とするところは、企業の財務内容を明らかにし、企業の状況に関する利害関係者の判断を誤らせないようにす

---

①財政状態　②経営成績　③正規の簿記の原則　④正確な会計帳簿　⑤資本取引　⑥損益取引　⑦資本剰余金　⑧利益剰余金　⑨会計事実　⑩明瞭に表示　⑪処理の原則及び手続　⑫毎期継続して適用　⑬みだりに　⑭不利な影響　⑮適当に健全な会計処理

ることにあるから、（⑯）については、本来の厳密な会計処理によらないで他の（⑰）によることも、（③）に従った処理として認められる。

　重要性の原則は、財務諸表の（⑱）に関しても適用される。

　重要性の原則の適用例としては、次のようなものがある。

⑴　消耗品、消耗工具器具備品その他の（⑲）等のうち、（⑯）については、その（⑳）又は（㉑）に費用として処理する方法を採用することができる。

⑵　前払費用、未収収益、未払費用及び前受収益のうち、（⑯）については、（㉒）として処理しないことができる。

⑶　（㉓）のうち、（⑯）については、これを（㉔）ことができる。

⑷　たな卸資産の取得原価に含められる引取費用、関税、買入事務費、移管費、保管費等の（㉕）のうち、（⑯）については、（㉖）ことができる。

⑸　（㉗）の定めのある長期の債権又は債務のうち、期限が一年以内に到来するもので（⑯）については、固定資産又は固定負債として表示することができる。

［注２］資本取引と損益取引との区別について

　資本剰余金は、（⑤）から生じた剰余金であり、利益剰余金は（⑥）から生じた剰余金、すなわち（㉘）であるから、両者が混同されると、企業の（①）及び（②）が適正に示されないことになる。従って、例えば、新株発行による株式払込剰余金から新株発行費用を控除することは許されない。

［注３］継続性の原則について

　企業会計上継続性が問題とされるのは、一つの（⑨）について二つ以上の（㉙）の選択適用が認められている場合である。

　このような場合に、企業が選択した（㉚）を毎期（㉛）して適用しないときは、同一の（⑨）について異なる利益額が算出されることになり、財務諸表の（㉜）を困難ならしめ、この結果、企業の財務内容に関する利害関係者の判断を誤らしめることになる。

　従って、いったん採用した（㉙）は、（㉝）により変更を行う場合を除き、財務諸表を作成する各時期を通じて（㉛）して適用しなければならない。

［注４］保守主義の原則について

　企業会計は、予測される将来の危険に備えて（㉞）に基づく会計処理を行わなければならないが、過度に保守的な会計処理を行うことにより、企業の（①）及び（②）の真実な報告をゆがめてはならない。

⑯
⑰
⑱
⑲
⑳
㉑
㉒
㉓
㉔
㉕
㉖
㉗
㉘
㉙
㉚
㉛
㉜
㉝
㉞

⑯重要性の乏しいもの　⑰簡便な方法　⑱表示　⑲貯蔵品　⑳買入時　㉑払出時　㉒経過勘定項目　㉓引当金　㉔計上しない　㉕付随費用　㉖取得原価に算入しない　㉗分割返済　㉘利益の留保額　㉙会計処理の原則又は手続　㉚会計処理の原則及び手続　㉛継続　㉜期間比較　㉝正当な理由　㉞慎重な判断

2 損益計算書原則

〈企業会計原則〉

一 損益計算書の本質

損益計算書は、企業の（①）を明らかにするため、一会計期間に属するすべての収益とこれに（②）するすべての費用とを記載して（③）を表示し、これに（④）に属する項目を加減して当期純利益を表示しなければならない。

A すべての費用及び収益は、その（⑤）及び（⑥）に基づいて計上し、その（⑦）した期間に正しく割当てられるように処理しなければならない。ただし、（⑧）は、原則として、当期の損益計算に計上してはならない。

（⑨）及び（⑩）は、これを当期の損益計算から除去し、（⑪）及び（⑫）は、当期の損益計算に計上しなければならない。(注5)

B 費用及び収益は、（⑬）によって記載することを原則とし、費用の項目と収益の項目とを直接に（⑭）することによってその全部又は一部を損益計算書から（⑮）してはならない。

C 費用及び収益は、その（⑯）に従って明瞭に分類し、各収益項目とそれに関連する費用項目とを損益計算書に（⑰）しなければならない。

二 損益計算書の区分

損益計算書には、（⑱）、（⑲）及び（⑳）の区分を設けなければならない。

A （⑱）の区分は、当該企業の（㉑）から生ずる費用及び収益を記載して、（㉒）を計算する。

二つ以上の営業を目的とする企業にあっては、その費用及び収益を主要な営業別に区分して記載する。

B （⑲）の区分は、営業損益計算の結果を受けて、利息及び割引料、有価証券売却損益その他（㉑）以外の原因から生ずる損益であって（④）に属しないものを記載し、（㉓）を計算する。

C （⑳）の区分は、経常損益計算の結果を受けて、(省略)、固定資産売却損益等の（④）を記載し、当期純利益を計算する。

三 営業利益

営業損益計算は、一会計期間に属する売上高と売上原価とを記載して売上総利益を計算し、これから販売費及び一般管理費を控除して、

---

①経営成績 ②対応 ③経常利益 ④特別損益 ⑤支出 ⑥収入 ⑦発生 ⑧未実現収益 ⑨前払費用 ⑩前受収益 ⑪未払費用 ⑫未収収益 ⑬総額 ⑭相殺 ⑮除去 ⑯発生源泉 ⑰対応表示 ⑱営業損益計算 ⑲経常損益計算 ⑳純損益計算 ㉑営業活動 ㉒営業利益 ㉓経常利益

営業利益を表示する。

A　企業が商品等の販売と役務の給付とをともに主たる営業とする場合には、商品等の売上高と役務による営業収益とは、これを区別して記載する。

B　売上高は、（㉔）に従い、商品等の（㉕）又は役務の（㉖）によって（㉗）したものに限る。ただし、長期の未完成請負工事等については、合理的に収益を見積り、これを当期の損益計算に計上することができる。^{(注6)(注7)}

〈企業会計原則注解〉

[注6]　実現主義の適用について

委託販売、試用販売、予約販売、割賦販売等特殊な販売契約による売上収益の実現の基準は、次によるものとする。

(1)　**委託販売**

委託販売については、受託者が委託品を（㉕）した日をもって売上収益の実現の日とする。従って、決算手続中に仕切精算書（売上計算書）が到達すること等により決算日までに販売された事実が明らかとなったものについては、これを当期の売上収益に計上しなければならない。ただし、仕切精算書が販売のつど送付されている場合には、当該（㉘）した日をもって売上収益の実現の日とみなすことができる。

(2)　**試用販売**

試用販売については、得意先が（㉙）を表示することによって売上が実現するのであるから、それまでは、当期の売上高に計上してはならない。

(3)　**予約販売**

予約販売については、予約金受取額のうち、決算日までに商品の引渡し又は役務の給付が完了した分だけを当期の売上高に計上し、残額は貸借対照表の負債の部に記載して次期以後に繰延べなければならない。

(4)　**割賦販売**

割賦販売については、商品等を（㉚）た日をもって売上収益の実現の日とする。

しかし、割賦販売は通常の販売と異なり、その代金回収の期間が長期にわたり、かつ、分割払であることから代金回収上の危険率が高いので、貸倒引当金及び代金回収費、アフター・サービス費等の引当金の計上について特別の配慮を要するが、その算定に当っては、不確実

㉔
㉕
㉖
㉗
㉘
㉙
㉚

㉔実現主義の原則　㉕販売　㉖給付　㉗実現　㉘仕切精算書が到達　㉙買取りの意思　㉚引渡し

と煩雑さとを伴う場合が多い。従って、収益の認識を慎重に行うため、販売基準に代えて、割賦金の回収期限の到来の日又は入金の日をもって売上収益実現の日とすることも認められる。

3 貸借対照表原則

〈企業会計原則〉

一　貸借対照表の本質

　　貸借対照表は、企業の（①）を明らかにするため、貸借対照表日におけるすべての資産、負債及び資本を記載し、株主、債権者その他の利害関係者にこれを正しく表示するものでなければならない。ただし、（②）に従って処理された場合に生じた（③）は、貸借対照表の記載外におくことができる。^(注1)

A　資産、負債及び資本は、適当な区分、配列、分類及び評価の基準に従って記載しなければならない。

B　資産、負債及び資本は、（④）によって記載することを原則とし、資産の項目と負債又は資本の項目とを（⑤）することによって、その全部又は一部を貸借対照表から（⑥）してはならない。

C　受取手形の割引高又は裏書譲渡高、保証債務等の偶発債務、債務の担保に供している資産、発行済株式1株当たり当期純利益及び同1株当たり純資産額等企業の財務内容を判断するために重要な事項は、貸借対照表に注記しなければならない。

D　（⑦）は、次期以後の期間に（⑧）して処理するため、（⑨）貸借対照表の（⑩）に記載することができる。^(注15)

E　貸借対照表の資産の合計金額は、負債と資本の合計金額に一致しなければならない。

五　資産の貸借対照表価額

　　貸借対照表に記載する資産の価額は、原則として、当該資産の取得原価を基礎として計上しなければならない。

　　資産の取得原価は、資産の種類に応じた（⑪）によって、各事業年度に配分しなければならない。有形固定資産は、当該資産の（⑫）にわたり、定額法、定率法等の一定の減価償却の方法によって、その取得原価を各事業年度に配分し、無形固定資産は、当該資産の有効期間にわたり、一定の減価償却の方法によって、その取得原価を各事業年度に配分しなければならない。繰延資産についても、これに準じて、

①財政状態　②正規の簿記の原則　③簿外資産及び簿外負債　④総額　⑤相殺　⑥除去　⑦将来の期間に影響する特定の費用　⑧配分　⑨経過的に　⑩資産の部　⑪費用配分の原則　⑫耐用期間　⑬すでに代価の支払が完了又は支払義務が確定　⑭役務の提供を受けた　⑮効果が将来にわたって発現するものと期待

各事業年度に均等額以上を配分しなければならない。[注20]

（省略）

〈企業会計原則注解〉

[注15] 将来の期間に影響する特定の費用について

「将来の期間に影響する特定の費用」とは、（⑬）し、これに対応する（⑭）にもかかわらず、その（⑮）される費用をいう。

これらの費用は、その（⑯）するため、経過的に貸借対照表上（⑰）として計上することができる。

なお、天災等により固定資産又は企業の営業活動に必須の手段たる資産の上に生じた損失が、その期の純利益又は当期未処分利益から当期の処分予定額を控除した金額をもって負担しえない程度に巨額であって特に法令をもって認められた場合には、これを経過的に貸借対照表の資産の部に記載して繰延経理することができる。

[注18] 引当金について

（⑱）であって、その（⑲）し、（⑳）、かつ、その（㉑）場合には、当期の負担に属する金額を当期の費用又は損失として引当金に繰入れ、当該引当金の残高を貸借対照表の（㉒）又は（⑩）に記載するものとする。

製品保証引当金、売上割戻引当金、返品調整引当金、賞与引当金、工事補償引当金、退職給与引当金、修繕引当金、特別修繕引当金、債務保証損失引当金、損害補償損失引当金、貸倒引当金等がこれに該当する。

発生の可能性の低い（㉓）に係る費用又は損失については、引当金を計上することはできない。

[注20] 減価償却の方法について

固定資産の減価償却の方法としては、次のようなものがある。

(1) 定額法　固定資産の耐用期間中、（㉔）の減価償却費を計上する方法

(2) 定率法　固定資産の耐用期間中、（㉕）に一定率を乗じた減価償却費を計上する方法

(3) 級数法　固定資産の耐用期間中、毎期一定の額を（㉖）した減価償却費を計上する方法

(4) 生産高比例法　固定資産の耐用期間中、毎期当該資産による（㉗）又は（㉘）の度合に比例した減価償却費を計上する方法

この方法は、当該固定資産の（㉙）が物理的に確定でき、かつ、減価が主として（㉚）に比例して発生するもの、例えば、鉱業用設備、航空

| ⑬ |
| ⑭ |
| ⑮ |
| ⑯ |
| ⑰ |
| ⑱ |
| ⑲ |
| ⑳ |
| ㉑ |
| ㉒ |
| ㉓ |
| ㉔ |
| ㉕ |
| ㉖ |
| ㉗ |
| ㉘ |
| ㉙ |
| ㉚ |

⑯効果が及ぶ数期間に合理的に配分　⑰繰延資産　⑱将来の特定の費用又は損失　⑲発生が当期以前の事象に起因　⑳発生の可能性が高く　㉑金額を合理的に見積ることができる　㉒負債の部　㉓偶発事象　㉔毎期均等額　㉕毎期期首未償却残高　㉖算術級数的に逓減　㉗生産　㉘用役の提供　㉙総利用可能量　㉚固定資産の利用

機、自動車等について適用することが認められる。

　なお、同種の物品が多数集まって一つの全体を構成し、老朽品の（㉛）を繰り返すことにより全体が維持されるような固定資産については、部分的取替に要する費用を（㉜）として処理する方法（（㉝））を採用することができる。

㉛
㉜
㉝

金融商品に関する会計基準

最終改正　2019年7月4日

1 金融資産及び金融負債の範囲

(1) 金融資産及び金融負債の範囲
　　⇒抽象的な定義ではなく、具体的な定義をもって範囲を明確化
(2) 金融資産の範囲
　　⇒現金預金、金銭債権、有価証券及びデリバティブ取引により生じる正味の債権等
(3) 金融負債の範囲
　　⇒金銭債務並びにデリバティブ取引により生じる正味の債務等

〈会計基準〉

4. 金融資産とは、（①）、（②）、売掛金及び貸付金等の（③）、株式その他の出資証券及び公社債等の（④）並びに先物取引、先渡取引、オプション取引、スワップ取引及びこれらに類似する取引（以下「（⑤）」という。）により生じる（⑥）等をいう。

5. 金融負債とは、支払手形、買掛金、借入金及び社債等の（⑦）並びに（⑤）により生じる（⑧）等をいう。

〈結論の背景〉

52. 本会計基準の適用対象となる金融資産及び金融負債については、適用範囲の（⑨）の観点から、米国基準等に見られる（⑩）な定義によるのではなく、現金預金、金銭債権債務、有価証券、デリバティブ取引により生じる正味の債権債務等の（⑪）な資産負債項目をもって、その範囲を示すこととした。なお、デリバティブ取引に関しては、その価値は当該契約を構成する（⑫）と（⑬）の価値の（⑭）に求められることから、デリバティブ取引により生じる正味の債権は（⑮）となり、正味の債務は（⑯）となる（第4項及び第5項参照）。このように金融資産及び金融負債の範囲を（⑪）に定めたことにより、国際的な基準における適用範囲との差異が生じるものではない。なお、金融資産、金融負債及びデリバティブ取引に係る契約を総称して（⑰）ということにするが、（⑰）には複数種類の金融資産又は金融負債が組み合わされているもの（複合金融商品）も含まれる。

①
②
③
④
⑤
⑥
⑦
⑧
⑨
⑩
⑪
⑫
⑬
⑭
⑮
⑯
⑰

①現金預金　②受取手形　③金銭債権　④有価証券　⑤デリバティブ取引　⑥正味の債権　⑦金銭債務　⑧正味の債務　⑨明確化　⑩抽象的　⑪具体的　⑫権利　⑬義務　⑭純額　⑮金融資産　⑯金融負債　⑰金融商品

2 金融資産・金融負債の発生の認識

(1) 金融資産及び金融負債の発生の認識
⇒契約を締結したとき（約定時）

(2) 約定時に認識する理由
⇒時価の変動リスクや信用リスクが契約当事者に生じるため

①
----
②
----
③
----
④
----
⑤
----
⑥
----
⑦
----
⑧
----
⑨
----
⑩
----
⑪
----
⑫

〈会計基準〉

7. 金融資産の（①）又は金融負債の（②）を生じさせる（③）したときは、原則として、当該金融資産又は金融負債の（④）しなければならない。

〈結論の背景〉

55. 商品等の売買又は役務の提供の対価に係る金銭債権債務は、一般に商品等の（⑤）又は役務提供の（⑥）によりその発生を認識するが、金融資産又は金融負債自体を対象とする取引については、当該取引の（⑦）から当該金融資産又は金融負債の（⑧）や契約の相手方の財政状態等に基づく（⑨）が契約当事者に生じるため、（⑩）においてその発生を認識することとした（第7項参照）。

したがって、有価証券については原則として（⑪）に発生を認識し、デリバティブ取引については、契約上の決済時ではなく（⑫）にその発生を認識しなければならない。

①契約上の権利　②契約上の義務　③契約を締結　④発生を認識　⑤受渡し　⑥完了　⑦契約時　⑧時価の変動リスク　⑨信用リスク　⑩契約締結時　⑪約定時　⑫契約の締結時

3　金融資産・金融負債の消滅の認識

(1) 金融資産の消滅の認識

　⇒① 権利を行使したとき

　　② 権利を喪失したとき

　　③ 権利に対する支配が他に移転したとき

(2) 金融負債の消滅の認識

　⇒① 義務を履行したとき

　　② 義務が消滅したとき

　　③ 第一次債務者の地位から免責されたとき

〈会計基準〉

8. 金融資産の契約上の（①）したとき、（②）したとき又は（③）したときは、当該金融資産の（④）しなければならない。

10. 金融負債の契約上の（⑤）したとき、（⑥）したとき又は（⑦）されたときは、当該金融負債の（④）しなければならない。

〈結論の背景〉

56. 金融資産については、当該金融資産の契約上の（①）したとき、契約上の（②）したとき又は契約上の（③）したときに、その消滅を認識することとした（第8項参照）。例えば、債権者が貸付金等の債権に係る資金を回収したとき、保有者がオプション権を行使しないままに行使期間が満了したとき又は保有者が有価証券等を譲渡したときなどには、それらの金融資産の消滅を認識することとなる。

59. 金融負債については、当該金融負債の契約上の（⑤）したとき、契約上の（⑥）したとき又は契約上の（⑦）されたときに、その消滅を認識することとした（第10項参照）。したがって、債務者は、債務を弁済したとき又は債務が免除されたときに、それらの金融負債の消滅を認識することとなる。

①
----
②
----
③
----
④
----
⑤
----
⑥
----
⑦
----

①権利を行使　②権利を喪失　③権利に対する支配が他に移転　④消滅を認識　⑤義務を履行　⑥義務が消滅　⑦第一次債務者の地位から免責

4 金融資産の評価に関する基本的考え方

(1) 金融資産の特徴
⇒・市場の存在により客観的な時価が把握できる
・市場価格により換金・決済を行うことが可能

(2) 金融資産の時価評価の必要性
⇒投資情報、企業の財務認識、国際的調和化の点から必要

(3) 保有目的に応じた処理の必要性
⇒保有目的等を全く考慮せずに時価評価を行うことは、必ずしも財政状態等を適切に財務諸表に反映させることにはならないため

①
②
③
④
⑤
⑥
⑦
⑧
⑨
⑩
⑪
⑫
⑬
⑭
⑮
⑯
⑰
⑱

〈結論の背景〉

64. 金融資産については、一般的には、（①）が存在すること等により（②）として時価を把握できるとともに、当該価額により（③）等を行うことが可能である。

　このような金融資産については、次のように考えられる。

(1) 金融資産の多様化、価格変動リスクの増大、取引の国際化等の状況の下で、（④）が自己責任に基づいて（⑤）を行うために、金融資産の時価評価を導入して企業の（⑥）の実態を適切に財務諸表に反映させ、（④）に対して的確な（⑦）を提供することが必要である。

(2) 金融資産に係る取引の実態を反映させる会計処理は、（⑧）の側においても、（⑨）の十分な把握と（⑩）の徹底及び（⑪）の的確な把握のために必要である。

(3) 我が国企業の国際的な事業活動の進展、国際市場での資金調達及び海外投資者の我が国証券市場での投資の活発化という状況の下で、財務諸表等の企業情報は、国際的視点からの（⑫）や（⑬）が強く求められている。また、デリバティブ取引等の金融取引の国際的レベルでの活性化を促すためにも、金融商品に係る我が国の会計基準の（⑭）が重要な課題となっている。

65. また、金融資産の時価情報の開示は、時価情報の（⑮）によって満足されるというものではない。したがって、（⑯）な時価の測定可能性が認められないものを除き、時価による自由な（③）等が可能な金融資産については、（⑰）としても、企業の（⑱）としても、さらに、（⑭）の観点からも、これを時価評価し適切に財務諸表に反映することが必要であると考えられる。

①市場　②客観的な価額　③換金・決済　④投資者　⑤投資判断　⑥財務活動　⑦財務情報　⑧企業　⑨取引内容　⑩リスク管理　⑪財務活動の成果　⑫同質性　⑬比較可能性　⑭国際的調和化　⑮注記　⑯客観的　⑰投資情報　⑱財務認識

66. しかし、金融資産の（⑲）及び（⑳）に鑑み、実質的に（㉑）を認める必要のない場合や直ちに売買・換金を行うことに（㉒）がある場合が考えられる。このような（㉓）をまったく考慮せずに時価評価を行うことが、必ずしも、企業の（㉔）及び（㉕）を適切に財務諸表に反映させることにならないと考えられることから、時価評価を基本としつつ（⑳）に応じた処理方法を定めることが適当であると考えられる。

⑲ _____
⑳ _____
㉑ _____
㉒ _____
㉓ _____
㉔ _____
㉕ _____

5 金銭債権の評価

(1) 金銭債権の評価

⇒取得価額又は償却原価法に基づいて算定された価額（償却原価）から貸倒引当金を控除した額で評価

(2) 時価評価しない理由

⇒一般に市場が存在しないため

※ 参　考

① 償却原価法

償却原価法とは、金融資産又は金融負債を債権額又は債務額と異なる金額で計上した場合において、当該差額に相当する金額を弁済期又は償還期に至るまで毎期一定の方法で取得価額に加減する方法をいう。なお、この場合、当該加減額を受取利息又は支払利息に含めて処理する

② 取得価額と取得原価

・取得価額

取得価額とは、金融資産の取得に当たって支払った対価の支払時の時価に手数料その他の付随費用を加算したものをいう

・取得原価

取得原価とは、一定時点における同一銘柄の金融資産の取得価額の合計額から、前回計算時点より当該一定時点までに売却した部分に一定の評価方法を適用して計算した売却原価を控除した価額をいう

---

⑲属性　⑳保有目的　㉑価格変動リスク　㉒事業遂行上等の制約　㉓保有目的等　㉔財政状態　㉕経営成績

①	
②	
③	
④	
⑤	
⑥	
⑦	
⑧	
⑨	
⑩	
⑪	
⑫	
⑬	

〈会計基準〉

14. 受取手形、売掛金、貸付金その他の債権の貸借対照表価額は、（①）から（②）に基づいて算定された（③）を控除した金額とする。ただし、債権を（④）より低い価額又は高い価額で取得した場合において、（①）と（④）との差額の性格が（⑤）と認められるときは、（⑥）に基づいて算定された価額から（②）に基づいて算定された（③）を控除した金額としなければならない。

〈結論の背景〉

68. 一般的に、金銭債権については、活発な（⑦）がない場合が多い。このうち、受取手形や売掛金は、通常、（⑧）に決済されることが予定されており、帳簿価額が（⑨）ものと考えられ、また、貸付金等の債権は、（⑩）場合や（⑪）場合が少なくないと考えられるので、金銭債権については、原則として時価評価は行わないこととした。一方、債権の取得においては、債権金額と取得価額とが異なる場合がある。この差異が（⑤）であると認められる場合には、金利相当額を適切に各期の財務諸表に反映させることが必要である。したがって、債権については、（⑥）を適用することとし、当該加減額は（⑫）に含めて処理することとした。なお、債務者の財政状態及び経営成績の悪化等による債権の（⑬）の減少については、別途、「Ⅴ．貸倒見積高の算定」において取り扱うこととした（第14項、第27項及び第28項参照）。

6 有価証券の評価

(1) 売買目的有価証券

① 評価及び評価差額の取扱い

⇒時価をもって貸借対照表価額とし、評価差額は当期の損益として処理

② 時価評価の理由

⇒投資者にとっての有用な情報は期末時点での時価に求められるため

③ 評価差額を当期の損益とする理由

⇒・売却することに事業遂行上等の制約がない

・評価差額が企業にとっての財務活動の成果と考えられるため

(2) 満期保有目的の債券

① 評　価

⇒取得原価又は償却原価で評価

①取得価額　②貸倒見積高　③貸倒引当金　④債権金額　⑤金利の調整　⑥償却原価法　⑦市場　⑧短期的　⑨時価に近似している　⑩時価を容易に入手できない　⑪売却することを意図していない　⑫受取利息　⑬実質価額

②　時価評価しない理由

　　　　⇒満期まで保有することによる約定利息及び元本の受取りを目的としているため、金利変動による価格変動のリスクを認める必要がない

(3)　子会社株式及び関連会社株式

①　評　価

　　　　⇒取得原価で評価

②　時価評価しない理由

　　　　⇒事業投資であり、時価の変動を財務活動の成果とは捉えないため

(4)　その他有価証券

①　評価及び評価差額の取扱い

　　　　⇒時価をもって貸借対照表価額とし、評価差額は原則として全部純資産直入法により純資産の部に計上（例外として部分純資産直入法の適用も認められる）

②　時価評価の理由

　　　　⇒投資情報、企業の財務認識、国際的調和化の点から必要

③　評価差額を当期の損益としない理由

　　　　⇒・事業遂行上等の必要性から直ちに売買・換金を行うことに制約を伴う要素もある

　　　　　・国際的にも純資産の部に計上する方法がとられている

④　例外として部分純資産直入法の適用が認められる理由

　　　　⇒保守主義の観点から、これまで認められていた低価法の考え方を考慮したため

(5)　市場価格のない株式等

①　評　価

　　　　⇒取得原価で評価

(6)　時価が著しく下落した場合（有価証券の減損処理）

	対　象	適　用　要　件	B/S価額
強制評価減	市場価格のない株式等以外のもの（売買目的有価証券を除く）	①時価の著しい下落②回復見込みなし又は不明	時　価
実　価　法	市場価格のない株式等	実質価額の著しい低下	実質価額

※評価差額は当期の損失として処理

〈会計基準〉

(1) 売買目的有価証券

15. （①）により利益を得ることを目的として保有する有価証券（以下「売買目的有価証券」という。）は、（②）をもって貸借対照表価額とし、評価差額は（③）として処理する。

(2) 満期保有目的の債券

16. （④）する意図をもって保有する社債その他の債券（以下「満期保有目的の債券」という。）は、（⑤）をもって貸借対照表価額とする。ただし、債券を（⑥）より低い価額又は高い価額で取得した場合において、取得価額と（⑥）との差額の性格が（⑦）と認められるときは、（⑧）に基づいて算定された価額をもって貸借対照表価額としなければならない。

(3) 子会社株式及び関連会社株式

17. 子会社株式及び関連会社株式は、（⑤）をもって貸借対照表価額とする。

(4) その他有価証券

18. 売買目的有価証券、満期保有目的の債券、子会社株式及び関連会社株式以外の有価証券（以下「その他有価証券」という。）は、（②）をもって貸借対照表価額とし、評価差額は（⑨）に基づき、次のいずれかの方法により処理する。

(1) 評価差額の合計額を（⑩）に計上する。

(2) 時価が取得原価を（⑪）銘柄に係る評価差額は（⑩）に計上し、時価が取得原価を（⑫）銘柄に係る評価差額は（⑬）として処理する。

なお、純資産の部に計上されるその他有価証券の評価差額については、（⑭）を適用しなければならない。

(5) 市場価格のない株式等

19. 市場価格のない株式は、（⑮）をもって貸借対照表価額とする。市場価格のない株式とは、市場において取引されていない株式とする。また、出資金など株式と同様に持分の請求権を生じさせるものは、同様の取扱いとする。これらを合わせて「市場価格のない株式等」という。

(6) 時価が著しく下落した場合

20. 満期保有目的の債券、子会社株式及び関連会社株式並びにその他有価証券のうち、市場価格のない株式等以外のものについて時価が（⑯）したときは、（⑰）場合を除き、（②）をもって貸借対照表価額

①時価の変動 ②時価 ③当期の損益 ④満期まで所有 ⑤取得原価 ⑥債券金額 ⑦金利の調整 ⑧償却原価法 ⑨洗い替え方式 ⑩純資産の部 ⑪上回る ⑫下回る ⑬当期の損失 ⑭税効果会計 ⑮取得原価 ⑯著しく下落 ⑰回復する見込があると認められる

とし、評価差額は（⑬）として処理しなければならない。

21．市場価格のない株式等については、発行会社の（⑱）により実質価額が（⑲）したときは、（⑳）をなし、評価差額は（⑬）として処理しなければならない。

22．第20項及び第21項の場合には、当該時価及び実質価額を（㉑）とする。

〈結論の背景〉

⑴　売買目的有価証券

70．（①）により利益を得ることを目的として保有する有価証券（売買目的有価証券）については、投資者にとっての（㉒）は有価証券の期末時点での時価に求められると考えられる。したがって、時価をもって貸借対照表価額とすることとした。また、売買目的有価証券は、売却することについて（㉓）がなく、時価の変動にあたる評価差額が企業にとっての（㉔）と考えられることから、その評価差額は当期の損益として処理することとした（第15項参照）。

⑵　満期保有目的の債券

71．企業が満期まで保有することを目的としていると認められる社債その他の債券（満期保有目的の債券）については、時価が算定できるものであっても、満期まで保有することによる（㉕）及び（㉖）の受取りを目的としており、満期までの間の（㉗）による（㉘）を認める必要がないことから、原則として、（⑧）に基づいて算定された価額をもって貸借対照表価額とすることとした（第16項参照）。

⑶　子会社株式及び関連会社株式

子会社株式

73．子会社株式については、（㉙）と同じく時価の変動を（㉔）とは捉えないという考え方に基づき、取得原価をもって貸借対照表価額とすることとした（第17項参照）。なお、連結財務諸表においては、子会社純資産の実質価額が反映されることになる。

関連会社株式

74．関連会社株式については、個別財務諸表において、従来、子会社株式以外の株式と同じく原価法又は低価法が評価基準として採用されてきた。しかし、関連会社株式は、他企業への（㉚）の行使を目的として保有する株式であることから、子会社株式の場合と同じく事実上の（㉙）と同様の会計処理を行うことが適当であり、取得原価をもって貸借対照表価額とすることとした（第17項参照）。なお、連結財務諸

| ⑱ |
| ⑲ |
| ⑳ |
| ㉑ |
| ㉒ |
| ㉓ |
| ㉔ |
| ㉕ |
| ㉖ |
| ㉗ |
| ㉘ |
| ㉙ |
| ㉚ |

⑱財政状態の悪化　⑲著しく低下　⑳相当の減額　㉑翌期首の取得原価　㉒有用な情報　㉓事業遂行上等の制約　㉔財務活動の成果　㉕約定利息　㉖元本　㉗金利変動　㉘価格変動のリスク　㉙事業投資　㉚影響力

㉛

㉜

㉝

㉞

㉟

㊱

㊲

㊳

㊴

㊵

㊶

㊷

㊸

㊹

㊺

表においては、持分法により評価される。

(4) その他有価証券

基本的な捉え方

75. 子会社株式や関連会社株式といった明確な（㉛）を有する株式以外の有価証券であって、売買目的又は満期保有目的といった（㉜）が明確に認められない有価証券は、業務上の関係を有する企業の株式等から市場動向によっては売却を想定している有価証券まで多様な性格を有しており、一義的にその（㉝）を定めることは困難と考えられる。このような売買目的有価証券、満期保有目的の債券、子会社株式及び関連会社株式のいずれにも分類できない有価証券（その他有価証券）については、個々の（㉜）等に応じてその性格付けをさらに細分化してそれぞれの会計処理を定める方法も考えられる。しかしながら、その多様な性格に鑑み（㉜）等を識別・細分化する（㉞）な基準を設けることが困難であるとともに、（㉜）等自体も多義的であり、かつ、変遷していく面があること等から、（㉟）と（㊱）との中間的な性格を有するものとして（㊲）して捉えることが適当である。

時価評価の必要性

76. その他有価証券については、前述の評価基準に関する基本的考え方に基づき、時価をもって貸借対照表価額とすることとした（第18項参照）。ただし、第75項に述べたように、その他有価証券は直ちに売却することを目的としているものではないことに鑑みると、その他有価証券に付すべき時価に市場における（㊳）な価格変動を反映させることは必ずしも求められないと考えられることから、（㊴）の（㊵）に基づいて算定された価額をもって期末の時価とする方法を継続して適用することも認められると考えられる。

評価差額の取扱い

（評価差額の取扱いに関する基本的考え方）

77. その他有価証券の時価は投資者にとって有用な（㊶）であるが、その他有価証券については、（㊷）の必要性から直ちに（㊸）を行うことには制約を伴う要素もあり、評価差額を直ちに当期の損益として処理することは適切ではないと考えられる。

78. また、国際的な動向を見ても、その他有価証券に類するものの評価差額については、当期の損益として処理することなく、資産と負債の差額である「純資産の部」に（㊹）する方法や（㊺）を通じて「純資産の部」に計上する方法が採用されている。

㉛性格　㉜保有目的　㉝属性　㉞客観的　㉟売買目的有価証券　㊱子会社株式及び関連会社株式　㊲一括　㊳短期的
㊴期末前1か月　㊵市場価格の平均　㊶投資情報　㊷事業遂行上等　㊸売買・換金　㊹直接計上　㊺包括利益

79. これらの点を考慮して、本会計基準においては、原則として、その他有価証券の評価差額を当期の損益として処理することなく、（㊻）を調整の上、純資産の部に記載する考え方を採用した（第18項参照）。なお、評価差額については、毎期末の時価と（㊼）との比較により算定することとした。したがって、期中に売却した場合には、（㊼）と売却価額との差額が売買損益として当期の損益に含まれることになる。

（評価差額の一部の損益計算書への計上）

80. その他有価証券のうち時価評価を行ったものの評価差額は、前述の考え方に基づき、当期の損益として処理されないこととなる。他方、企業会計上、（㊽）の観点から、これまで（㊾）に基づく銘柄別の評価差額の損益計算書への計上が認められてきた。このような考え方を考慮し、時価が取得原価を上回る銘柄の評価差額は純資産の部に計上し、時価が取得原価を下回る銘柄の評価差額は（㊿）に計上する方法によることもできることとした（第18項⑵参照）。この方法を適用した場合における（㊿）に計上する損失の計上方法については、その他有価証券の評価差額は毎期末の時価と取得原価との比較により算定することとの整合性から、（51）によることとした。

⑸　市場価格のない株式等

81. 時価をもって貸借対照表価額とする有価証券であっても、市場価格のない株式等については（52）に基づいて算定された価額をもって貸借対照表価額とすることとした（第19項参照）。

⑹　時価が著しく下落した場合

83. 従来、取引所の相場のある有価証券について、その時価が（53）したときには、（54）があると認められる場合を除き、時価をもって貸借対照表価額とすることとされている。また、市場価格のない株式等については、その実質価額が（55）したときには相当の減額をすることとされている。このような考え方は、取得原価評価における時価の下落等に対する対応方法として妥当であると認められる。本会計基準においても、市場価格の有無に係わらせて、従来の考え方を踏襲することとした（第20項及び第21項参照）。

84. また、その他有価証券の時価評価について（51）を採っていることから、その時価が（53）したときには、取得原価まで（54）があると認められる場合を除き、当該銘柄の帳簿価額を時価により付け替えて（56）を修正することが必要である。この場合には、当該評価差額を

㊻
㊼
㊽
㊾
㊿
51
52
53
54
55
56

㊻税効果　㊼取得原価　㊽保守主義　㊾低価法　㊿損益計算書　51洗い替え方式　52取得原価　53著しく下落　54回復する見込　55著しく低下　56取得原価

19

⑸ として処理することとした（第20項から第22項参照）。

7 デリバティブ取引により生じる正味の債権及び債務

(1) 評価及び評価差額の取扱い
⇒時価をもって貸借対照表価額とし、評価差額は原則として当期の損益とする

(2) 時価評価の理由
⇒投資者及び企業双方にとって意義を有する価値は時価に求められるため

(3) 評価差額を当期の損益とする理由
⇒評価差額が企業にとっての財務活動の成果と考えられるため

①
②
③
④
⑤
⑥

〈会計基準〉

25. デリバティブ取引により生じる正味の債権及び債務は、（①）をもって貸借対照表価額とし、評価差額は、原則として、（②）として処理する。

〈結論の背景〉

88. デリバティブ取引は、取引により生じる正味の債権又は債務の（③）により保有者が利益を得又は損失を被るものであり、（④）及び（⑤）双方にとって意義を有する価値は当該正味の債権又は債務の時価に求められると考えられる。したがって、デリバティブ取引により生じる正味の債権及び債務については、（①）をもって貸借対照表価額とすることとした。また、デリバティブ取引により生じる正味の債権及び債務の（③）は、企業にとって（⑥）であると考えられることから、その評価差額は、後述するヘッジに係るものを除き、当期の損益として処理することとした（第25項参照）。

⑸当期の損失

①時価 ②当期の損益 ③時価の変動 ④投資者 ⑤企業 ⑥財務活動の成果

8　金銭債務の評価

(1)　金銭債務の評価

⇒・債務額で評価

・社債は社債金額又は償却原価

(2)　時価評価しない理由

⇒・一般に活発な市場がないため

・自己の発行した社債を時価により自由に清算するには事業遂行上等の制約がある

(3)　社債について償却原価で評価する理由

⇒・金銭債権との評価の整合性

・会社法では、債務額以外の適正な価格で評価することを認めている

〈会計基準〉

26. 支払手形、買掛金、借入金、社債その他の債務は、（①）をもって貸借対照表価額とする。ただし、社債を（②）よりも低い価額又は高い価額で発行した場合など、（③）と（①）とが異なる場合には、（④）に基づいて算定された価額をもって、貸借対照表価額としなければならない。

〈結論の背景〉

67. 一方、金融負債は、借入金のように一般的には（⑤）がないか、社債のように（⑤）があっても、自己の発行した社債を時価により自由に清算するには（⑥）があると考えられることから、デリバティブ取引により生じる正味の債務を除き、（①）（ただし、社債を社債金額よりも低い価額又は高い価額で発行した場合など、収入に基づく金額と債務額とが異なる場合には、（④）に基づいて算定された価額）をもって貸借対照表価額とし、時価評価の対象としないことが適当であると考えられる。

90. 旧商法では、金銭債務の貸借対照表価額は（①）とすることとしていたことから、平成11年会計基準では、社債は（⑦）をもってその貸借対照表価額とし、社債を（⑦）よりも低い価額又は高い価額で発行した場合には、当該差額に相当する金額を、資産（（⑧））又は負債として計上し、（⑨）に至るまで毎期一定の方法により（⑩）することとしてきた。

　　ただし、会計上は、金銭債権を（⑪）より低い価額又は高い価額で取得した場合において、この差額の性格が（⑫）と認められるときは、（⑬）に基づいて算定された価額をもって貸借対照表価額とする

①

②

③

④

⑤

⑥

⑦

⑧

⑨

⑩

⑪

⑫

⑬

①債務額　②社債金額　③収入に基づく金額　④償却原価法　⑤市場　⑥事業遂行上等の制約　⑦社債金額　⑧繰延資産　⑨償還期　⑩償却　⑪債権金額　⑫金利の調整　⑬償却原価法

⑭

⑮

⑯

⑰

⑱

こととなる。金銭債務についても、その（⑭）と（⑮）とが異なる場合、当該差額は一般に（⑯）という性格を有しているため、（⑰）に基づいて算定された価額をもって貸借対照表価額とすることが適当と考えられる。

会社法では、（⑮）以外の（⑱）をもって負債の貸借対照表価額とすることができることとされたことから、平成18年改正会計基準では、（⑰）に基づいて算定された価額をもって貸借対照表価額とすることとした（第26項参照）。

9 貸倒見積高の算定

(1) 債権の区分

① 一般債権

⇒経営状態に重大な問題が生じていない債務者に対する債権

② 貸倒懸念債権

⇒経営破綻に至っていないが、債務の弁済に重大な問題が生じているか又は生じる可能性の高い債務者に対する債権

③ 破産更生債権等

⇒経営破綻又は実質的に経営破綻している債務者に対する債権

(2) 貸倒見積高の算定方法

① 一般債権

⇒貸倒実績率法

② 貸倒懸念債権

⇒財務内容評価法又はキャッシュ・フロー見積法

③ 破産更生債権等

⇒財務内容評価法

①

②

③

④

⑤

⑥

〈会計基準〉

1．債権の区分

27. 貸倒見積高の算定にあたっては、債務者の（①）及び（②）等に応じて、債権を次のように区分する。

(1) （③）に重大な問題が生じていない債務者に対する債権（以下「（④）」という。）

(2) （⑤）の状態には至っていないが、（⑥）に重大な問題が生じているか又は生じる可能性の高い債務者に対する債権（以下「（⑦）」という。）

⑭収入額　⑮債務額　⑯金利の調整　⑰償却原価法　⑱適正な価格

①財政状態　②経営成績　③経営状態　④一般債権　⑤経営破綻　⑥債務の弁済　⑦貸倒懸念債権

(3) （⑤）又は実質的に（⑤）に陥っている債務者に対する債権（以下「（⑧）」という。）

2．貸倒見積高の算定方法

28. 債権の貸倒見積高は、その区分に応じてそれぞれ次の方法により算定する。

(1) 一般債権については、（⑨）又は（⑩）ごとに、（⑪）に応じて求めた（⑫）等合理的な基準により貸倒見積高を算定する。

(2) 貸倒懸念債権については、（⑪）に応じて、次のいずれかの方法により貸倒見積高を算定する。ただし、同一の債権については、債務者の（①）及び（②）の状況等が変化しない限り、同一の方法を継続して適用する。

　① 債権額から（⑬）及び（⑭）を減額し、その残額について債務者の（①）及び（②）を考慮して貸倒見積高を算定する方法

　② 債権の（⑮）の回収及び（⑯）の受取りに係る（⑰）を合理的に見積ることができる債権については、債権の元本及び利息について元本の回収及び利息の受取りが見込まれるときから当期末までの期間にわたり（⑱）で割り引いた金額の（⑲）と債権の（⑳）との差額を貸倒見積高とする方法

(3) 破産更生債権等については、債権額から（⑬）及び（⑭）を減額し、その残額を貸倒見積高とする。

---

⑦

----

⑧

----

⑨

----

⑩

----

⑪

----

⑫

----

⑬

----

⑭

----

⑮

----

⑯

----

⑰

----

⑱

----

⑲

----

⑳

---

⑧破産更生債権等　⑨債権全体　⑩同種・同類の債権　⑪債権の状況　⑫過去の貸倒実績率　⑬担保の処分見込額　⑭保証による回収見込額　⑮元本　⑯利息　⑰キャッシュ・フロー　⑱当初の約定利子率　⑲総額　⑳帳簿価額

リース取引に関する会計基準

最終改正　平成19年3月30日

1 リース取引の定義

(1) ファイナンス・リース取引

⇒ノンキャンセラブル、フルペイアウトの2つの要件を満たすリース取引

(2) オペレーティング・リース取引

⇒ファイナンス・リース取引以外のリース取引

①
──────────────
②
──────────────
③
──────────────
④
──────────────
⑤
──────────────
⑥
──────────────
⑦
──────────────
⑧
──────────────
⑨
──────────────

──────────────

──────────────

──────────────

──────────────

──────────────

──────────────

──────────────

〈会計基準〉

5. 「ファイナンス・リース取引」とは、リース契約に基づくリース期間の（①）において当該契約を（②）することができないリース取引又はこれに準ずるリース取引で、借手が、当該契約に基づき使用する物件（以下「リース物件」という。）からもたらされる（③）を実質的に享受することができ、かつ、当該リース物件の使用に伴って生じる（④）を実質的に負担することとなるリース取引をいう。

6. 「オペレーティング・リース取引」とは、（⑤）のリース取引をいう。

〈結論の背景〉

36. 第5項にいう「リース契約に基づくリース期間の中途において当該契約を解除することができないリース取引に準ずるリース取引」とは、法的形式上は（⑥）であるとしても、解約に際し相当の（⑦）を支払わなければならない等の理由から、（⑧）と認められるリース取引をいう。

　　また、「借手が、当該契約に基づき使用する物件（リース物件）からもたらされる経済的利益を実質的に享受する」とは、当該リース物件を（⑨）するとするならば得られると期待されるほとんどすべての（③）を享受することをいい、「当該リース物件の使用に伴って生じるコストを実質的に負担する」とは、当該リース物件の取得価額相当額、維持管理等の費用、陳腐化によるリスク等のほとんどすべての（④）を負担することをいう。

①中途　②解除　③経済的利益　④コスト　⑤ファイナンス・リース取引以外　⑥解約可能　⑦違約金　⑧事実上解約不能　⑨自己所有

2　リース取引の会計処理

(1)　ファイナンス・リース取引
① 会計処理
⇒通常の売買取引に係る方法に準じた会計処理
② 取得原価の決定
⇒原則としてリース料総額からこれに含まれている利息相当額を控除した額
③ 利息相当額の配分方法
⇒原則として利息法
④ 減価償却方法
⇒・所有権移転…自己所有の固定資産と同一の方法
　・所有権移転外…リース期間を耐用年数とし、残存価額をゼロとして算定
(2)　オペレーティング・リース取引の処理
⇒通常の賃貸借取引に係る方法に準じた会計処理

〈会計基準〉

ファイナンス・リース取引の分類

8．ファイナンス・リース取引は、リース契約上の諸条件に照らしてリース物件の所有権が借手に移転すると認められるもの（以下「（①）ファイナンス・リース取引」という。）と、それ以外の取引（以下「（②）ファイナンス・リース取引」という。）に分類する。

ファイナンス・リース取引の会計処理

9．ファイナンス・リース取引については、通常の（③）に準じて会計処理を行う。

（借手側）

10．借手は、（④）に、通常の（③）に準じた会計処理により、リース物件とこれに係る債務を（⑤）及び（⑥）として計上する。

11．リース資産及びリース債務の計上額を算定するにあたっては、原則として、リース契約締結時に合意された（⑦）からこれに含まれている（⑧）の合理的な見積額を控除する方法による。当該（⑧）については、原則として、リース期間にわたり（⑨）により配分する。

12．所有権移転ファイナンス・リース取引に係るリース資産の減価償却費は、（⑩）に適用する減価償却方法と同一の方法により算定する。また、所有権移転外ファイナンス・リース取引に係るリース資産の減価償却費は、原則として、（⑪）を耐用年数とし、残存価額を（⑫）として算定する。

①
②
③
④
⑤
⑥
⑦
⑧
⑨
⑩
⑪
⑫

①所有権移転　②所有権移転外　③売買取引に係る方法　④リース取引開始日　⑤リース資産　⑥リース債務　⑦リース料総額　⑧利息相当額　⑨利息法　⑩自己所有の固定資産　⑪リース期間　⑫ゼロ

25

オペレーティング・リース取引の会計処理

15. オペレーティング・リース取引については、通常の賃貸借取引に係る方法に準じて会計処理を行う。

〈結論の背景〉

ファイナンス・リース取引の会計処理

（借手におけるリース資産の償却）

39. 所有権移転ファイナンス・リース取引については、（⑬）と同様の取引と考えられるため、（⑭）と（⑮）の方法により減価償却費を算定することとした。

　　一方、所有権移転外ファイナンス・リース取引については、（⑬）とは異なりリース物件を使用できる期間が（⑯）に限定されるという特徴があるため、原則として、リース資産の償却期間は（⑯）とし、残存価額は（⑰）としている（第12項参照）。また、償却方法については、次の観点から、企業の実態に応じ、（⑭）と（⑱）償却方法を選択することができるものとした。

(1) 所有権移転外ファイナンス・リース取引は、前項に記載のとおり、（⑬）とは異なる性質も有すること

(2) 我が国では、これまで自己所有の固定資産について残存価額を10パーセントとして定率法の償却率を計算する方法が広く採用されてきており、所有権移転外ファイナンス・リース取引に、（⑭）と同一の償却方法を適用することが（⑲）であること

⑬リース物件の取得　⑭自己所有の固定資産　⑮同一　⑯リース期間　⑰ゼロ　⑱異なる　⑲困難

固定資産の減損に係る会計基準

平成14年8月9日

1 基本的考え方

(1) 減損の状態

⇒固定資産の収益性の低下により投資額の回収が見込めなくなった状態

(2) 減損処理

⇒減損の状態の場合に、一定の条件の下で回収可能性を反映させるように帳簿価額を減額する会計処理

(3) 減損会計の目的

⇒事業用資産の過大な帳簿価額を減額し、将来に損失を繰り延べないため

(4) 時価評価との相違

⇒・金融商品の時価評価…資産価値の変動による利益の測定、決算日における資産価値の貸借対照表への表示を目的

・固定資産の減損処理…取得原価基準の下で行われる帳簿価額の臨時的な減額

(5) 「減損基準」における減損処理の問題点

⇒「減損基準」は、期末の帳簿価額を将来の回収可能性に照らして見直しており、減損損失を正しく認識できない

（本来は、投資期間全体を通じた投資額の回収可能性を評価し、適用すべき）

〈設定に関する意見書〉

1. 事業用の固定資産については、通常、市場平均を超える（①）を期待して事業に使われているため、市場の平均的な期待で決まる（②）が変動しても、企業にとっての（③）がそれに応じて変動するわけではなく、また、（③）自体も、（④）である（⑤）が得られるまでは実現したものではない。そのため、事業用の固定資産は（⑥）から減価償却等を控除した金額で評価され、損益計算においては、そのような資産評価に基づく（⑦）が計上されている。

①
②
③
④
⑤
⑥
⑦

①成果　②時価　③投資の価値　④投資の成果　⑤キャッシュ・フロー　⑥取得原価　⑦実現利益

⑧

⑨

⑩

⑪

⑫

⑬

⑭

⑮

⑯

⑰

⑱

⑲

⑳

㉑

㉒

㉓

㉔

㉕

㉖

㉗

㉘

㉙

㉚

しかし、事業用の固定資産であっても、その（⑧）が当初の予想よりも（⑨）し、資産の（⑩）を（⑪）に反映させなければならない場合がある。このような場合における固定資産の減損処理は、棚卸資産の評価減、固定資産の物理的な減失による（⑫）や耐用年数の短縮に伴う（⑬）などと同様に、事業用資産の（⑭）な帳簿価額を（⑮）し、将来に（⑯）を繰り延べないために行われる会計処理と考えることが適当である。これは、金融商品に適用されている（⑰）とは異なり、（⑱）によって利益を測定することや、決算日における（⑲）を貸借対照表に表示することを目的とするものではなく、（⑳）の下で行われる帳簿価額の（㉑）である。

3．固定資産の減損とは、資産の（㉒）により（㉓）が見込めなくなった状態であり、減損処理とは、そのような場合に、一定の条件の下で（⑩）を反映させるように帳簿価額を（⑮）する会計処理である。

　減損処理は、本来、（㉔）を通じた投資額の回収可能性を評価し、投資額の回収が見込めなくなった時点で、将来に（⑯）を繰り延べないために帳簿価額を（⑮）する会計処理と考えられるから、（㉕）の帳簿価額を（㉖）の回収可能性に照らして見直すだけでは、収益性の低下による（㉗）を正しく認識することはできない。帳簿価額の回収が見込めない場合であっても、（㉘）を考慮すれば（㉔）を通じて（㉓）が見込める場合もあり、また、（㉙）などを修正したときには、（㉚）が見込める場合もあり得るからである。

⑧収益性　⑨低下　⑩回収可能性　⑪帳簿価額　⑫臨時損失　⑬臨時償却　⑭過大　⑮減額　⑯損失　⑰時価評価　⑱資産価値の変動　⑲資産価値　⑳取得原価基準　㉑臨時的な減額　㉒収益性の低下　㉓投資額の回収　㉔投資期間全体　㉕期末　㉖将来　㉗減損損失　㉘過年度の回収額　㉙過年度の減価償却　㉚修正後の帳簿価額の回収

2　用語の定義

(1)　回収可能価額
⇒正味売却価額と使用価値のうちいずれか高い方の額

(2)　正味売却価額
⇒時価から処分費用見込額を控除して算定

(3)　使用価値
⇒継続的使用と使用後の処分によって生ずると見込まれる将来キャッシュ・フローの現在価値

〈注　解〉

（注1）

本基準における用語の定義は、次のとおりである。

1．回収可能価額とは、資産又は資産グループの正味売却価額と使用価値のいずれか高い方の金額をいう。

2．正味売却価額とは、資産又は資産グループの時価から処分費用見込額を控除して算定される金額をいう。

3．時価とは、公正な評価額をいう。通常、それは観察可能な市場価格をいい、市場価格が観察できない場合には合理的に算定された価額をいう。

4．使用価値とは、資産又は資産グループの継続的使用と使用後の処分によって生ずると見込まれる将来キャッシュ・フローの現在価値をいう。

3　減損損失の認識と測定

(1)　減損の兆候
⇒減損が生じている可能性を示す事象がある場合に、減損損失を認識するか否かの判定を行う

(2)　減損損失の認識
⇒割引前将来キャッシュ・フローと帳簿価額を比較し、割引前将来キャッシュ・フローが帳簿価額を下回る場合に減損損失を認識

(3)　減損損失の測定
⇒帳簿価額を回収可能価額まで減額し、当該減少額を減損損失として当期の損失とする

(4)　正味売却価額と使用価値のうちいずれか高い金額を回収可能価額とする理由
⇒固定資産は投資額を売却と使用のいずれかの手段で回収するため、売却による回収額

（正味売却価額）と使用による回収額（使用価値）のいずれか高い金額を回収可能価額とする

① ----------
② ----------
③ ----------
④ ----------
⑤ ----------
⑥ ----------
⑦ ----------
⑧ ----------
⑨ ----------
⑩ ----------
⑪ ----------
⑫ ----------
⑬ ----------
⑭ ----------
⑮ ----------
⑯ ----------
⑰ ----------
⑱ ----------
⑲ ----------
⑳ ----------
㉑ ----------
㉒ ----------
㉓ ----------

〈会計基準〉

1．減損の兆候

　資産又は資産グループに減損が生じている可能性を示す事象（以下「（①）」という。）がある場合には、当該資産又は資産グループについて、（②）を認識するかどうかの判定を行う。（①）としては、例えば、次の事象が考えられる。

① 資産又は資産グループが使用されている（③）から生ずる（④）又は（⑤）が、継続して（⑥）となっているか、あるいは、継続して（⑥）となる見込みであること

② 資産又は資産グループが使用されている（⑦）又は（⑧）について、当該資産又は資産グループの（⑨）を著しく（⑩）させる（⑪）が生じたか、あるいは、生ずる見込みであること

③ 資産又は資産グループが使用されている（⑫）に関連して、（⑬）が著しく（⑭）したか、あるいは、（⑭）する見込みであること

④ 資産又は資産グループの（⑮）が著しく（⑯）したこと

2．減損損失の認識

⑴ （①）がある資産又は資産グループについての（②）を認識するかどうかの判定は、資産又は資産グループから得られる（⑰）と（⑱）を比較することによって行い、資産又は資産グループから得られる（⑰）が（⑱）を（⑲）場合には、（②）を認識する。

⑵ （②）を認識するかどうかを判定するために（⑳）を見積る期間は、資産の（㉑）又は資産グループ中の主要な資産の（㉑）と（㉒）のいずれか短い方とする。

3．減損損失の測定

　（②）を認識すべきであると判定された（㉓）については、帳簿価額を（⑨）まで減額し、当該減少額を（②）として（㉔）とする。

4．将来キャッシュ・フロー

⑴ 減損損失を認識するかどうかの判定に際して見積られる将来キャッシュ・フロー及び使用価値の算定において見積られる将来キャッシュ・フローは、（㉕）を反映した（㉖）な（㉗）及び（㉘）に基づいて見積る。

⑶ 将来キャッシュ・フローの見積金額は、生起する（㉙）単一の金

---

①減損の兆候　②減損損失　③営業活動　④損益　⑤キャッシュ・フロー　⑥マイナス　⑦範囲　⑧方法　⑨回収可能価額　⑩低下　⑪変化　⑫事業　⑬経営環境　⑭悪化　⑮市場価格　⑯下落　⑰割引前将来キャッシュ・フローの総額　⑱帳簿価額　⑲下回る　⑳割引前将来キャッシュ・フロー　㉑経済的残存使用年数　㉒20年　㉓資産又は資産グルー

額又は生起しうる複数の将来キャッシュ・フローをそれぞれの確率で（㉚）した金額とする。

5. 使用価値の算定に際して用いられる割引率

使用価値の算定に際して用いられる割引率は、（㉛）を反映した（㉜）とする。

資産又は資産グループに係る将来キャッシュ・フローがその見積値から乖離する（㉝）が、将来キャッシュ・フローの見積りに反映されていない場合には、（㉞）に反映させる。

〈設定に関する意見書〉

減損損失を認識すべきであると判定された資産又は資産グループについては、帳簿価額を（⑨）まで減額し、当該減少額を（②）として（㉔）とすることとした。

この場合、企業は、資産又は資産グループに対する投資を（㉟）と（㊱）のいずれかの手段によって回収するため、（㉟）による回収額である（㊲）（資産又は資産グループの（㊳）から（㊴）を控除して算定される金額）と、（㊱）による回収額である（㊵）（資産又は資産グループの（㊶）と（㊷）によって生ずると見込まれる（㊸））のいずれか（㊹）の金額が固定資産の（⑨）になる。

また、正味売却価額を算定する場合の時価とは、公正な評価額であり、通常、それは観察可能な市場価格をいうが、市場価格が観察できない場合には合理的に算定された価額がそれに該当することになる。

なお、減損損失は、固定資産売却損などと同様に、固定資産に関する臨時的な損失であるため、原則として、（㊺）とすることとした。

㉔
㉕
㉖
㉗
㉘
㉙
㉚
㉛
㉜
㉝
㉞
㉟
㊱
㊲
㊳
㊴
㊵
㊶
㊷
㊸
㊹
㊺

プ　㉔当期の損失　㉕企業に固有の事情　㉖合理的で説明可能　㉗仮定　㉘予測　㉙可能性の最も高い　㉚加重平均　㉛貨幣の時間価値　㉜税引前の利率　㉝リスク　㉞割引率　㉟売却　㊱使用　㊲正味売却価額　㊳時価　㊴処分費用見込額　㊵使用価値　㊶継続的使用　㊷使用後の処分　㊸将来キャッシュ・フローの現在価値　㊹高い方　㊺特別損失

棚卸資産の評価に関する会計基準

最終改正　2019年7月4日

1 棚卸資産の範囲

基本的には、「企業会計原則」、「連続意見書」における棚卸資産の範囲を踏襲

(1) 外形による区分

　⇒商品、製品、半製品、原材料、仕掛品等の資産

(2) 営業目的による区分

　⇒営業目的を達成するために所有し、かつ、売却を予定する資産（売却には通常の販売のほか、トレーディングも含む）

(3) 棚卸手続きに着目した区分

　⇒売却を予定しない資産であっても、販売活動及び一般管理活動において短期的に消費される事務用消耗品等

---

①
② ③ ④ ⑤ ⑥ ⑦ ⑧ ⑨

〈会計基準〉

3．本会計基準は、すべての企業における棚卸資産の評価方法、評価基準及び開示について適用する。棚卸資産は、商品、製品、半製品、原材料、仕掛品等の資産であり、企業がその（①）を達成するために所有し、かつ、（②）を予定する資産のほか、（②）を予定しない資産であっても、販売活動及び一般管理活動において短期間に（③）される事務用消耗品等も含まれる。

　なお、売却には、（④）のほか、活発な市場が存在することを前提として、棚卸資産の保有者が単に市場価格の変動により利益を得ることを目的とする（⑤）を含む。

〈結論の背景〉

棚卸資産の範囲

28．これまで、棚卸資産の範囲は、原則として、連続意見書第四に定める次の4項目のいずれかに該当する財貨又は用役であるとされている。

(1) 通常の営業過程において（⑥）するために保有する財貨又は用役

(2) （⑥）を目的として現に（⑦）の財貨又は用役

(3) （⑥）目的の財貨又は用役を（⑧）するために短期間に（③）されるべき財貨

(4) （⑨）において短期間に（③）されるべき財貨

30．このため本会計基準では、棚卸資産の範囲に関しては、連続意見書

---

①営業目的　②売却　③消費　④通常の販売　⑤トレーディング　⑥販売　⑦製造中　⑧生産　⑨販売活動及び一般管理活動

第四の考え方及びこれまでの取扱いを踏襲し、企業がその（①）を達成するために所有し、かつ、（②）を予定する資産のほか、従来から棚卸資産に含められてきた販売活動及び一般管理活動において短期間に（③）される事務用消耗品等も棚卸資産に含めている（第3項参照）。このように、本会計基準では、棚卸資産の範囲を従来と変えることなく、その評価基準を取り扱っている。

2 用語の定義

(1) 時　価
　　⇒公正な評価額であり、市場価格に基づく価額
(2) 正味売却価額
　　⇒売価から見積追加製造原価及び見積販売直接経費を控除したもの
　　※　売価とは売却市場における市場価格に基づく価額。市場価格がない場合は、合理的に算定された価額
(3) 再調達原価
　　⇒購買市場の時価に付随する費用を加算したもの

〈会計基準〉

4.「時価」とは、（①）をいい、（②）に基づく価額をいう。（②）が観察できない場合には合理的に算定された価額を（①）とする。

5.「（③）」とは、（④）（購買市場と売却市場とが区別される場合における（⑤））から（⑥）及び（⑦）を控除したものをいう。なお、「購買市場」とは当該資産を（⑧）する場合に企業が参加する市場をいい、「売却市場」とは当該資産を（⑨）する場合に企業が参加する市場をいう。

6.「（⑩）」とは、購買市場と売却市場とが区別される場合における（⑪）に、（⑫）を加算したものをいう。

①
②
③
④
⑤
⑥
⑦
⑧
⑨
⑩
⑪
⑫

①公正な評価額　②市場価格　③正味売却価額　④売価　⑤売却市場の時価　⑥見積追加製造原価　⑦見積販売直接経費　⑧購入　⑨売却　⑩再調達原価　⑪購買市場の時価　⑫購入に付随する費用

3 棚卸資産の評価方法

(1) 棚卸資産の評価方法

① 本基準が採用する評価方法

⇒個別法、先入先出法、平均原価法（総平均法又は移動平均法）、売価還元法

評価方法は、事業の種類、棚卸資産の種類、性質及び使用方法等を考慮した区分ごとに選択し、継続適用しなければならない

② 後入先出法の取扱い

⇒平成22年4月1日以降開始する事業年度から廃止

| ① |
| ② |
| ③ |
| ④ |
| ⑤ |
| ⑥ |
| ⑦ |
| ⑧ |
| ⑨ |
| ⑩ |
| ⑪ |
| ⑫ |
| ⑬ |
| ⑭ |
| ⑮ |

〈会計基準〉

6－2．棚卸資産については、原則として（①）又は（②）に引取費用等の（③）を加算して取得原価とし、次の評価方法の中から選択した方法を適用して売上原価等の払出原価と期末棚卸資産の価額を算定するものとする。

(1) 個別法

取得原価の異なる棚卸資産を区別して記録し、その個々の（④）によって期末棚卸資産の価額を算定する方法

個別法は、（⑤）が強い棚卸資産の評価に適した方法である。

(2) 先入先出法

（⑥）されたものから順次払出しが行われ、期末棚卸資産は（⑦）されたものからなると（⑧）期末棚卸資産の価額を算定する方法

(3) 平均原価法

取得した棚卸資産の（⑨）を算出し、この（⑨）によって期末棚卸資産の価額を算定する方法

なお、平均原価は、（⑩）又は（⑪）によって算出する。

(4) 売価還元法

（⑫）等の類似性に基づく棚卸資産のグループごとの期末の（⑬）に、（⑭）を乗じて求めた金額を期末棚卸資産の価額とする方法

売価還元法は、（⑮）の極めて多い小売業等の業種における棚卸資産の評価に適用される。

6－3．棚卸資産の評価方法は、事業の種類、棚卸資産の種類、その性質及びその使用方法等を考慮した区分ごとに選択し、継続して適用しなければならない。

---

①購入代価　②製造原価　③付随費用　④実際原価　⑤個別性　⑥最も古く取得　⑦最も新しく取得　⑧みなして　⑨平均原価　⑩総平均法　⑪移動平均法　⑫値入率　⑬売価合計額　⑭原価率　⑮取扱品種

4　通常の販売目的で保有する棚卸資産の評価

(1)　取得原価の意味

　　　⇒回収可能な原価

(2)　通常の販売目的で保有する棚卸資産の評価

　①　通常⇒取得原価

　②　正味売却価額が取得原価よりも下落した場合⇒正味売却価額

(3)　簿価切下げの理由

　　　⇒取得原価基準の下で回収可能性を反映させるように、過大な帳簿価額を減額し、将来
　　　に損失を繰り延べないため

(4)　収益性の低下の判断

　　　⇒正味売却価額が帳簿価額を下回っていること

　　　棚卸資産は、通常、販売によってのみ資金の回収を図る点に特徴があるため

(5)　評価差額の取扱い

　　　⇒当期の費用（評価損）として一括して処理

　　　各評価損とも、収益性の低下の観点からは相違がないため

(6)　正味売却価額の算定

　①　原則⇒売価（売却市場の時価）

　②　例外⇒合理的に算定された価額

　③　合理的に算定された価額の具体例

　　　⇒・販売先との契約により取り決められた一定の売価

　　　　・仕掛品における加工後の販売見込額に基づく正味売却価額

　　　　・期末前後での販売実績に基づく価額

(7)　滞留又は処分見込等の棚卸資産の評価額

　①　帳簿価額を処分見込価額（ゼロ又は備忘価額を含む）まで切り下げる方法

　②　一定の回転期間を超える場合、規則的に帳簿価額を切り下げる方法

(8)　正味売却価額の代替として再調達原価が認められる場合

　①　正味売却価額が再調達原価に歩調を合わせて動くと想定されるとき

　②　継続して適用することを条件

(9)　収益性の低下の判断及び簿価切下げの単位

　①　原則⇒個別品目ごと

　　　　　　（棚卸資産に関する投資の成果は、通常、個別品目ごとに確定するため）

　②　例外⇒継続して適用することを条件に、複数の棚卸資産を一括りとした単位

　　　　　　（一定の場合には、複数の棚卸資産を一括りとした単位で行う方が投資の成果を
　　　　　　適切に示すことができると判断されるため）

①
②
③
④
⑤
⑥
⑦
⑧
⑨
⑩
⑪
⑫
⑬
⑭
⑮
⑯
⑰
⑱
⑲
⑳
㉑

〈会計基準〉

7．通常の販売目的（販売するための製造目的を含む。）で保有する棚卸資産は、（①）をもって貸借対照表価額とし、期末における（②）が（①）よりも下落している場合には、当該（②）をもって貸借対照表価額とする。この場合において、取得原価と当該正味売却価額との差額は（③）として処理する。

8．売却市場において（④）が観察できないときには、（⑤）を売価とする。これには、期末前後での（⑥）に基づく価額を用いる場合や、（⑦）により取り決められた一定の（⑧）を用いる場合を含む。

9．営業循環過程から外れた滞留又は処分見込等の棚卸資産について、（⑤）によることが困難な場合には、（②）まで切り下げる方法に代えて、その状況に応じ、次のような方法により収益性の低下の事実を適切に反映するよう処理する。

⑴　帳簿価額を（⑨）（ゼロ又は備忘価額を含む。）まで切り下げる方法

⑵　一定の（⑩）を超える場合、（⑪）に帳簿価額を切り下げる方法

10．製造業における原材料等のように（⑫）の方が把握しやすく、（②）が当該（⑫）に歩調を合わせて動くと想定される場合には、継続して適用することを条件として、（⑫）（最終仕入原価を含む。以下同じ。）によることができる。

12．収益性の低下の有無に係る判断及び簿価切下げは、原則として（⑬）ごとに行う。ただし、（⑭）を一括りとした単位で行うことが適切と判断されるときには、（⑮）して適用することを条件として、その方法による。

〈結論の背景〉

（これまでの取扱い）

35．我が国において、これまで棚卸資産の評価基準が原則として原価法とされてきたのは、棚卸資産の原価を当期の（⑯）に（⑰）させることにより、（⑱）を行うことができると考えられてきたためといわれている。すなわち、当期の損益が、期末時価の変動、又は将来の販売時点に確定する損益によって歪められてはならないという考えから、（⑲）が原則的な方法であり、（⑳）は例外的な方法と位置付けられてきた。

（棚卸資産の簿価切下げの考え方）

36．これまでの（⑳）を原価法に対する（㉑）と位置付ける考え方は、

①取得原価　②正味売却価額　③当期の費用　④市場価格　⑤合理的に算定された価額　⑥販売実績　⑦契約　⑧売価　⑨処分見込価額　⑩回転期間　⑪規則的　⑫再調達原価　⑬個別品目　⑭複数の棚卸資産　⑮継続　⑯実現収益　⑰対応　⑱適正な期間損益計算　⑲原価法　⑳低価法　㉑例外

取得原価基準の本質を、（㉒）で据え置くことにあるという理解に基づいたものと思われる。しかし、取得原価基準は、将来の収益を生み出すという意味においての（㉓）、すなわち（㉔）だけを繰り越そうとする考え方であるとみることもできる。また、今日では、例えば、金融商品会計基準や減損会計基準において、（㉕）した場合には、（㉖）まで帳簿価額を切り下げる会計処理が広く行われている。

　そのため、棚卸資産についても（㉗）により（㉘）が見込めなくなった場合には、品質低下や陳腐化が生じた場合に限らず、帳簿価額を切り下げることが考えられる。収益性が低下した場合における簿価切下げは、（㉙）の下で（㉚）を反映させるように、（㉛）な帳簿価額を（㉜）し、将来に（㉝）を繰り延べないために行われる会計処理である。棚卸資産の（㉞）が当初の予想よりも（㉟）した場合において、回収可能な額まで帳簿価額を切り下げることにより、（㊱）に的確な情報を提供することができるものと考えられる。

37.　それぞれの資産の会計処理は、基本的に、（㊲）に対応して定められていると考えられることから、収益性の低下の有無についても、投資が回収される形態に応じて判断することが考えられる。棚卸資産の場合には、固定資産のように（㊳）を通じて、また、債権のように（⑦）を通じて投下資金の回収を図ることは想定されておらず、通常、（㊴）によってのみ資金の回収を図る点に特徴がある。このような投資の回収形態の特徴を踏まえると、評価時点における（㊵）を示す棚卸資産の（②）が、その帳簿価額を（㊶）ときには、（㉕）していると考え、帳簿価額の切下げを行うことが適当である。

㉒
㉓
㉔
㉕
㉖
㉗
㉘
㉙
㉚
㉛
㉜
㉝
㉞
㉟
㊱
㊲
㊳
㊴
㊵
㊶

㉒名目上の取得原価　㉓有用な原価　㉔回収可能な原価　㉕収益性が低下　㉖回収可能な額　㉗収益性の低下　㉘投資額の回収　㉙取得原価基準　㉚回収可能性　㉛過大　㉜減額　㉝損失　㉞収益性　㉟低下　㊱財務諸表利用者　㊲投資の性質　㊳使用　㊴販売　㊵資金回収額　㊶下回っている

5 トレーディング目的で保有する棚卸資産の評価

(1) トレーディング目的で保有する棚卸資産

① 前提⇒活発な取引が行われるよう整備された、購買市場と販売市場とが区別されていない単一の市場の存在が前提

② 評価及び評価差額の取扱い

・評価…………時価

・評価差額……当期の損益

③ 市場価格に基づく評価を行う理由

⇒投資者にとっての有用な情報は棚卸資産の期末時点の市場価格に求められる

④ 評価差額を当期の損益とする理由

⇒売買・換金に対して事業遂行上等の制約がなく、市場価格の変動にあたる評価差額が企業にとっての投資活動の成果と考えられる

(2) 評価のまとめ（投資の目的に応じた評価）

	金 融 投 資	事 業 投 資
金 融 資 産	売買目的有価証券、デリバティブなど ⇨時価評価	子会社株式、関連会社株式など ⇨取得原価評価
事業用資産 （非金融資産）	トレーディング目的の棚卸資産など ⇨時価評価	通常の販売目的で保有する棚卸資産など ⇨取得原価評価

〈会計基準〉

---
①
---
②
---
③
---
④
---
⑤
---
⑥
---
⑦
---
⑧
---

15. トレーディング目的で保有する棚卸資産については、（①）をもって貸借対照表価額とし、帳簿価額との差額（評価差額）は、（②）として処理する。

16. トレーディング目的で保有する棚卸資産として分類するための留意点や保有目的の変更の処理は、企業会計基準第10号「金融商品に関する会計基準」（以下「金融商品会計基準」という。）における（③）に関する取扱いに準じる。

〈結論の背景〉

60. 当初から加工や販売の努力を行うことなく単に（④）により利益を得るトレーディング目的で保有する棚卸資産については、投資者にとっての（⑤）は棚卸資産の期末時点の（⑥）に求められると考えられることから、（⑦）をもって貸借対照表価額とすることとした（第15項参照）。その場合、活発な取引が行われるよう整備された、購買市場と販売市場とが区別されていない（⑧）（例えば、金の取引市場）

①時価　②当期の損益　③売買目的有価証券　④市場価格の変動　⑤有用な情報　⑥市場価格　⑦時価　⑧単一の市場

の存在が前提となる。また、そうした市場でトレーディングを目的に
保有する棚卸資産は、売買・換金に対して（⑨）がなく、市場価格の
変動にあたる評価差額が企業にとっての（⑩）と考えられることか
ら、その評価差額は（②）として処理することが適当と考えられる。

61.　トレーディング目的で保有する棚卸資産に係る会計処理は、（③）
の会計処理と同様であるため、その具体的な適用は、（⑪）に準ずる
こととしている（第16項参照）。したがって、金融商品会計基準のほ
か、その具体的な指針等も参照する必要がある。

⑨
----
⑩
----
⑪

----

⑨事業遂行上等の制約　⑩投資活動の成果　⑪金融商品会計基準

繰延資産の会計処理に関する当面の取扱い

最終改正　平成22年2月19日

1 株式交付費の会計処理

(1) 株式交付費とは

⇒新株の発行又は自己株式の処分に係る費用をいう

(2) 株式交付費の会計処理

⇒・原則として、支出時に費用（営業外費用）として処理する。

・ただし、企業規模の拡大のためにする資金調達などの財務活動に係る株式交付費については、繰延資産に計上することができる。この場合には、株式交付のときから3年以内のその効果の及ぶ期間にわたって、定額法により償却をしなければならない。

---

① _____

② _____

③ _____

④ _____

⑤ _____

⑥ _____

⑦ _____

⑧ _____

⑨ _____

⑩ _____

⑪ _____

⑫ _____

⑬ _____

⑭ _____

⑮ _____

〈会計基準〉

　株式交付費（（①）又は（②）に係る費用）は、原則として、（③）（（④））として処理する。ただし、（⑤）のためにする（⑥）などの（⑦）（組織再編の対価として株式を交付する場合を含む。）に係る株式交付費については、（⑧）に計上することができる。この場合には、（⑨）のときから（⑩）のその効果の及ぶ期間にわたって、（⑪）により償却をしなければならない。

　株式交付費とは、株式募集のための広告費、金融機関の取扱手数料、証券会社の取扱手数料、目論見書・株券等の印刷費、変更登記の登録免許税、その他株式の交付等のために直接支出した費用をいう。

　なお、繰延資産に該当する株式交付費は、繰延資産の性格から、（⑤）のためにする（⑥）などの（⑦）に係る費用を前提としているため、（⑫）や（⑬）などに係る費用は、繰延資産には該当せず、（③）として処理することになる。また、この場合には、これらの費用を（⑭）に計上することができる。

〈会計処理の考え方〉

　現行の国際的な会計基準では、株式交付費は、（⑮）に付随する費用として、（⑯）することとされている。当委員会においては、国際的な会計基準との整合性の観点から、当該方法についても検討した。しかしながら、以下の理由により、当面、これまでの会計処理を踏襲し、株式交付費は（⑰）として処理（（⑧）に計上し（⑱）する処理を含む。）することとした。

---

①新株の発行　②自己株式の処分　③支出時に費用　④営業外費用　⑤企業規模の拡大　⑥資金調達　⑦財務活動　⑧繰延資産　⑨株式交付　⑩3年以内　⑪定額法　⑫株式の分割　⑬株式無償割当て　⑭販売費及び一般管理費　⑮資本取引　⑯資本から直接控除　⑰費用　⑱償却

① 株式交付費は（⑲）に伴って発生するものであるが、その対価は（⑳）こと

② 株式交付費は（㉑）と同様、（⑥）を行うために要する支出額であり、（㉒）としての性格が強いと考えられること

③ 資金調達の方法は会社の意思決定によるものであり、その結果として発生する費用もこれに依存することになる。したがって、資金調達に要する費用を（㉓）に反映させることが投資家に（㉔）を提供することになると考えられること

　また、本実務対応報告では、新株の発行と自己株式の処分に係る費用を合わせて株式交付費とし、自己株式の処分に係る費用についても繰延資産に計上できることとした。自己株式の処分に係る費用は、旧商法施行規則において限定列挙されていた（㉕）には該当しないため、これまで（⑧）として会計処理することはできないと解されてきた。しかしながら、会社法においては、新株の発行と自己株式の処分の募集手続は募集株式の発行等として（㉖）によることとされ、また、（㉗）を伴う（⑥）などの（⑦）に要する費用としての性格は同じであることから、新株の発行に係る費用の会計処理と整合的に取り扱うことが適当と考えられる。

　なお、繰延資産に計上した株式交付費（新株発行費）の償却については、旧商法施行規則において毎決算期に均等額以上の償却をしなければならないとされてきたため、これまでは年数を基準として償却することが一般的であったと考えられる。しかしながら、会社法ではそのような制約はないこと、また、今後、上場会社においては四半期報告が求められることから、繰延資産の計上月にかかわらず、一律に年数を基準として償却を行うことは適当ではないと考えられる。この考え方は、他の繰延資産の償却についても同様である。

⑯
⑰
⑱
⑲
⑳
㉑
㉒
㉓
㉔
㉕
㉖
㉗

⑲株主との資本取引　⑳株主に支払われるものではない　㉑社債発行費　㉒財務費用　㉓会社の業績　㉔有用な情報
㉕新株発行費　㉖同一の手続　㉗株式の交付

2 社債発行費等の会計処理

(1) 社債発行費の会計処理

⇒ ・原則として、支出時に費用（営業外費用）として処理する。

・ただし、社債発行費を繰延資産に計上することができる。この場合には、社債の償還までの期間にわたり利息法により償却をしなければならない。なお、償却方法については、継続適用を条件として、定額法を採用することができる。

(2) 新株予約権の発行に係る費用の会計処理

⇒ ・資金調達などの財務活動に係るものについては、社債発行費と同様に繰延資産として会計処理することができる。

・この場合には、新株予約権の発行のときから、3年以内のその効果の及ぶ期間にわたって、定額法により償却をしなければならない。

・ただし、新株予約権が社債に付されている場合で、当該新株予約権付社債を一括法により処理するときは、当該新株予約権付社債の発行に係る費用は、社債発行費として処理する。

---

①
②
③
④
⑤
⑥
⑦
⑧
⑨
⑩
⑪
⑫

〈会計基準〉

社債発行費は、原則として、（①）（（②））として処理する。ただし、社債発行費を（③）に計上することができる。この場合には、（④）にわたり（⑤）により償却をしなければならない。なお、償却方法については、継続適用を条件として、（⑥）を採用することができる。

社債発行費とは、社債募集のための広告費、金融機関の取扱手数料、証券会社の取扱手数料、目論見書・社債券等の印刷費、社債の登記の登録免許税その他社債発行のため直接支出した費用をいう。

また、（⑦）の発行に係る費用についても、（⑧）などの（⑨）（組織再編の対価として新株予約権を交付する場合を含む。）に係るものについては、社債発行費と同様に（③）として会計処理することができる。この場合には、（⑩）のときから、（⑪）のその効果の及ぶ期間にわたって、（⑥）により償却をしなければならない。ただし、新株予約権が社債に付されている場合で、当該新株予約権付社債を一括法により処理するときは、当該新株予約権付社債の発行に係る費用は、（⑫）として処理する。

〈会計処理の考え方〉

本実務対応報告では、社債発行費を支出時に費用として処理しない場合には、これまでと同様、繰延資産に計上することとした。

また、社債発行費の償却方法については、旧商法施行規則により、こ

---

①支出時に費用 ②営業外費用 ③繰延資産 ④社債の償還までの期間 ⑤利息法 ⑥定額法 ⑦新株予約権 ⑧資金調達 ⑨財務活動 ⑩新株予約権の発行 ⑪3年以内 ⑫社債発行費

れまで3年以内の期間で均等額以上の償却が求められてきた。しかし、社債発行者にとっては、（⑬）やこれまでの（⑭）に相当する額のみならず、（⑫）も含めて（⑮）と考えることができること、また、国際的な会計基準における償却方法との整合性を考慮すると、社債発行費は、（④）にわたり、（⑤）（又は継続適用を条件として（⑥））により償却することが合理的と考えられる。

　なお、計算規則において、払込みを受けた金額が債務額と異なる社債については、事業年度の末日における適正な価格を付すことができるとされた（計算規則第6条第2項第2号）ことから、これを契機に、これまで繰延資産として取り扱われてきた社債発行差金に相当する額は、国際的な会計基準と同様、社債金額から直接控除することとされた（金融商品会計基準第26項）。

⑬ _____

⑭ _____

⑮ _____

3　創立費の会計処理

(1)　創立費の会計処理

　　⇒・原則として、支出時に費用（営業外費用）として処理する。

　　　・ただし、創立費を繰延資産に計上することができる。この場合には、会社の成立のときから5年以内のその効果の及ぶ期間にわたって、定額法により償却をしなければならない。

〈会計基準〉

　創立費は、原則として、（①）（（②））として処理する。ただし、創立費を（③）に計上することができる。この場合には、（④）のときから（⑤）のその効果の及ぶ期間にわたって、（⑥）により償却をしなければならない。

　創立費とは、会社の負担に帰すべき設立費用、例えば、定款及び諸規則作成のための費用、株式募集その他のための広告費、目論見書・株券等の印刷費、創立事務所の賃借料、設立事務に使用する使用人の給料、金融機関の取扱手数料、証券会社の取扱手数料、創立総会に関する費用その他会社設立事務に関する必要な費用、発起人が受ける報酬で定款に記載して創立総会の承認を受けた金額並びに設立登記の登録免許税等をいう。

〈会計処理の考え方〉

　会社法では、創立費を（⑦）又は（⑧）から減額することが可能とされた（計算規則第43条第1項第3号）。しかしながら、創立費は、株主

① _____

② _____

③ _____

④ _____

⑤ _____

⑥ _____

⑦ _____

⑧ _____

⑬社債利息　⑭社債発行差金　⑮資金調達費

①支出時に費用　②営業外費用　③繰延資産　④会社の成立　⑤5年以内　⑥定額法　⑦資本金　⑧資本準備金

①
②
③

との間の（⑨）によって発生するものではないことから、本実務対応報告では、創立費を（⑩）として処理（支出時に費用として処理しない場合には、これまでと同様、（⑪）に計上）することとした。

4 開業費の会計処理

(1) 開業費の会計処理
⇒・原則として、支出時に費用（営業外費用）として処理する。
　・ただし、開業費を繰延資産に計上することができる。この場合には、開業のときから5年以内のその効果の及ぶ期間にわたって、定額法により償却をしなければならない。

①
②
③
④
⑤
⑥
⑦
⑧
⑨
⑩
⑪

〈会計基準〉

　開業費は、原則として、（①）（（②））として処理する。ただし、開業費を繰延資産に計上することができる。この場合には、（③）のときから（④）のその効果の及ぶ期間にわたって、（⑤）により償却をしなければならない。なお、「開業のとき」には、その営業の一部を開業したときも含むものとする。また、開業費を（⑥）として処理することができる。

　開業費とは、土地、建物等の賃借料、広告宣伝費、通信交通費、事務用消耗品費、支払利子、使用人の給料、保険料、電気・ガス・水道料等で、会社成立後営業開始時までに支出した開業準備のための費用をいう。

〈会計処理の考え方〉

　本実務対応報告では、開業費を支出時に費用として処理しない場合には、これまでと同様、繰延資産に計上することとした。開業準備活動は通常の（⑦）ではないため、開業準備のために要した費用は原則として、（②）として処理することとした。ただし、当該費用は、（⑦）と密接であること及び実務の便宜を考慮して、（⑥）（（①）として処理する場合のほか、（⑧）に計上した場合の（⑨）を含む。）として処理することができることとした。

　また、開業費の範囲については、開業までに支出した一切の費用を含むものとする考え方もあるが、開業準備のために（⑩）したとは認められない費用については、その（⑪）することが明確ではないものが含まれている可能性がある。このため、開業費は、開業準備のために（⑩）

⑨資本取引　⑩支出時に費用　⑪繰延資産
①支出時に費用　②営業外費用　③開業　④5年以内　⑤定額法　⑥販売費及び一般管理費　⑦営業活動　⑧繰延資産　⑨償却額　⑩直接支出　⑪効果が将来にわたって発現

したものに限ることが適当である。

5　開発費の会計処理

(1)　開発費の会計処理

⇒・原則として、支出時に費用（売上原価又は販売費及び一般管理費）として処理する。

・ただし、開発費を繰延資産に計上することができる。この場合には、支出のときから5年以内のその効果の及ぶ期間にわたって、定額法その他の合理的な方法により規則的に償却しなければならない。

・ただし、経常費の性格をもつものは開発費には含まれない。

〈会計基準〉

　開発費は、原則として、（①）（売上原価又は（②））として処理する。ただし、開発費を（③）に計上することができる。この場合には、（④）のときから（⑤）のその効果の及ぶ期間にわたって、（⑥）その他の合理的な方法により規則的に償却しなければならない。

　開発費とは、新技術又は新経営組織の採用、資源の開発、市場の開拓等のために支出した費用、生産能率の向上又は生産計画の変更等により、設備の大規模な配置替えを行った場合等の費用をいう。ただし、（⑦）の性格をもつものは開発費には含まれない。

　なお、「研究開発費等に係る会計基準」の対象となる研究開発費については、（⑧）として処理しなければならないことに留意する必要がある。

〈会計処理の考え方〉

　本実務対応報告では、開発費を支出時に費用として処理しない場合には、これまでと同様、繰延資産に計上することとした。

　開発費の効果の及ぶ期間の判断にあたり、支出の原因となった新技術や資源の利用可能期間が限られている場合には、その期間内（ただし、最長で5年以内）に償却しなければならない点に留意する必要がある。

①

②

③

④

⑤

⑥

⑦

⑧

6　支出の効果が期待されなくなった繰延資産の会計処理

(1)　支出の効果が期待されなくなった繰延資産の会計処理

⇒その未償却残高を一時に償却しなければならない。

〈会計基準〉

　支出の効果が期待されなくなった繰延資産は、その未償却残高を（①）しなければならない。

①

①支出時に費用　②販売費及び一般管理費　③繰延資産　④支出　⑤5年以内　⑥定額法　⑦経常費　⑧発生時に費用

①一時に償却

研究開発費等に係る会計基準

改正　平成20年12月26日

1　研究及び開発の定義

(1)　研　究
　　⇒新しい知識の発見を目的とした調査及び探究
(2)　開　発
　　⇒新しい製品等の計画、設計又は既存の製品等を著しく改良するための計画、設計として、研究の成果、知識を具体化すること

〈設定に関する意見書〉

　研究及び開発の定義は研究開発費の範囲と直接結びついている。本基準では、研究開発費に関する内外（①）を担保するため、諸外国における定義を参考とするとともに、我が国の企業が実務慣行上研究開発として認識している範囲等を考慮しつつ検討を行い、研究及び開発を次のように定義することとした。

　研究とは、「新しい知識の（②）を目的とした計画的な（③）」をいい、開発とは、「新しい製品・サービス・生産方法（以下、「製品等」という。）についての（④）若しくは（⑤）又は既存の製品等を（⑥）するための（④）若しくは（⑤）として、研究の成果その他の知識を（⑦）すること」をいう。

　例えば、製造現場で行われる改良研究であっても、それが明確な（⑧）として行われている場合には、開発の定義における「（⑨）」に該当するものと考えられる。なお、製造現場で行われる品質管理活動やクレーム処理のための活動は研究開発には（⑩）と解される。

①
②
③
④
⑤
⑥
⑦
⑧
⑨
⑩

2　研究開発費の発生時費用処理

(1)　会計処理方法
　　⇒発生時費用処理
(2)　理　由
　　⇒①　発生時には収益獲得が不明。将来の収益獲得期待が高まったとしてもその獲得が確実とはいえない
　　　②　資産計上のための客観的な要件を規定することは困難。抽象的な要件の下で資産計上を求めると、企業間の比較可能性が損なわれる

①企業間の比較可能性　②発見　③調査及び探究　④計画　⑤設計　⑥著しく改良　⑦具体化　⑧プロジェクト　⑨著しい改良　⑩含まれない

〈設定に関する意見書〉

　重要な投資情報である研究開発費について、（①）を担保することが必要であり、費用処理又は資産計上を任意とする現行の会計処理は適当でない。

　研究開発費は、発生時には将来の（②）を獲得できるか否か（③）であり、また、研究開発計画が進行し、将来の（②）の獲得期待が高まったとしても、依然としてその獲得が（④）であるとはいえない。そのため、研究開発費を資産として貸借対照表に計上することは適当でないと判断した。

　また、仮に、一定の要件を満たすものについて資産計上を強制する処理を採用する場合には、資産計上の要件を定める必要がある。しかし、実務上（⑤）に判断可能な要件を規定することは困難であり、（⑥）な要件のもとで資産計上を求めることとした場合、（①）が損なわれるおそれがあると考えられる。

　したがって、研究開発費は（⑦）に費用として処理することとした。

①
②
③
④
⑤
⑥
⑦

3　ソフトウェア

(1)　定　義
　　⇒コンピュータを機能させるためのプログラム等

(2)　会計処理
　　⇒取得形態別ではなく、制作目的別に設定（制作目的により、将来の収益との対応関係が異なるため）

(3)　受注制作のソフトウェアの処理
　　⇒請負工事の処理に準じて行う

(4)　市場販売目的のソフトウェアの処理
　①　研究開発終了時点までの処理
　　　⇒製品マスターが完成するまでの制作費は研究開発費として処理
　②　研究開発終了後の処理
　　　⇒制作活動のための費用のうち、著しい改良と認められるものを除き、無形固定資産に計上。機能維持に要した費用は発生時費用処理
　③　無形固定資産として計上する理由
　　　⇒・市場販売目的のソフトウェアの製品マスターはそれ自体が販売の対象ではない
　　　　・製品マスターは機械装置等と同様にこれを利用（複写）して製品を作成するものであり、法的権利（著作権）を有している

①企業間の比較可能性　②収益　③不明　④確実　⑤客観的　⑥抽象的　⑦発生時

・適正な原価計算により取得原価を明確化できる
(5) 自社利用のソフトウェア
　⇒将来の収益獲得又は費用削減が確実であるソフトウェアについては無形固定資産として計上

①
②
③
④
⑤
⑥
⑦
⑧
⑨
⑩
⑪
⑫
⑬
⑭

〈設定に関する意見書〉

(1) ソフトウェアの制作費は、その（①）により、（②）が異なること等から、ソフトウェア制作費に係る会計基準は、取得形態（自社制作、外部購入）別ではなく、（①）別に設定することとした。

したがって、購入・委託したソフトウェアを加工することにより、目的の機能を有するソフトウェアを完成させる場合、当該購入・委託に要した費用は、下記(3)に示すようにそれぞれの（①）に応じて処理することとなる。

(2) 研究開発目的のソフトウェアの制作費は（③）として処理されることとなるが、研究開発目的以外のソフトウェアの制作費についても、制作に要した費用のうち（④）に該当する部分は（③）として処理する。

(3) 研究開発費に該当しないソフトウェア制作費の会計基準を（①）別に定めるにあたっては、（⑤）のソフトウェアと（⑥）のソフトウェアとに区分し、販売目的のソフトウェアをさらに（⑦）のソフトウェアと（⑧）のソフトウェアに区分することとした。

① 受注制作のソフトウェア

受注制作のソフトウェアについては、（⑨）に準じた処理を行うこととした。

② 市場販売目的のソフトウェア

ソフトウェアを市場で販売する場合には、製品マスター（複写可能な完成品）を制作し、これを（⑩）したものを販売することとなる。

製品マスターの制作過程には、通常、（④）に該当する部分と（⑪）に相当する部分とがあり、（④）の終了時点の決定及びそれ以降のソフトウェア制作費の取扱いが問題となる。

イ 研究開発の終了時点

新しい知識を（⑫）するまでの過程が研究開発である。したがって、ソフトウェアの制作過程においては、製品番号を付すこと等により（⑬）が明らかにされた製品マスター、すなわち「最初に（⑭）された製品マスター」が完成するまでの制作活動が（④）

①制作目的　②将来の収益との対応関係　③研究開発費　④研究開発　⑤販売目的　⑥自社利用　⑦受注制作　⑧市場販売目的　⑨請負工事の会計処理　⑩複写　⑪製品の製造　⑫具体化　⑬販売の意思　⑭製品化

と考えられる。

　　これは、製品マスターの完成は、工業製品の（④）における量産品の（⑮）に相当するものと考えられるためである。

　ロ　研究開発終了後のソフトウェア制作費の取扱い

　　製品マスター又は購入したソフトウェアの機能の改良・強化を行う制作活動のための費用は、（⑯）と認められない限り、資産に計上しなければならない。

　　なお、バグ取り等、機能維持に要した費用は、（⑰）を行う制作活動には該当せず、（⑱）として処理することとなる。

　　製品マスターは、それ自体が（⑲）ではなく、機械装置等と同様にこれを（⑳）して製品を作成すること、製品マスターは（㉑）を有していること及び（㉒）により取得原価を明確化できることから、当該取得原価を（㉓）として計上することとした。

③　自社利用のソフトウェア

　　将来の（㉔）又は（㉕）が確実である自社利用のソフトウェアについては、（㉖）等の観点から、その（㉗）を資産として計上し、その（㉘）にわたり償却を行うべきと考えられる。

　　したがって、ソフトウェアを用いて外部に業務処理等のサービスを提供する（㉙）されている場合や完成品を（㉚）した場合には、将来の（㉔）又は（㉕）が確実と考えられるため、当該ソフトウェアの取得に要した費用を（㉛）として計上することとした。

　　また、独自仕様の社内利用ソフトウェアを自社で（㉜）する場合又は委託により（㉜）する場合には、将来の（㉔）又は（㉕）が確実であると認められる場合を除き（㉝）として処理することとなる。

⑮

⑯

⑰

⑱

⑲

⑳

㉑

㉒

㉓

㉔

㉕

㉖

㉗

㉘

㉙

㉚

㉛

㉜

㉝

---

⑮設計完了　⑯著しい改良　⑰機能の改良・強化　⑱発生時に費用　⑲販売の対象物　⑳利用（複写）　㉑法的権利（著作権）　㉒適正な原価計算　㉓無形固定資産　㉔収益獲得　㉕費用削減　㉖将来の収益との対応　㉗取得に要した費用　㉘利用期間　㉙契約が締結　㉚購入　㉛資産　㉜制作　㉝費用

退職給付に関する会計基準

最終改正　平成28年12月16日（2022年10月28日）

1 範囲・用語の定義

(1)　退職給付とは
⇒一定の期間にわたり労働を提供したこと等の事由に基づいて、退職以後に支給される給付をいう

(2)　退職給付の性格
⇒退職給付は、基本的に労働協約等に基づいて従業員が提供した労働の対価として支払われる賃金の後払いである

〈会計基準〉

3．本会計基準は、一定の期間にわたり（①）を提供したこと等の事由に基づいて、（②）に支給される給付（退職給付）の会計処理に適用する。

　　ただし、株主総会の決議又は委員会設置会社における報酬委員会の決定が必要となる、取締役、会計参与、監査役及び執行役（以下合わせて「（③）」という。）の（④）については、本会計基準の適用範囲には含めない。

〈結論の背景〉

53．平成10年会計基準は退職給付について、その（⑤）や（⑥）が異なっているとしても退職給付であることに違いはなく、企業会計において退職給付の性格は、（⑦）として支払われる（⑧）であるという考え方に立ち、基本的に勤務期間を通じた（⑨）に伴って（⑩）するものと捉えていた。このような捉え方に立てば、退職給付は、その発生が（⑪）に起因する（⑫）であり、当期の負担に属すべき金額は、その（⑬）に基づくことなく、その（⑭）又は（⑮）に基づいて費用として認識するという企業会計における考え方が、企業が直接給付を行う退職給付のみならず企業年金制度による退職給付にも当てはまる。したがって、退職給付はその（⑩）した期間に（⑯）として認識することとなる。

①
②
③
④
⑤
⑥
⑦
⑧
⑨
⑩
⑪
⑫
⑬
⑭
⑮
⑯

①労働　②退職以後　③役員　④退職慰労金　⑤支給方法　⑥積立方法　⑦労働の対価　⑧賃金の後払い　⑨労働の提供　⑩発生　⑪当期以前の事象　⑫将来の特定の費用的支出　⑬支出の事実　⑭支出の原因　⑮効果の期間帰属　⑯費用

54. 平成24年改正会計基準においても、将来の退職給付のうち（⑰）を
　（⑱）として計上するとともに（⑲）に計上するという基本的な会計
　処理の考え方を引き継いでいる。さらに、平成10年会計基準が採用し
　ていた次のような退職給付に係る会計処理に（⑳）についての考え方
　についても踏襲している。

　(1)　負債の計上にあたって外部に積み立てられた（㉑）を差し引くと
　　　ともに、（㉒）を、（㉓）の計算において差し引くこと

　(2)　退職給付の水準の改訂及び退職給付の見積りの基礎となる計算要
　　　素の変更等により（㉔）及び（㉕）が生じるが、これらは、原則と
　　　して、一定の期間にわたって（㉖）に、（㉗）すること

⑰ _____

⑱ _____

⑲ _____

⑳ _____

㉑ _____

㉒ _____

㉓ _____

㉔ _____

㉕ _____

㉖ _____

㉗ _____

_____

_____

_____

_____

_____

_____

_____

_____

_____

_____

_____

_____

_____

_____

_____

_____

_____

_____

_____

_____

_____

_____

_____

⑰当期の負担に属する額　⑱当期の費用　⑲負債の部　⑳特有の事象　㉑年金資産　㉒年金資産の運用により生じると期待される収益　㉓退職給付費用　㉔過去勤務費用　㉕数理計算上の差異　㉖規則的　㉗費用処理

2 退職給付債務

(1) 退職給付債務

⇒退職給付のうち、認識時点までに発生していると認められる部分を割り引いたものをいう

(2) 退職給付債務の計算

⇒退職により見込まれる退職給付の総額（以下「退職給付見込額」という。）のうち、期末までに発生していると認められる額を割り引いて計算する

①	
②	
③	
④	
⑤	
⑥	
⑦	
⑧	
⑨	
⑩	
⑪	
⑫	
⑬	
⑭	
⑮	

〈会計基準〉

6. 「退職給付債務」とは、（①）のうち、（②）までに発生していると認められる部分を（③）ものをいう。

16. 退職給付債務は、退職により見込まれる退職給付の総額（以下「（④）」という。）のうち、（⑤）までに発生していると認められる額を（⑥）計算する。

18. 退職給付見込額は、（⑦）に見込まれる退職給付の（⑧）を考慮して見積る。

19. 退職給付見込額のうち期末までに発生したと認められる額は、次のいずれかの方法を選択適用して計算する。この場合、いったん採用した方法は、原則として、（⑨）して適用しなければならない。

(1) 退職給付見込額について（⑩）で除した額を各期の発生額とする方法（以下「（⑪）」という。）

(2) 退職給付制度の（⑫）に従って各勤務期間に帰属させた給付に基づき見積った額を、退職給付見込額の各期の発生額とする方法（以下「（⑬）」という。）

なお、この方法による場合、勤務期間の後期における給付算定式に従った給付が、初期よりも著しく高い水準となるときには、当該期間の給付が均等に生じるとみなして（⑭）した給付算定式に従わなければならない。

20. 退職給付債務の計算における割引率は、（⑮）を基礎として決定する。

---

①退職給付　②認識時点　③割り引いた　④退職給付見込額　⑤期末　⑥割り引いて　⑦合理的　⑧変動要因　⑨継続　⑩全勤務期間　⑪期間定額基準　⑫給付算定式　⑬給付算定式基準　⑭補正　⑮安全性の高い債券の利回り

〈結論の背景〉

57. 平成10年会計基準は、退職給付見込額に考慮すべき、合理的に見込まれる退職給付の変動要因（第18項参照）として、確実に見込まれる昇給等を挙げていた。しかしながら、退職給付債務及び勤務費用の計算基礎の１つである予想昇給率について、確実なものだけを考慮する場合、割引率等の他の計算基礎との整合性を欠く結果になると考えられることや、国際的な会計基準では確実性までは求められていないことを勘案し、平成24年改正会計基準では、確実に見込まれる昇給等ではなく、（⑯）等を考慮すべきこととした。

⑯
⑰
⑱
⑲

61. 期間定額基準を選択適用で認めるべきという意見は、我が国の退職給付会計では退職給付見込額の期間帰属方法を費用配分の方法として捉えており（第53項参照）、直接観察できない労働サービスの費消態様に（⑰）を置かざるを得ないことを踏まえれば、労働サービスに係る費用配分の方法は一義的に決まらず、勤務期間を基礎とする費用配分の方法（期間定額基準）についても、これを否定する根拠は乏しいという考え方に基づいている。また、給付算定式基準では、勤務期間の後期における給付算定式に従った給付が、初期よりも著しく高い水準となる場合（給付算定式に従う給付が著しく後加重である場合）、その部分について均等に生じるものとみなして（⑭）すべきとされているが、これは、勤務期間を基礎とする配分に一定の合理性を認めていることを示唆している、という意見もある。

62. 一方、期間定額基準を廃止すべきという意見は、この方法の採用の経緯（第58項参照）を踏まえれば、これを改めて支持する根拠を欠くという考え方に基づいている。また、勤続年数の増加に応じた（⑱）を踏まえれば、毎期の費用を定額とする期間定額基準よりも、給付算定式に従って費用が増加するという取扱いの方が（⑲）をより表すものであり、勤務をしても給付が増加されない状況（定年直前に給付額が頭打ちになる場合や、将来給付すべての減額の場合など）でも費用を認識する場合がある点で期間定額基準は妥当でないという考え方や、給付算定式に従う給付が著しく後加重である場合など、勤務期間を基礎とする費用配分が適当な状況があるとしても、すべての勤務期間について配分する必要はないという考え方にも基づいている。このほか、退職給付債務の計算は給付算定式を基礎とすべきであり、これと直接関連しない測定値となる期間定額基準は妥当でないという考え方もある。

⑯予想される昇給　⑰合理的な仮定　⑱労働サービスの向上　⑲実態

63. 検討の結果、期間定額基準が最適とはいえない状況があったとして
　　も、これを一律に否定するまでの根拠はないことや、また、国際的な
　　会計基準では、キャッシュ・バランス・プランを含めた一部の制度に
　　対する給付算定式に従った方法の適用が不明確なため、この方法の見
　　直しが検討されていることを踏まえ、適用の明確さでより優れている
　　と考えられる期間定額基準についても、給付算定式基準との選択適用
　　という形で認めることとした（第19項参照）。

3　年金資産

(1)　年金資産
　　⇒特定の退職給付制度のために、その制度について企業と従業員との契約（退職金規程
　　　等）等に基づき積み立てられた、一定の要件を満たす特定の資産をいう
(2)　年金資産が退職給付債務から控除され、貸借対照表に計上されない理由
　　⇒年金資産は退職給付の支払のためのみに使用されることが制度的に担保されているこ
　　　となどから、これを収益獲得のために保有する一般の資産と同様に企業の貸借対照表
　　　に計上することには問題があり、かえって、財務諸表の利用者に誤解を与えるおそれ
　　　があると考えられるためである

〈会計基準〉

7.　「年金資産」とは、特定の退職給付制度のために、その制度につい
　　て企業と従業員との契約（（①））に基づき積み立てられた、次のすべ
　　てを満たす特定の資産をいう。
(1)　（②）以外に使用できないこと
(2)　事業主及び事業主の（③）から（④）に（⑤）されていること
(3)　積立超過分を除き、事業主への（⑥）、事業主からの（⑦）・（⑧）
　　　等が禁止されていること
(4)　資産を事業主の（⑨）と（⑩）こと

①
②
③
④
⑤
⑥
⑦
⑧
⑨
⑩

①退職金規程等　②退職給付　③債権者　④法的　⑤分離　⑥返還　⑦解約　⑧目的外の払出し　⑨資産　⑩交換できない

22. 年金資産の額は、（⑪）における（⑫）（（⑬））により計算する。

〈結論の背景〉

69. 企業年金制度を採用している企業などでは、退職給付に充てるため（⑭）に積み立てられている（⑮）が存在する。この年金資産は（⑯）のためのみに使用されることが（⑰）されていることなどから、これを（⑱）のために保有する（⑲）と同様に企業の（⑳）に計上することには問題があり、かえって、財務諸表の利用者に（㉑）を与えるおそれがあると考えられる。また国際的な会計基準においても年金資産を直接貸借対照表に計上せず、退職給付債務からこれを（㉒）することが一般的である。したがって、年金資産の額は（㉓）の計上額の計算にあたって（㉔）こととしている。この場合、年金資産の額が退職給付債務の額を上回る場合には、（㉕）として貸借対照表に計上することになる（第13項ただし書き及び第27項参照）。

⑪
⑫
⑬
⑭
⑮
⑯
⑰
⑱
⑲
⑳
㉑
㉒
㉓
㉔
㉕

4　退職給付費用

(1) 勤務費用
　　⇒1期間の労働の対価として発生したと認められる退職給付をいう

(2) 利息費用
　　⇒割引計算により算定された期首時点における退職給付債務について、期末までの時の経過により発生する計算上の利息をいう

(3) 期待運用収益
　　⇒年金資産の運用により生じると合理的に期待される計算上の収益をいう

⑪期末　⑫時価　⑬公正な評価額　⑭外部　⑮年金資産　⑯退職給付の支払　⑰制度的に担保　⑱収益獲得　⑲一般の資産　⑳貸借対照表　㉑誤解　㉒控除　㉓退職給付に係る負債　㉔差し引く　㉕退職給付に係る資産

①	
②	
③	
④	
⑤	
⑥	
⑦	
⑧	
⑨	
⑩	
⑪	
⑫	
⑬	
⑭	
⑮	
⑯	
⑰	
⑱	
⑲	
⑳	
㉑	
㉒	

〈会計基準〉

8．「勤務費用」とは、（①）の（②）として発生したと認められる（③）をいう。

9．「利息費用」とは、（④）により算定された（⑤）における（⑥）について、（⑦）までの（⑧）により発生する（⑨）をいう。

10．「期待運用収益」とは、（⑩）の運用により生じると合理的に期待される（⑪）をいう。

14．次の項目の当期に係る額は、退職給付費用として、当期純利益を構成する項目に含めて計上する。
　⑴（⑫）（第17項参照）
　⑵（⑬）（第21項参照）
　⑶（⑭）（第23項参照）
　⑷（⑮）に係る当期の費用処理額（第24項参照）
　⑸（⑯）に係る当期の費用処理額（第25項参照）

17．勤務費用は、（⑰）のうち（⑱）に発生したと認められる額を（⑲）計算する。

21．利息費用は、（⑳）の（⑥）に（㉑）を乗じて計算する。

23．期待運用収益は、（⑳）の（⑩）の額に合理的に期待される収益率（（㉒））を乗じて計算する。

①1期間　②労働の対価　③退職給付　④割引計算　⑤期首時点　⑥退職給付債務　⑦期末　⑧時の経過　⑨計算上の利息　⑩年金資産　⑪計算上の収益　⑫勤務費用　⑬利息費用　⑭期待運用収益　⑮数理計算上の差異　⑯過去勤務費用　⑰退職給付見込額　⑱当期　⑲割り引いて　⑳期首　㉑割引率　㉒長期期待運用収益率

5 数理計算上の差異及び過去勤務費用の遅延認識

(1) 数理計算上の差異について遅延認識を行う理由

⇒数理計算上の差異には予測と実績の乖離のみならず予測数値の修正も反映されることから各期に生じる差異を直ちに費用として計上することが退職給付に係る債務の状態を忠実に表現するとはいえない面があるため

(2) 過去勤務費用について遅延認識を行う理由

⇒過去勤務費用の発生要因である給付水準の改訂等が従業員の勤労意欲が将来にわたって向上するとの期待のもとに行われる面があるため

〈会計基準〉

11. 「数理計算上の差異」とは、年金資産の（①）と（②）との差異、退職給付債務の数理計算に用いた（③）と（④）との差異及び（⑤）等により発生した差異をいう。なお、このうち当期純利益を構成する項目として費用処理（費用の減額処理又は費用を超過して減額した場合の利益処理を含む。以下同じ。）されていないものを「（⑥）」という（第24項参照）。

12. 「過去勤務費用」とは、（⑦）等に起因して発生した（⑧）の（⑨）をいう。なお、このうち当期純利益を構成する項目として費用処理されていないものを「（⑩）」という（第25項参照）。

15. 数理計算上の差異の当期発生額及び過去勤務費用の当期発生額のうち、費用処理されない部分（未認識数理計算上の差異及び未認識過去勤務費用となる。）については、その他の包括利益に含めて計上する。その他の包括利益累計額に計上されている未認識数理計算上の差異及び未認識過去勤務費用のうち、当期に費用処理された部分については、その他の包括利益の調整（（⑪））を行う（第24項また書き及び第25項また書き参照）。

24. 数理計算上の差異は、原則として（⑫）について、予想される退職時から現在までの平均的な期間（以下「（⑬）」という。）以内の一定の年数で按分した額を（⑭）する。

また、当期に発生した未認識数理計算上の差異は税効果を調整の上、（⑮）を通じて（⑯）に計上する（第27項参照）。

25. 過去勤務費用は、原則として（⑫）について、（⑬）以内の一定の年数で按分した額を（⑭）する。

また、当期に発生した未認識過去勤務費用は税効果を調整の上、（⑮）を通じて（⑯）に計上する（第27項参照）。

①
②
③
④
⑤
⑥
⑦
⑧
⑨
⑩
⑪
⑫
⑬
⑭
⑮
⑯

①期待運用収益　②実際の運用成果　③見積数値　④実績　⑤見積数値の変更　⑥未認識数理計算上の差異　⑦退職給付水準の改訂　⑧退職給付債務　⑨増加又は減少部分　⑩未認識過去勤務費用　⑪組替調整　⑫各期の発生額　⑬平均残存勤務期間　⑭毎期費用処理　⑮その他の包括利益　⑯純資産の部

⑰

⑱

⑲

⑳

㉑

㉒

㉓

㉔

㉕

㉖

㉗

㉘

㉙

㉚

㉛

㉜

㉝

㉞

〈結論の背景〉

67. 退職給付意見書及び平成10年会計基準は、過去勤務費用及び数理計算上の差異について、次の(1)から(3)に掲げる考え方を採っていた。

(1) 過去勤務費用及び数理計算上の差異については、その（⑰）した時点において費用とする考え方があるが、国際的な会計基準では一時の費用とはせず（⑱）にわたって一部ずつ費用とする、又は、数理計算上の差異については一定の範囲内は認識しないという処理（（⑲））が行われている。

こうした会計処理については、過去勤務費用の発生要因である給付水準の改訂等が従業員の（⑳）が将来にわたって向上するとの期待のもとに行われる面があること、また、数理計算上の差異には（㉑）のみならず（㉒）も反映されることから各期に生じる差異を（㉓）費用として計上することが退職給付に係る（㉔）を忠実に表現するとはいえない面があること等の考え方が示されている。このように、過去勤務費用や数理計算上の差異の性格を（㉕）の費用とすべきものとして一義的に決定づけることは難しいと考えられる。

(2) 数理計算上の差異の取扱いについては、退職給付債務の数値を毎期末時点において厳密に計算し、その結果生じた（㉖）に一定の（㉗）を設ける方法と、基礎率等の計算基礎に（㉘）が生じない場合には計算基礎を変更しない等（㉙）の決定にあたって合理的な範囲で（㉚）による判断を認める方法（（㉛））が考えられる。退職給付費用が（㉜）であることから、このような（㉚）による判断を認めることが適切と考え、数理計算上の差異の取扱いについては、（㉛）（（注8）参照）の考え方によることとした。

また、計算基礎にこのような（㉚）による判断を認めた上で（㉝）を設けることとする場合、実質的な（㉞）の幅が極めて大きくなることから、（㉛）に加えてさらに（㉝）を設けることとはしないこととした。

---

⑰発生　⑱一定の期間　⑲回廊アプローチ　⑳勤労意欲　㉑予測と実績の乖離　㉒予測数値の修正　㉓直ちに　㉔債務の状態　㉕一時　㉖計算差異　㉗許容範囲（回廊）　㉘重要な変動　㉙計算基礎　㉚重要性　㉛重要性基準　㉜長期的な見積計算　㉝回廊　㉞許容範囲

6 表示等

	個別財務諸表	連結財務諸表
貸借対照表	退職給付引当金 or 前払年金費用	退職給付に係る負債 or 退職給付に係る資産
損益計算書	退職給付費用	退職給付費用
包括利益計算書	－	退職給付に係る調整額

〈会計基準〉

13. （①）（第16項参照）から（②）の額（第22項参照）を控除した額（以下「（③）」という。）を（④）として計上する。

　　ただし、（②）の額が（①）を超える場合には、資産として計上する。

27. （③）（第13項参照）について、負債となる場合は「（⑤）」等の適当な科目をもって（⑥）に計上し、資産となる場合は「（⑦）」等の適当な科目をもって（⑧）に計上する。未認識数理計算上の差異及び未認識過去勤務費用については、税効果を調整の上、純資産の部における（⑨）に「退職給付に係る調整累計額」等の適当な科目をもって計上する。

28. 退職給付費用（第14項参照）については、原則として（⑩）又は（⑪）に計上する。

　　ただし、新たに退職給付制度を採用したとき又は給付水準の重要な改訂を行ったときに発生する過去勤務費用を発生時に全額費用処理する場合などにおいて、その金額が重要であると認められるときには、当該金額を（⑫）として計上することができる。

29. 当期に発生した未認識数理計算上の差異及び未認識過去勤務費用並びに当期に費用処理された（⑬）（第15項参照）については、その他の包括利益に「退職給付に係る調整額」等の適当な科目をもって、一括して計上する。

39. 個別財務諸表上、所定の事項については、当面の間、次のように取り扱う。

　(1)　第13項にかかわらず、個別貸借対照表上、退職給付債務に（⑭）及び（⑮）を加減した額から、（②）の額を控除した額を負債として計上する。ただし、年金資産の額が退職給付債務に未認識数理計算上の差異及び未認識過去勤務費用を加減した額を超える場合には、（⑯）として計上する。

①
②
③
④
⑤
⑥
⑦
⑧
⑨
⑩
⑪
⑫
⑬
⑭
⑮
⑯

①退職給付債務　②年金資産　③積立状況を示す額　④負債　⑤退職給付に係る負債　⑥固定負債　⑦退職給付に係る資産　⑧固定資産　⑨その他の包括利益累計額　⑩売上原価　⑪販売費及び一般管理費　⑫特別損益　⑬組替調整額　⑭未認識数理計算上の差異　⑮未認識過去勤務費用　⑯資産

⑰	
⑱	
⑲	
⑳	
㉑	
㉒	
㉓	
㉔	
㉕	
㉖	
㉗	

(3) 第27項にかかわらず、個別貸借対照表に負債として計上される額（本項(1)参照）については「（⑰）」の科目をもって（⑱）に計上し、資産として計上される額（本項(1)参照）については「（⑲）」等の適当な科目をもって（⑳）に計上する。

(5) 本会計基準等で使用されている「退職給付に係る負債」、「退職給付に係る資産」という用語（本会計基準の公表による他の会計基準等についての修正を含む。）は、個別財務諸表上は「退職給付引当金」、「前払年金費用」と読み替えるものとする。

〈結論の背景〉

55. 平成10年会計基準は、数理計算上の差異及び過去勤務費用を平均残存勤務期間以内の一定の年数で規則的に処理することとし、費用処理されない部分（未認識数理計算上の差異及び未認識過去勤務費用）については貸借対照表に計上せず、これに対応する部分を除いた、積立状況を示す額を負債（又は資産）として計上することとしていた。しかし、一部が除かれた積立状況を示す額を貸借対照表に計上する場合、（㉑）のときに負債（退職給付引当金）が計上されたり、（㉒）のときに資産（前払年金費用）が計上されたりすることがあり得るなど、退職給付制度に係る状況について財務諸表利用者の（㉓）を妨げているのではないかという指摘があった。

このため、平成24年改正会計基準では、国際的な会計基準も参考にしつつ検討を行い、未認識数理計算上の差異及び未認識過去勤務費用を、これらに関する、当期までの期間に課税された法人税等及び税効果を調整の上、純資産の部（その他の包括利益累計額）に計上することとし、（㉔）をそのまま負債（又は資産）として計上することとした（第13項、第24項また書き及び第25項また書き参照）。なお、個別財務諸表においては、当面の間、これらの取扱いを適用しないことに留意が必要である（第39項(1)及び(2)並びに第86項から第89項参照）。

56. 一方、数理計算上の差異及び過去勤務費用の費用処理方法については変更しておらず、従来どおり（㉕）以内の一定の年数で（㉖）に（㉗）されることとなる（第24項及び第25項参照）。この結果、平成24年改正会計基準では、数理計算上の差異及び過去勤務費用の当期発生額のうち、費用処理されない部分をその他の包括利益に含めて計上し、その他の包括利益累計額に計上されている未認識数理計算上の差異及び未認識過去勤務費用のうち、当期に当期純利益を構成する項目として費用処理された部分については、その他の包括利益の調整（組

⑰退職給付引当金　⑱固定負債　⑲前払年金費用　⑳固定資産　㉑積立超過　㉒積立不足　㉓理解　㉔積立状況を示す額　㉕平均残存勤務期間　㉖規則的　㉗費用処理

替調整）を行うこととした（第15項参照）。

74. 退職給付に係る負債（又は資産）及び退職給付費用の表示について
は、平成10年会計基準の取扱いを踏襲しているが、将来の退職給付の
うち当期の負担に属する額を当期の費用として引当金に繰り入れ、当
該引当金の残高を負債計上額としていた従来の方法から、これらにそ
の他の包括利益を通じて認識される、未認識数理計算上の差異や未認
識過去勤務費用に対応する額も負債計上額に加える方法に変更した
（第55項参照）ことに伴い、「退職給付引当金」及び「前払年金費用」
という名称を、それぞれ「(㉘)」及び「(㉙)」に変更している（第27
項参照）。なお、個別財務諸表においては、当面の間、この取扱いを
適用せず、従来の名称を使用することに留意が必要である（第39項(3)
及び第86項から第89項参照）。

㉘

㉙

㉘退職給付に係る負債　㉙退職給付に係る資産

資産除去債務に関する会計基準

平成20年3月31日（平成24年5月17日）

1 資産除去債務の定義

(1) 資産除去債務の定義

⇒有形固定資産の取得又は使用等によって生じ、当該有形固定資産の除去に関して法令
又は契約で要求される法律上の義務及びそれに準じるもの

(2) 除去の定義

⇒有形固定資産を用役提供から除外すること

---

① ----------------------------

② ----------------------------

③ ----------------------------

④ ----------------------------

⑤ ----------------------------

⑥ ----------------------------

⑦ ----------------------------

⑧ ----------------------------

⑨ ----------------------------

〈会計基準〉

3．本会計基準における用語の定義は、次のとおりとする。

(1) 「資産除去債務」とは、有形固定資産の取得、建設、開発又は通
常の使用によって生じ、当該有形固定資産の（①）に関して法令又
は契約で要求される（②）及びそれに（③）をいう。この場合の
（②）及びそれに（③）には、（④）を除去する義務のほか、有形固
定資産の除去そのものは義務でなくとも、有形固定資産を除去する
際に当該有形固定資産に使用されている（⑤）等を法律等の要求に
よる特別の方法で除去するという義務も含まれる。

(2) 有形固定資産の「除去」とは、有形固定資産を用役提供から（⑥）
することをいう（一時的に除外する場合を除く。）。除去の具体的な
態様としては、売却、廃棄、リサイクルその他の方法による処分等
が含まれるが、（⑦）や（⑧）は含まれない。

また、当該有形固定資産が（⑨）になる場合は除去に該当しない。

2 資産除去債務の負債計上

(1) 負債計上

⇒資産除去債務は、発生した時に負債として計上

(2) 負債認識の考え方

⇒・資産除去債務に該当する場合には、除去サービスに係る支払いが不可避的に生じる
・支払いが後日であっても金額が合理的に見積られるのであれば負債計上すべき

(3) 負債性

⇒除去に関する法律上の義務であり、除去サービスに係る支払いが不可避的に生じ、実
質的に支払義務を負うため負債性が認められる

---

①除去　②法律上の義務　③準ずるもの　④有形固定資産　⑤有害物質　⑥除外　⑦転用　⑧用途変更　⑨遊休状態

> (4)　資産・負債の両建処理を行う理由
> ①　引当金処理の問題点
> ⇒引当金処理は、除去に必要な金額が貸借対照表に計上されないため、負債計上が不十分
> ②　両建処理を行う理由
> ⇒両建処理は引当金処理を包摂するものであり、また、国際的な会計基準とのコンバージェンスにも資する

〈結論の背景〉

（資産除去債務の会計処理の考え方）

32.　有形固定資産の耐用年数到来時に解体、撤去、処分等のために費用を要する場合、有形固定資産の（①）（除去サービス）の（②）を、当該有形固定資産の使用に応じて各期間に（③）し、それに対応する金額を負債として認識する考え方がある。このような考え方に基づく会計処理（（④））は、資産の保守のような用役を費消する取引についての従来の会計処理から考えた場合に採用される処理である。こうした考え方に従うならば、有形固定資産の除去などの将来に（⑤）される用役について、その（⑥）も将来において履行される場合、当該債務は通常、（⑦）であることから、認識されることはない。

　　しかし、（⑧）に基づく場合など、資産除去債務に該当する場合には、有形固定資産の除去サービスに係る支払いが（⑨）に生じることに変わりはないため、たとえその支払いが後日であっても、債務として負担している金額が合理的に見積られることを条件に、（⑩）を（⑪）として計上し、同額を有形固定資産の（⑫）に反映させる処理（（⑬））を行うことが考えられる。

33.　引当金処理に関しては、有形固定資産に対応する除去費用が、当該有形固定資産の使用に応じて各期に適切な形で（③）されるという点では、（⑬）と同様であり、また、資産負債の両建処理の場合に計上される借方項目が資産としての性格を有しているのかどうかという指摘も考慮すると、（④）を採用した上で、資産除去債務の金額等を（⑭）として開示することが適切ではないかという意見もある。

34.　しかしながら、（④）の場合には、有形固定資産の（⑮）が貸借対照表に（⑯）ことから、資産除去債務の（⑰）であるという意見がある。また、資産負債の両建処理は、有形固定資産の取得等に付随して不可避的に生じる除去サービスの債務を（⑪）として計上するととも

①
②
③
④
⑤
⑥
⑦
⑧
⑨
⑩
⑪
⑫
⑬
⑭
⑮
⑯
⑰

①除去に係る用役　②費消　③費用配分　④引当金処理　⑤履行　⑥支払い　⑦双務未履行　⑧法律上の義務　⑨不可避的　⑩資産除去債務の全額　⑪負債　⑫取得原価　⑬資産負債の両建処理　⑭注記情報　⑮除去に必要な金額　⑯計上されない　⑰負債計上が不十分

⑱
⑲
⑳
㉑
㉒
㉓
㉔

に、対応する除去費用をその（⑱）に含めることで、当該有形固定資産への投資について（⑲）を引き上げることを意味する。この結果、有形固定資産に対応する除去費用が、（⑳）を通じて、当該有形固定資産の使用に応じて各期に（㉑）されるため、資産負債の両建処理は（㉒）を（㉓）するものといえる。さらに、このような考え方に基づく処理は、国際的な会計基準とのコンバージェンスにも資するものであるため、本会計基準では、（㉔）を求めることとした（第7項参照）。

3 除去費用の資産計上と費用配分

(1) 資産計上と費用配分
⇒・除去費用は、資産除去債務を負債計上した時に同額を有形固定資産の帳簿価額に加算
・減価償却を通じて各期に費用配分
(2) 資産計上と費用配分の考え方
⇒・除去費用を資産の取得原価に含めることは、資産への投資について回収すべき額を引き上げることを意味する
・すなわち、除去時に不可避的に生じる支出額を付随費用と同様に取得原価に加えた上で費用配分を行い、さらに、資産効率の観点からも有用と考えられる情報を提供する

〈結論の背景〉

①
②
③
④
⑤
⑥

41. 資産除去債務を負債として計上する際、当該除去債務に対応する除去費用をどのように会計処理するかという論点がある。本会計基準では、債務として負担している金額を（①）計上し、同額を有形固定資産の（②）に反映させる処理を行うこととした。このような会計処理（資産負債の両建処理）は、有形固定資産の取得に付随して生じる除去費用の未払の債務を負債として計上すると同時に、対応する除去費用を当該有形固定資産の（②）に含めることにより、当該資産への投資について（③）ことを意味する。すなわち、有形固定資産の除去時に不可避的に生じる支出額を（④）と同様に（②）に加えた上で（⑤）を行い、さらに、（⑥）の観点からも有用と考えられる情報を提供するものである。

⑱取得原価　⑲回収すべき額　⑳減価償却　㉑費用配分　㉒引当金処理　㉓包摂　㉔資産負債の両建処理

①負債　②取得原価　③回収すべき額を引き上げる　④付随費用　⑤費用配分　⑥資産効率

42.　なお、資産除去債務に対応する除去費用を、当該資産除去債務の負
　　債計上額と同額の資産として計上する方法として、当該除去費用の資
　　産計上額が有形固定資産の稼動等にとって必要な（⑦）等に関する何
　　らかの（⑧）に相当するという考え方や、将来提供される（⑨）（長
　　期前払費用）としての性格を有するという考え方から、資産除去債務
　　に関連する有形固定資産とは区別して把握し、（⑩）として計上する
　　方法も考えられた。
　　　しかし、当該除去費用は、（⑪）ではなく（⑫）もないこと、また、
　　独立して（⑬）に貢献するものではないことから、本会計基準では、
　　（⑩）として計上する方法は採用していない。当該除去費用は、有形
　　固定資産の稼動にとって不可欠なものであるため、有形固定資産の取
　　得に関する（④）と同様に処理することとした（第7項参照）。

⑦
⑧
⑨
⑩
⑪
⑫
⑬

⑦除去サービスの享受　⑧権利　⑨除去サービスの前払い　⑩別の資産　⑪法律上の権利　⑫財産的価値　⑬収益獲得

税効果会計に係る会計基準

1 税効果会計の目的等

(1) 目 的
⇒・税引前当期純利益と法人税等の期間的な対応
・将来の法人税等の支払額に対する影響の表示

(2) 法人税等の性質
⇒本基準では、法人税等を費用ととらえる

①	
②	
③	
④	
⑤	
⑥	
⑦	
⑧	
⑨	

〈設定に関する意見書〉

1. 法人税等の課税所得の計算に当たっては企業会計上の利益の額が基礎となるが、企業会計と課税所得計算とはその目的を異にするため、収益又は費用（益金又は損金）の認識時点や、資産又は負債の額に相違が見られるのが一般的である。

このため、税効果会計を適用しない場合には、（①）を基礎とした法人税等の額が費用として計上され、法人税等を控除する前の企業会計上の（②）と（①）とに差異があるときは、（③）の額が法人税等を控除する前の（④）と期間的に（⑤）せず、また、（⑥）に対する影響が表示されないことになる。

このような観点から、『財務諸表』の作成上、税効果会計を全面的に適用することが必要と考える。

〈会計基準〉

税効果会計は、企業会計上の（⑦）又は（⑧）の額と課税所得計算上の（⑦）又は（⑧）の額に相違がある場合において、法人税その他利益に関連する金額を課税標準とする税金（以下「（③）」という。）の額を適切に（⑨）することにより、法人税等を控除する前の（④）と（③）を合理的に（⑤）させることを目的とする手続である。

①課税所得 ②利益 ③法人税等 ④当期純利益 ⑤対応 ⑥将来の法人税等の支払額 ⑦資産 ⑧負債 ⑨期間配分

2　税効果会計の処理方法

(1)　繰延法

①　目　的

⇒発生年度における法人税等と税引前当期純利益とを期間的に対応させる

②　一時差異の把握

⇒企業会計上の収益・費用と税務上の益金・損金の差額から把握

③　採用する税率

⇒現行の税率

(2)　資産負債法

①　目　的

⇒将来の法人税等の支払額に対する影響を表示

②　一時差異の把握

⇒企業会計上の資産・負債と税務上の資産・負債の差額から把握

③　採用する税率

⇒一時差異の解消が見込まれる期の税率（予測税率）

(3)　本基準で採用する処理方法

⇒資産負債法

〈設定に関する意見書〉

　税効果会計の方法には繰延法と資産負債法とがあるが、本会計基準では、（①）によることとし、次のような基準を設定することとする。

1．（②）（貸借対照表上の（③）及び（④）の金額と課税所得計算上の（③）及び（④）の金額との差額）に係る税金の額を適切な会計期間に配分し、計上するものとする。また、将来の課税所得と相殺可能な（⑤）等については、一時差異と同様に取り扱う。

2．一時差異には、当該一時差異が解消するときに税務申告上その期の課税所得を減額させる効果を持つもの（（⑥））と、当該一時差異が解消するときに税務申告上その期の課税所得を増額させる効果を持つもの（（⑦））とがある。

　将来減算一時差異に係る繰延税金資産及び将来加算一時差異に係る繰延税金負債の金額は、（⑧）又は（⑨）が行われると見込まれる期の（⑩）に基づいて計算するものとする。

①
②
③
④
⑤
⑥
⑦
⑧
⑨
⑩

①資産負債法　②一時差異　③資産　④負債　⑤繰越欠損金　⑥将来減算一時差異　⑦将来加算一時差異　⑧回収　⑨支払い　⑩税率

3 繰延税金資産・繰延税金負債

(1) 繰延税金資産

① 資産性

⇒将来の法人税等の支払額を減額する効果を有し、法人税等の前払額に相当するため、資産性が認められる

② 回収可能性の判断

⇒次の３つのうち、いずれかを満たせば回収可能性が認められる

将来減算一時差異の解消年度を含む期間に

・一時差異等加減算前課税所得が生じる可能性が高い

・タックスプランニングに基づく一時差異等加減算前課税所得が生じる可能性が高い

・将来加算一時差異が解消されると見込まれる

(2) 繰延税金負債の負債性

⇒将来の法人税等の支払額を増額する効果を有し、法人税等の未払額に相当するため、負債性が認められる

(3) 繰延税金資産・繰延税金負債の再計算

⇒税率の変更があった場合は、過年度に計上された繰延税金資産・繰延税金負債を新たな税率に基づき再計算する

〈設定に関する意見書〉

① --------------------------------
② --------------------------------
③ --------------------------------
④ --------------------------------
⑤ --------------------------------
⑥ --------------------------------
⑦ --------------------------------
⑧ --------------------------------
⑨ --------------------------------
⑩ --------------------------------

2．税効果会計を適用すると、繰延税金資産及び繰延税金負債が貸借対照表に計上されるとともに、当期の法人税等として納付すべき額及び税効果会計の適用による法人税等の調整額が損益計算書に計上されることになる。

このうち、繰延税金資産は、将来の法人税等の支払額を（①）する効果を有し、一般的には法人税等の（②）に相当するため、（③）としての性格を有するものと考えられる。また、繰延税金負債は、将来の法人税等の支払額を（④）する効果を有し、法人税等の（⑤）に相当するため、（⑥）としての性格を有するものと考えられる。

3．法人税等について税率の変更があった場合には、（⑦）に計上された繰延税金資産及び繰延税金負債を（⑧）に基づき（⑨）するものとする。また、繰延税金資産については、将来の支払税金を（①）する効果があるかどうか、すなわち、将来の（⑩）について毎期見直しを行うものとする。税務上の繰越欠損金については、繰越期間内に課税所得が発生する可能性が低く、繰越欠損金を控除することができると認められない場合は相当額を控除する。

①減額　②前払額　③資産　④増額　⑤未払額　⑥負債　⑦過年度　⑧新たな税率　⑨再計算　⑩回収の見込み

企業結合に関する会計基準

最終改正　平成31年1月16日（2022年7月1日）

1 本基準の基本的考え方及び会計処理

(1) 企業結合の定義

　　⇒企業結合とは、ある企業（又は事業）と他の企業（又は事業）が一つの報告単位に統合されること

(2) 本基準の基本的考え方

　　⇒「取得」と「持分の結合」という異なる経済的実態が存在する以上、それぞれの実態に応じた会計処理をすべき

(3) 取得の定義

　　⇒取得とは、企業が他の企業又は企業を構成する事業に対する支配を獲得すること

(4) 持分の結合の定義

　　⇒持分の結合とは、いずれの企業（又は事業）の株主（又は持分保有者）も他の企業（又は事業）を支配したとは認められず、結合後企業のリスクや便益を引き続き相互に共有することを達成するため、それぞれの事業のすべて又は事実上のすべてを統合して一つの報告単位となること

(5) 取得の会計処理

① パーチェス法の定義

　　⇒被結合企業から受け入れる資産及び負債の取得原価を、対価として交付する現金及び株式等の時価（公正価値）とする方法

② パーチェス法により処理する理由

　　⇒企業結合の多くは、実質的にはいずれかの結合当事企業による新規の投資と同じであり、交付する現金及び株式等の投資額を取得価額として他の結合当事企業から受け入れる資産及び負債を評価することが、現行の一般的な会計処理と整合するから

※　現在、持分プーリング法の適用は廃止されている

〈結論の背景〉

66. 企業結合とは、ある（①）又はある企業を構成する（②）と他の（①）又は他の企業を構成する（②）とが（③）に統合されることをいう（第5項参照）。本会計基準では、企業結合に該当する取引を対象とするため、（④）とよばれる企業体を形成する取引及び（⑤）等も本会計基準の適用対象となる。また、企業結合は、一般的には連結会計基準にいう他の企業の（⑥）も含むため、現金を対価とする子会社株式の取得の場合についても、連結会計基準に定めのない企業結合に関する

①

②

③

④

⑤

①企業　②事業　③1つの報告単位　④共同支配企業　⑤共通支配下の取引　⑥支配の獲得

---
⑥
---
⑦
---
⑧
---
⑨
---
⑩
---
⑪
---
⑫
---
⑬
---
⑭
---
⑮
---
⑯
---
⑰
---
⑱
---
⑲
---
⑳

㉑

㉒

㉓

㉔

㉕

㉖

㉗

㉘

㉙

事項については、本会計基準の適用対象となる。

なお、複数の取引が1つの企業結合を構成している場合には、それらを一体として取り扱うことに留意する（第5項参照）。通常、複数の取引が1事業年度内に完了する場合には一体として取り扱うことが適当であると考えられるが、1つの企業結合を構成しているかどうかは状況によって異なるため、当初取引時における当事者間の意図や当該取引の目的等を勘案し、実態に応じて判断することとなる。

67. 企業結合には「（⑦）」と「（⑧）」という異なる（⑨）を有するものが存在し、それぞれの（⑩）に対応する適切な会計処理方法を適用する必要があるとの考え方がある。この考え方によれば、まず「（⑦）」に対しては、ある企業が他の企業の（⑪）することになるという（⑨）を重視し、（⑫）により会計処理することになる。これは、企業結合の多くは、実質的にはいずれかの結合当事企業による（⑬）と同じであり、交付する現金及び株式等の（⑭）を取得価額として他の結合当事企業から受け入れる（⑮）及び（⑯）を評価することが、現行の（⑰）と整合するからである。

68. 他方、企業結合の中には、いずれの結合当事企業も他の結合当事企業に対する（⑪）したとは合理的に判断できない「（⑧）」がある。「（⑧）」とは、いずれの企業（又は事業）の株主（又は持分保有者）も他の企業（又は事業）を（⑱）したとは認められず、結合後企業の（⑲）や（⑳）を引き続き相互に（㉑）することを達成するため、それぞれの事業のすべて又は事実上のすべてを統合して1つの報告単位となることをいい、この「（⑧）」に対する会計処理としては、対応する資産及び負債を（㉒）で引き継ぐ会計処理が適用される。この考え方は、いずれの結合当事企業の持分も（㉓）が断たれておらず、いずれの結合当事企業も（⑪）していないと判断される限り、企業結合によって投資の（⑲）が変質しても、その変質によっては個々の投資の（㉔）は実現していないとみるものであり、現在、ある種の（㉕）を会計処理する際にも適用されている（㉖）概念に通ずる基本的な考え方でもある。

69. 平成15年会計基準では、第67項及び前項のように、「（⑦）」と「（⑧）」という異なる（⑨）を有する企業結合について、別々の会計処理方法を適用するという考え方に立っていた。ただし、（㉗）、（㉘）自体は相対的な概念であり、具体的に明確な事実として観察することは困難な場合が多いことから、平成15年会計基準では、持分の継続を「（㉙）」

---

⑦取得　⑧持分の結合　⑨経済的実態　⑩実態　⑪支配を獲得　⑫パーチェス法　⑬新規の投資　⑭投資額　⑮資産　⑯負債　⑰一般的な会計処理　⑱支配　⑲リスク　⑳便益　㉑共有　㉒帳簿価額　㉓継続　㉔リターン　㉕非貨幣財同士の交換　㉖実現　㉗持分の継続　㉘非継続　㉙対価の種類

と「（㉚）」という２つの観点から判断することとしていた。具体的には、①企業結合に際して支払われた対価のすべてが、原則として、（㉛）であること、②結合後企業に対して各結合当事企業の株主が総体として有することになった（㉜）が等しいこと、③議決権比率以外の（㉝）を示す一定の事実が存在しないこと、という３つの要件をすべて満たせば持分は（㉞）していると判断し、そのような企業結合に対しては（㉟）を適用することとしていた。これは、取得企業を識別できない場合を（㊱）と判定する方法とは異なり、異なる経済的実態を有する取得と持分の結合のうち、（㊱）を積極的に識別し、それ以外の企業結合を（㊲）と判定するアプローチであった。

70.「（㊲）」又は「（㊱）」のいずれの（㊳）を有するかどうかという観点から、すべての企業結合の会計処理方法を平成15年会計基準において整理したことの意義は、平成20年改正会計基準においても尊重している。しかしながら、「（㊱）」に該当する場合の会計処理方法の１つである（㉟）については、我が国の会計基準と国際的な会計基準の間の差異の象徴的な存在として取り上げられることが多く、我が国の会計基準に対する国際的な評価の面で大きな障害になっているともいわれている。また、我が国の会計基準に対する国際的な評価のいかんは、直接海外市場で資金調達をする企業のみならず、広く我が国の資本市場や日本企業に影響を及ぼすと考えられる。そこで、平成20年改正会計基準ではそれらの影響も比較衡量して、会計基準の（㊴）を推進する観点から、従来「（㊱）」に該当した企業結合のうち、共同支配企業の形成以外の企業結合については（㊲）となるものとして、（㊵）により会計処理を行うこととした（第17項参照）。この結果、（㉟）は廃止されることとなった。

㉚
㉛
㉜
㉝
㉞
㉟
㊱
㊲
㊳
㊴
㊵

㉚支配　㉛議決権のある株式　㉜議決権比率　㉝支配関係　㉞継続　㉟持分プーリング法　㊱持分の結合　㊲取得　㊳経済的実態　㊴コンバージェンス　㊵パーチェス法

2 取得と持分の結合の考え方（持分の継続）

取得と持分の結合の場合の投資原価の回収計算の考え方

(1) 取　得

⇒・取得の場合、取得企業の持分は継続しているが、被取得企業の持分の継続は断たれている

・持分の継続が断たれれば投資家は投資をいったん清算し、改めて資産・負債に再投資をし、取得企業に現物で出資をする

・再投資額である結合時点での資産・負債の時価が結合後企業にとっての投資原価となる

・当該投資額を超えて回収できれば、その超過額が企業にとっての利益となる

(2) 持分の結合

⇒・持分の結合の場合、すべての結合当事企業の持分は継続している

・持分が継続していれば、投資の清算と再投資は行われていないため、企業結合前の帳簿価額がそのまま投資原価となる

・当該投資額を超えて回収できれば、その超過額が企業にとっての利益となる

〈結論の背景〉

①
②
③
④
⑤
⑥
⑦
⑧
⑨
⑩
⑪

73. 従来から、企業結合には「（①）」と「（②）」があり、それぞれ異なる（③）を有するといわれてきた。企業結合が取得と判断されれば、取得企業の資産及び負債はその（④）で企業結合後もそのまま引き継がれるのに対して、被取得企業の資産及び負債は（⑤）に評価替えされる。他方、企業結合が持分の結合と判断されるのであれば、すべての結合当事企業の資産及び負債はその（④）で企業結合後もそのまま引き継がれる。このような相違が生じるのは、持分の継続が断たれた側では、投資家はそこでいったん投資を（⑥）し、改めて当該資産及び負債に対して（⑦）を行ったと考えられるのに対して、持分が継続している側では、これまでの投資がそのまま（⑧）していると考えられるからに他ならない。取得の場合には、取得企業の持分は（⑧）しているが、被取得企業の持分はその継続を（⑨）とみなされている。他方、持分の結合の場合には、すべての結合当事企業の持分は（⑧）しているとみなされている。このように、（⑩）により取得と持分の結合は識別され、それぞれに対して異なる会計処理が使い分けられてきた。

74. これを企業の（⑪）の観点からいえば、次のようになる。持分の継続が断たれてしまえば、そこで投資家はいったん投資を（⑥）し、改

①取得 ②持分の結合 ③経済的実態 ④帳簿価額 ⑤時価 ⑥清算 ⑦投資 ⑧継続 ⑨断たれた ⑩持分の継続・非継続 ⑪損益計算

めて当該資産及び負債に対して（⑫）を行い、それを取得企業に（⑬）したと考えられる。したがって、（⑭）が結合後企業にとっての新たな投資原価となるが、それは企業結合時点での資産及び負債の（⑮）に他ならない。そのような投資原価を超えて回収できれば、その超過額が企業にとっての（⑯）である。これに対して、持分が継続しているならば、そこでは投資の（⑰）と（⑱）は行われていないのであるから、結合後企業にとっては企業結合前の（⑲）がそのまま投資原価となる。この投資原価を超えて回収できれば、その超過額が企業にとっての（⑯）である。このように、持分の継続・非継続は、企業にとっては（⑳）の違いを意味している。

75. 取得と持分の結合は、このように異なる経済的実態を有していると考えられるため、本来、それぞれを映し出すのに適した会計処理を使い分けることが必要となる。いずれかの結合当事企業において持分の継続が断たれていると判断されるならば対応する資産及び負債を（⑮）で引き継ぐ方法が、また、すべての結合当事企業において持分が継続していると判断されるならば対応する資産及び負債を（⑲）で引き継ぐ方法が、企業にとっての（⑳）すなわち（㉑）の観点から優れている。平成20年改正会計基準においては、（㉒）を採らないこととしたものの、このような考え方については踏襲している。

⑫
⑬
⑭
⑮
⑯
⑰
⑱
⑲
⑳
㉑
㉒

3　のれんの処理

(1)　のれんの処理

① 処理方法

⇒資産計上し、20年以内の効果の及ぶ期間で規則的に償却

② 規則的な償却を行う理由

⇒・収益と費用の対応が可能となる

・投資原価を超えて回収された超過額を利益とみる考え方とも首尾一貫している

・自己創設のれんの計上を防ぐことができる

・従来の連結調整勘定（のれん）の処理との整合性

(2)　負ののれんの処理

⇒一定の見直しを行い、なお負ののれんが生じる場合は、負ののれんが生じた事業年度の利益として処理

⑫投資　⑬現物で出資　⑭再投資額　⑮時価　⑯利益　⑰清算　⑱再投資　⑲帳簿価額　⑳投資原価の回収計算　㉑損益計算　㉒持分プーリング法

①
----
②
----
③
----
④
----
⑤
----
⑥
----
⑦
----
⑧
----
⑨
----
⑩
----
⑪
----
⑫
----
⑬
----
⑭
----
⑮
----
⑯
----
⑰
----
⑱

〈結論の背景〉

105. のれんの会計処理方法としては、その効果の及ぶ期間にわたり「規則的な償却を行う」方法と、「規則的な償却を行わず、のれんの価値が損なわれた時に減損処理を行う」方法が考えられる。「規則的な償却を行う」方法によれば、企業結合の成果たる（①）と、その対価の一部を構成する投資消去差額の償却という（②）の（③）が可能になる。また、のれんは（④）の一部であることに鑑みれば、のれんを規則的に償却する方法は、（④）を超えて回収された（⑤）を企業にとっての（⑥）とみる考え方とも首尾一貫している。さらに、企業結合により生じたのれんは（⑦）とともに（⑧）に入れ替わる可能性があるため、企業結合により計上したのれんの非償却による（⑧）の実質的な（⑨）を防ぐことができる。のれんの（⑩）及びその（⑪）のパターンは合理的に予測可能なものではないという点に関しては、価値が（⑪）した部分の金額を継続的に把握することは困難であり、かつ煩雑であると考えられるため、ある事業年度において（⑪）が全く認識されない可能性がある方法よりも、一定の期間にわたり規則的な償却を行う方が合理的であると考えられる。また、のれんのうち価値の（⑪）しない部分の存在も考えられるが、その部分だけを合理的に分離することは困難であり、分離不能な部分を含め「規則的な償却を行う」方法には一定の合理性があると考えられる。

106. 一方、「規則的な償却を行わず、のれんの価値が損なわれた時に減損処理を行う」方法は、のれんが（⑫）を表わすとみると、（⑬）によって通常はその価値が（⑪）するにもかかわらず、競争の進展に伴うのれんの価値の（⑪）の過程を無視することになる。また、（⑫）が維持されている場合においても、それは企業結合後の（⑭）や企業の（⑮）によって補完されているにもかかわらず、のれんを償却しないことは、上述のとおり（⑯）による（⑧）を計上することと実質的に等しくなるという問題点がある。実務的な問題としては、減損処理を実施するためには、のれんの価値の評価方法を確立する必要があるが、そのために対処すべき課題も多い。

107. 平成15年会計基準では、こうした議論を踏まえ「規則的な償却を行わず、のれんの価値が損なわれた時に減損処理を行う」方法に対し、「規則的な償却を行う」方法に一定の合理性があることや、子会社化して連結する場合と資産及び負債を直接受け入れ当該企業を消滅させた場合との経済的な（⑰）に着目し、正の値であるのれんと（⑱）

①収益　②費用　③対応　④投資原価　⑤超過額　⑥利益　⑦時間の経過　⑧自己創設のれん　⑨資産計上　⑩効果の及ぶ期間　⑪減価　⑫超過収益力　⑬競争の進展　⑭追加的な投資　⑮追加的努力　⑯追加投資　⑰同一性　⑱投資消去差額

の会計処理との整合性を図るなどの観点から、規則的な償却を採用した。また、その償却期間についても、平成9年連結原則の連結調整勘定の償却に係る考え方を踏襲し、（⑲）のその（⑳）にわたって償却することとした（第32項参照）。

110.　負ののれんの会計処理方法としては、想定される負ののれんの（㉑）を特定し、その（㉑）に対応した会計処理を行う方法や、正の値であるのれんの会計処理方法との（㉒）を重視し、（㉓）を行う方法が考えられる。

　　想定される（㉑）に対応した会計処理を行う方法には、企業結合によって受け入れた非流動資産に負ののれんを比例的に配分し、残額が生じれば繰延利益若しくは発生時の利益として計上する方法、又は、全額を（㉔）や（㉕）とみなし発生時の利益として計上する方法等が含まれる。

　　非流動資産に比例的に配分する方法の基となる考え方には、負ののれんの発生は、パーチェス法の適用時における識別可能資産の取得原価を決定する上での不備によるものとみなし、この過程で測定を誤る可能性の高い資産から比例的に控除することが妥当であるとみるものがある。一方、（㉖）に（㉗）する方法は、（㉘）の（㉙）の算定が適切に行われていることを前提にした上で、負ののれんの発生原因を（㉔）や（㉕）であると位置付け、現実には（㉚）かつ発生の可能性が（㉛）ことから、（㉜）としての処理が妥当であると考えるものである。また、異常利益として処理することを求める（経常的な利益とはならない）ことは、時価の算定を適切に行うインセンティブになるという効果もあるといわれている。

111.　平成15年会計基準では、想定された発生原因に合理性を見出すことは困難な場合が多いとして、取得後短期間で発生することが予想される費用又は損失について、その発生の可能性が取得の対価の算定に反映されている場合には、その発生原因が明らかなことから、取得原価の配分の過程で負債として認識されるものと考え、残額については、承継した資産の取得原価の総額を調整する要素とみて、正の値であるのれんと対称的に、規則的な償却を行うこととしていた。

　　一方、現行の国際的な会計基準では、負ののれんは発生原因が特定できないものを含む算定上の差額としてすべて一時に利益認識することとしている。これは、のれんは資産として計上されるべき要件を満たしているものの、負ののれんは負債として計上されるべき要件を満

㉝
㉞
㉟
㊱
㊲
㊳
㊴

たしていないことによる帰結と考えられる。

　平成20年改正会計基準では、平成20年までの短期コンバージェンス・プロジェクトとして国際的な会計基準の考え方を斟酌した結果、従来の取扱いを見直し、負ののれんが生じると見込まれる場合には、まず、取得企業は、すべての（㉝）（第30項の負債を含む。）が把握されているか、また、それらに対する（㉞）が適切に行われているかどうかを（㉟）こととした。次に、この（㊱）を行っても、なお取得原価が受け入れた資産及び引き受けた負債に配分された純額を（㊲）場合には、当該不足額を（㊳）した事業年度の（㊴）として処理することとした（第33項参照）。

㉝識別可能資産及び負債　㉞取得原価の配分　㉟見直す　㊱見直し　㊲下回る　㊳発生　㊴利益

事業分離等に関する会計基準

最終改正　平成25年9月13日（平成31年1月16日）

1 用語の定義・基本的考え方

(1) 事業分離
⇒ある企業を構成する事業を他の企業に移転すること

(2) 基本的考え方

① 分離元企業
⇒分離した事業に関する投資が継続しているとみるか清算されているとみるかによって、一般的な売却や交換に伴う損益認識と同様に、分離元企業において移転損益が認識されない場合と認識される場合がある

② 被結合企業の株主
⇒被結合企業に関する投資が継続しているとみるか清算されているとみるかによって、一般的な売却や交換に伴う損益認識と同様に、被結合企業の株主において交換損益が認識されない場合と認識される場合がある

〈会計基準〉

4.「事業分離」とは、ある（①）を構成する（②）を他の（①）（新設される企業を含む。）に（③）することをいう。なお、複数の取引が1つの事業分離を構成している場合には、それらを一体として取り扱う。

5.「分離元企業」とは、事業分離において、当該企業を構成する事業を（④）をいう。

6.「分離先企業」とは、事業分離において、分離元企業からその事業を（⑤）（新設される企業を含む。）をいう。

〈結論の背景〉

62. 事業分離は、（⑥）や（⑦）、（⑧）等の形式をとり、（⑨）が、その事業を（⑩）に移転し対価を受け取る。（⑨）から移転された事業と（⑩）（ただし、新設される企業を除く。）とが（⑪）に統合されることになる場合の事業分離は、（⑫）（企業結合会計基準第5項）でもある。この場合には、分離先企業は結合企業にあたり、（⑬）と（⑭）とは同じ日となる。

なお、複数の取引が1つの事業分離又は企業結合を構成している場合には、それらを一体として取り扱うことに留意する（この点については、第4項及び企業結合会計基準第5項を参照のこと）。通常、複

①
②
③
④
⑤
⑥
⑦
⑧
⑨
⑩
⑪
⑫
⑬

①企業　②事業　③移転　④移転する企業　⑤受け入れる企業　⑥会社分割　⑦事業譲渡　⑧現物出資　⑨分離元企業　⑩分離先企業　⑪1つの報告単位　⑫企業結合　⑬事業分離日　⑭企業結合日

⑭

⑮

⑯

⑰

⑱

⑲

⑳

㉑

㉒

㉓

㉔

㉕

㉖

㉗

㉘

㉙

数の取引が1事業年度内に完了する場合には、一体として取り扱うことが適当であると考えられるが、1つの事業分離又は企業結合を構成しているかどうかは状況によって異なるため、当初取引時における当事者間の意図や当該取引の目的等を勘案し、実態に応じて判断することとなる。

67. 一般的な会計処理においては、企業と外部者との間で財を受払いした場合、企業の支払対価が現金及び現金等価物のときには、（⑮）（（⑯））の会計処理が行われ、企業の受取対価が現金及び現金等価物のときには、（⑰）（（⑱））の会計処理が行われる。また、企業と外部者との間で現金及び現金等価物以外の財と財とが受払いされたときには、（⑲）の会計処理が行われる。

  しかしながら、企業結合においては、企業と外部者の間の取引ではなく、（⑳）が取引の対象となる場合があるため、必ずしも一般的な会計処理のように（①）の観点からは判断できず、この場合には、（㉑）にとっての投資が継続しているかどうかを判断せざるを得ない。このため、企業結合会計基準は、結合当事企業に対する（㉑）の観点から、持分の継続が断たれた側では、いったん投資を（㉒）し、改めて当該資産及び負債に対して（㉓）を行ったと考えられるものとし、持分が継続している側では、これまでの投資がそのまま（㉔）していると考えられるものとしている。

68. 企業結合会計基準では、（㉕）を廃止することとしたものの、持分の継続か非継続かという概念を用いて企業結合を整理している。すなわち、企業結合には、取得企業の持分は（㉔）しているが被取得企業の持分はその継続が断たれたとみなされる「（㉖）」と、すべての結合当事企業の持分が継続しているとみなされる「（㉗）」という異なる経済的実態を有するものが存在するとし、「取得」に対しては対応する資産及び負債を（㉘）で引き継ぐ方法により、「持分の結合」に対しては対応する資産及び負債を（㉙）で引き継ぐ方法により会計処理することが考えられる（企業結合会計基準第75項）。これらは、一般的な会計処理に照らせば、次のように考えられる（この点については、企業結合会計基準第74項を参照のこと）。

(1) 「取得」と判定された場合に用いられる方法は、（⑮）（（⑯））の会計処理に該当する。また、企業の損益計算の観点からいえば、企業結合時点での資産及び負債の（㉘）を新たな投資原価とし、そのような投資原価を超えて回収できれば、その超過額が企業にとって

---

⑮購入　⑯新規の投資　⑰売却　⑱投資の清算　⑲交換　⑳企業自体　㉑総体としての株主　㉒清算　㉓投資　㉔継続　㉕持分プーリング法　㉖取得　㉗持分の結合　㉘時価　㉙帳簿価額

の（㉚）となる。

⑵　「持分の結合」と判定された場合に用いられる方法は、ある種の（㉛）の会計処理に該当する。また、企業の損益計算の観点からいえば、（㉜）は行われていないのであるから、結合後企業にとっては企業結合直前の（㉝）がそのまま投資原価となり、この投資原価を超えて回収できれば、その超過額が企業にとっての（㉚）となる。

69.　企業結合会計基準において示されている「（㉞）」という考え方は、企業結合の会計処理に固有のものではなく、むしろ一般に事業の成果をとらえる際の（㉟）とも整合した概念であり、実現概念に通ずる考え方（第71項参照）である（企業結合会計基準第67項及び第68項）。すなわち、第67項で示されたように、企業結合には、（㊱）が取引の対象となる場合があり、（㊲）にとっての投資が継続しているかどうかを判断せざるを得ないときがあるため、その特徴を踏まえ、企業結合の会計処理を、結合当事企業にとって一般的な会計処理と整合することができるように考えられたのが「（㉞）」という概念である。このため、企業結合における結合企業の会計処理のみならず、分離元企業や結合当事企業の株主も合わせた組織再編の会計処理を、同じ考え方に沿って統一的に行うことが考えられる。

70.　「（㉞）」の基礎になっている考え方、すなわち、一般に事業の成果をとらえる際の（㉟）という概念によって整理すれば、（㊳）の会計処理及び（㊴）に係る会計処理は、次のように考えられる。

⑴　売却や異種資産の交換の会計処理に見られるように、いったん（㊵）したとみて（㊶）や（㊷）を認識するとともに、改めて時価にて投資を行ったとみる場合

　　この場合には、事業分離時点や交換時点での（㊸）が新たな投資原価となり、その後の損益計算の観点からは、そのような投資原価を超えて回収できれば、その超過額が企業にとっての（㉚）となる。

⑵　同種資産の交換の会計処理に見られるように、これまでの投資がそのまま（㊹）しているとみて、（㊶）や（㊷）を認識しない場合

　　この場合には、事業分離や株式の交換によっても（㉜）は行われていないとみるため、移転や交換直前の（㉝）がそのまま投資原価となり、その後の損益計算の観点からは、この投資原価を超えて回収できれば、その超過額が企業にとっての（㉚）となる。

71.　（㉟）という概念は、投資が実際に続いているのか終了したのかということではなく、会計上の利益計算において観念的に用いられてい

㉚	
㉛	
㉜	
㉝	
㉞	
㉟	
㊱	
㊲	
㊳	
㊴	
㊵	
㊶	
㊷	
㊸	
㊹	

㉚利益　㉛非貨幣財同士の交換　㉜投資の清算と再投資　㉝帳簿価額　㉞持分の継続・非継続　㉟投資の継続・清算　㊱企業自体　㊲総体としての株主　㊳分離元企業　㊴結合当事企業の株主　㊵投資を清算　㊶移転損益　㊷交換損益　㊸時価　㊹継続

㊺
㊻
㊼
㊽

る考え方であり、実現概念とも表裏の関係をなしている。実現概念の核心や本質をどこに見出すのかについては、これまでにもさまざまな議論が繰り返されてきたが、投資から得られる成果がその主要な（㊺）されたかどうかに着目する考え方は、比較的有力なものと思われる。

事業投資に係る利益の計算においては、当該事業投資の担い手たる企業の期待（投資額を上回る資金の獲得）がどれだけ（㊻）へと転化したのかに着目して成果をとらえることが適当である。ただし、（㊻）への転化は、必ずしも資金それ自体の流入を意味するわけではなく、将来の環境変化や経営者の努力に成果の大きさが左右されなくなった場合や、企業が従来負っていた成果の変動性（すなわち事業投資のリスク）を免れるようになった場合には、投資は（㊼）されたものとみなされ、事業投資の（㊽）は確定したものといい得る。

このため、損益計算の観点からは、分離元企業や結合当事企業の株主にとって、事業分離や企業結合により従来の事業投資の（㊽）が確定したものといえるのかどうかを考察することとなる。

2 分離元企業の会計処理

(1) 移転した事業に関する投資が清算されたとみる場合
⇒分離元企業は、事業分離日に、その事業を分離先企業に移転したことにより受け取った対価となる財の時価と、移転した事業に係る株主資本相当額との差額を移転損益として認識するとともに、改めて当該受取対価の時価にて投資を行ったものとする
(2) 移転した事業に関する投資がそのまま継続しているとみる場合
⇒分離元企業は、事業分離日に、移転損益を認識せず、その事業を分離先企業に移転したことにより受け取る資産の取得原価は、移転した事業に係る株主資本相当額に基づいて算定するものとする

〈会計基準〉

①
②
③
④

10. 分離元企業は、事業分離日に、次のように会計処理する。
(1) 移転した事業に関する投資が清算されたとみる場合には、その事業を分離先企業に移転したことにより（①）と、移転した事業に係る（②）（移転した事業に係る資産及び負債の移転直前の適正な帳簿価額による差額から、当該事業に係る評価・換算差額等及び新株予約権を控除した額をいう。以下同じ。）との差額を（③）として認識するとともに、改めて当該（④）にて投資を行ったものとする。

㊺リスクから解放 ㊻事実 ㊼清算 ㊽成果

①受け取った対価となる財の時価 ②株主資本相当額 ③移転損益 ④受取対価の時価

（⑤）など、移転した事業と（⑥）を対価として受け取る場合には、投資が（⑦）されたとみなされる（第14項から第16項及び第23項参照）。ただし、事業分離後においても、分離元企業の継続的関与（分離元企業が、移転した事業又は分離先企業に対して、事業分離後も引き続き関与すること）があり、それが重要であることによって、移転した事業に係る成果の変動性を従来と同様に負っている場合には、投資が清算されたとみなされず、移転損益は認識されない。

(2) 移転した事業に関する投資がそのまま継続しているとみる場合、（⑧）を認識せず、その事業を分離先企業に移転したことにより（⑨）は、移転した事業に係る（⑩）に基づいて算定するものとする。

（⑪）や（⑫）となる（⑬）のみを対価として受け取る場合には、当該株式を通じて、移転した事業に関する（⑭）を引き続き行っていると考えられることから、当該事業に関する投資が（⑮）しているとみなされる（第17項から第22項参照）。

いずれの場合においても、分離元企業において、事業分離により移転した事業に係る資産及び負債の帳簿価額は、事業分離日の前日において一般に公正妥当と認められる企業会計の基準に準拠した適正な帳簿価額のうち、移転する事業に係る金額を合理的に区分して算定する。

〈結論の背景〉

74. 本会計基準では、一般に事業の成果をとらえる際の（⑯）という概念に基づき、実現損益を認識するかどうかという観点から、分離元企業の会計処理を考えている。これは、企業結合の会計処理を一般的な会計処理と整合させるために考えられた「（⑰）」という概念の根底にある考え方である（第69項参照）。分離した事業に関する投資が継続しているとみるか清算されたとみるかによって、一般的な売却や交換に伴う損益認識と同様に、分離元企業において移転損益が認識されない場合と認識される場合がある（第10項参照）。

⑤
⑥
⑦
⑧
⑨
⑩
⑪
⑫
⑬
⑭
⑮
⑯
⑰

---

⑤現金　⑥明らかに異なる資産　⑦清算　⑧移転損益　⑨受け取る資産の取得原価　⑩株主資本相当額　⑪子会社株式　⑫関連会社株式　⑬分離先企業の株式　⑭事業投資　⑮継続　⑯投資の継続・清算　⑰持分の継続・非継続

3 被結合企業の株主の会計処理

(1) 被結合企業に関する投資が清算されたとみる場合
⇒被結合企業の株主は、企業結合日に、被結合企業の株式と引き換えに受け取った対価となる財の時価と、被結合企業の株式に係る適正な帳簿価額との差額を交換損益として認識するとともに、改めて当該受取対価の時価にて投資を行ったものとする

(2) 被結合企業に関する投資がそのまま継続しているとみる場合
⇒被結合企業の株主は、企業結合日に、交換損益を認識せず、被結合企業の株式と引き換えに受け取る資産の取得原価は、被結合企業の株式に係る適正な帳簿価額に基づいて算定するものとする

〈会計基準〉

32. 被結合企業の株主は、企業結合日に、次のように会計処理する。

(1) 被結合企業に関する投資が清算されたとみる場合には、被結合企業の株式と引き換えに（①）と、被結合企業の株式に係る企業結合直前の適正な（②）との差額を（③）として認識するとともに、改めて当該（④）にて投資を行ったものとする。

（⑤）など、被結合企業の株式と（⑥）を対価として受け取る場合には、投資が（⑦）されたとみなされる（第35項から第37項及び第41項参照）。ただし、企業結合後においても、被結合企業の株主の継続的関与（被結合企業の株主が、結合後企業に対して、企業結合後も引き続き関与すること）があり、それが重要であることによって、交換した株式に係る成果の変動性を従来と同様に負っている場合には、投資が清算されたとみなされず、交換損益は認識されない。

(2) 被結合企業に関する投資がそのまま継続しているとみる場合、（③）を認識せず、被結合企業の株式と引き換えに（⑧）は、被結合企業の株式に係る適正な（②）に基づいて算定するものとする。

被結合企業が（⑨）や（⑩）の場合において、当該被結合企業の株主が、（⑪）や（⑫）となる結合企業の株式のみを対価として受け取る場合には、当該引き換えられた結合企業の株式を通じて、被結合企業（子会社や関連会社）に関する（⑬）を引き続き行っていると考えられることから、当該被結合企業に関する投資が（⑭）しているとみなされる（第38項から第40項及び第42項から第44項参照）。

〈結論の背景〉

115. 本会計基準では、一般に事業の成果をとらえる際の（⑮）という

①受け取った対価となる財の時価 ②帳簿価額 ③交換損益 ④受取対価の時価 ⑤現金 ⑥明らかに異なる資産 ⑦清算 ⑧受け取る資産の取得原価 ⑨子会社 ⑩関連会社 ⑪子会社株式 ⑫関連会社株式 ⑬事業投資 ⑭継続 ⑮投資の継続・清算

概念に基づき、実現損益を認識するかどうかという観点から、分離元企業の会計処理（第74項参照）と同様に、被結合企業の株主に係る会計処理を考えている。したがって、企業結合により、保有していた被結合企業の株式が、結合企業の株式などの財と引き換えられた場合に、その投資が継続しているとみるか清算されたとみるかによって、被結合企業の株主に係る会計処理でも、一般的な売却や交換に伴う損益認識と同様に、交換損益が認識されない場合と認識される場合が考えられる（第32項参照）。

　なお、金融商品会計基準では、金融資産の交換について直接取り扱ってはいないが、金融資産の譲渡に係る消滅の認識は財務構成要素アプローチによること（金融商品会計基準第58項）とされている。株式は金融資産であることから、金融商品会計基準との関係も考慮する必要がある。

貸借対照表の純資産の部の表示に関する会計基準

最終改正　2021年1月28日（2022年10月28日）

1 純資産の部の表示

(1) 純資産
⇒資産と負債の差額

(2) 純資産の部の区分
⇒純資産の部は株主資本と株主資本以外の各項目に区分

(3) 株主資本
⇒純資産のうち報告主体の所有者である株主に帰属する部分

(4) 区分する理由
⇒財務報告における情報開示の中で投資の成果を表す当期純利益とこれを生み出す株主資本との関係を示すことが重要であるため

①
②
③
④
⑤
⑥
⑦
⑧
⑨
⑩

〈会計基準〉

4. 貸借対照表は、資産の部、負債の部及び（①）に区分し、（①）は、（②）と（③）（第7項参照）に区分する。

〈結論の背景〉

18. 平成17年会計基準の公表前まで、貸借対照表上で区分されてきた資産、負債及び資本の定義は必ずしも明示されてはいないが、そこでいう資本については、一般に、財務諸表を報告する主体の（④）（株式会社の場合には（⑤））に帰属するものと理解されており、また、連結貸借対照表における資本に関しては、連結財務諸表を親会社の財務諸表の延長線上に位置づけて、（⑥）に帰属するもののみを反映させることとされてきた。

19. また、資産は、一般に、過去の取引又は事象の結果として、財務諸表を報告する主体が（⑦）している（⑧）、負債は、一般に、過去の取引又は事象の結果として、報告主体の資産やサービス等の（⑧）を放棄したり引渡したりする（⑨）という特徴をそれぞれ有すると考えられている。このような理解を踏まえて、（⑩）のあるものは負債の部に記載するが、非支配株主持分や為替換算調整勘定のように（⑩）のないものは負債の部に記載しないこととする取扱いが、連結財務諸表を中心に行われてきた（第14項及び第15項参照）。

20. このように、資本は報告主体の（④）に帰属するもの、負債は（⑩）のあるものとそれぞれ明確にした上で貸借対照表の貸方項目を区分す

①純資産の部　②株主資本　③株主資本以外の各項目　④所有者　⑤株主　⑥親会社の株主　⑦支配　⑧経済的資源
⑨義務　⑩返済義務

る場合、資本や負債に該当しない項目が生ずることがある。この場合には、独立した中間的な区分を設けることが考えられるが、中間区分自体の性格や中間区分と（⑪）との関係などを巡る問題が指摘されている。また、国際的な会計基準においては、中間区分を解消する動きがみられる。

21. このような状況に鑑み、平成17年会計基準では、まず、貸借対照表上、（⑫）又は（⑬）をもつものを資産の部又は負債の部に記載することとし、それらに該当しないものは資産と負債との差額として「（⑭）」に記載することとした（第4項参照）。この結果、報告主体の（⑮）などの（⑯）をより適切に表示することが可能となるものと考えられる。

　　なお、「純資産の部」という表記に対しては、平成17年会計基準の公開草案に対するコメントにおいて、「株主持分の部」とすべきという意見があった。しかしながら、持分には、単なる差額概念以上の意味が含まれる可能性があり、資産と負債との差額を表すには、純資産と表記することが内容をより適切に示すものと考えられる。

　　また、平成17年会計基準の公開草案に対するコメントの中には、資本と純資産とが相違することに対する懸念も見られた。これに対しては、以前であれば、株主に帰属する資本が差額としての純資産となるように資産及び負債が取り扱われてきたが、その他有価証券評価差額金を資本の部に直接計上する考え方（第14項参照）が導入されて以降、株主に帰属する資本と、資産と負債との差額である純資産とは、既に異なっているという見方がある。平成17年会計基準では、資本と利益の連繋を重視し（第29項及び第30項参照）、資本については、株主に帰属するものであることを明確にすることとした。また、前項で示したように資産や負債を明確にすれば、これらの差額がそのまま資本となる保証はない。このため、貸借対照表の区分において、資本とは必ずしも同じとはならない資産と負債との単なる差額を適切に示すように、これまでの「資本の部」という表記を「（⑭）」に代えることとした。

22. 前項までの考え方に基づき、平成17年会計基準においては、新株予約権や非支配株主持分を（⑭）に区分して記載することとした。

（1）　新株予約権

　　　新株予約権は、将来、権利行使され（⑰）となる可能性がある一方、失効して（⑰）とはならない可能性もある。このように、発行者側の新株予約権は、権利行使の有無が確定するまでの間、その性

⑪
⑫
⑬
⑭
⑮
⑯
⑰

⑪損益計算　⑫資産性　⑬負債性　⑭純資産の部　⑮支払能力　⑯財政状態　⑰払込資本

⑱ ------------------------------

⑲ ------------------------------

⑳ ------------------------------

㉑ ------------------------------

㉒ ------------------------------

㉓ ------------------------------

㉔ ------------------------------

㉕ ------------------------------

㉖ ------------------------------

㉗ ------------------------------

㉘ ------------------------------

㉙ ------------------------------

㉚ ------------------------------

㉛ ------------------------------

㉜ ------------------------------

㉝ ------------------------------

㉞ ------------------------------

㉟ ------------------------------

格が確定しないことから、これまで、（⑱）として（⑲）に計上することとされていた。しかし、新株予約権は、（⑳）のある負債ではなく、（⑲）に表示することは適当ではないため、（⑭）に記載することとした。

(2) 非支配株主持分

非支配株主持分は、（㉑）のうち（㉒）に帰属していない部分であり、（⑳）のある負債でもなく、また、連結財務諸表における（㉓）に帰属するものでもないため、これまで、負債の部と資本の部の（㉔）に独立の項目として表示することとされていた。しかし、平成17年会計基準では、独立した中間区分を設けないこととし、（⑭）に記載することとした。

23. さらに、平成17年会計基準では、貸借対照表上、これまで（⑪）の観点から資産又は負債として繰り延べられてきた項目についても、（⑫）又は（⑬）を有しない項目については、（⑭）に記載することが適当と考えた。このような項目には、ヘッジ会計の原則的な処理方法における（㉕）（ヘッジ対象に係る損益が認識されるまで繰り延べられるヘッジ手段に係る損益又は時価評価差額）が該当する（第8項参照）。

29. 財務報告における情報開示の中で、特に重要なのは、（㉖）を表す（㉗）の情報であると考えられている。（㉘）に帰属する（㉗）は、基本的に（㉙）であるが、企業価値を評価する際の基礎となる（㉚）の予測やその改訂に広く用いられている。当該情報の主要な利用者であり受益者であるのは、報告主体の企業価値に関心を持つ当該報告主体の現在及び将来の（㉛）であると考えられるため、（㉜）とこれを生み出す（㉝）は重視されることとなる。

30. 平成17年会計基準では、貸借対照表上、これまでの資本の部を資産と負債との差額を示す（⑭）に代えたため、資産や負債に該当せず（㉝）にも該当しないものも（⑭）に記載されることとなった。ただし、前項で示したように、（㉝）を他の純資産に属する項目から区分することが適当であると考えられるため、純資産を（㉝）と（㉞）に区分することとした。この結果、損益計算書における（㉜）の額と貸借対照表における（㉝）の資本取引を除く（㉟）は一致することとなる。

⑱仮勘定　⑲負債の部　⑳返済義務　㉑子会社の資本　㉒親会社　㉓親会社株主　㉔中間　㉕繰延ヘッジ損益　㉖投資の成果　㉗利益　㉘報告主体の所有者　㉙過去の成果　㉚将来キャッシュ・フロー　㉛所有者（株主）　㉜当期純利益　㉝株主資本　㉞株主資本以外の各項目　㉟当期変動額

86

32. 平成17年会計基準では、新株予約権は、報告主体の所有者である（㊱）とは異なる（㊲）との直接的な取引によるものであり、また、非支配株主持分は、（㊳）のうち（㊴）に帰属していない部分であり、いずれも（㊵）に帰属するものではないため、株主資本とは区別することとした（第7項及び第22項参照）。

　　また、連結貸借対照表上、非支配株主持分には、平成17年会計基準公表前と同様に連結子会社における評価・換算差額等の非支配株主持分割合が含められる。さらに、非支配株主持分を純資産の部に記載することとしても、連結財務諸表の作成については、従来どおり、親会社の株主に帰属するもののみを連結貸借対照表における株主資本に反映させることとしている。

33. 平成17年会計基準では、評価・換算差額等は、（㊶）ではなく、かつ、未だ（㊷）に含められていないことから、（㊸）とは区別し、（㊹）とした（第7項及び第8項参照）。

　　平成17年会計基準の検討過程では、その他有価証券評価差額金や繰延ヘッジ損益、為替換算調整勘定などは、国際的な会計基準において、「その他包括利益累積額」として区分されているため、国際的な調和を図る観点などから、このような表記を用いてはどうかという考え方も示されたが、包括利益が開示されていない中で「その他包括利益累積額」という表記は適当ではないため、その主な内容を示すよう「評価・換算差額等」として表記することとした。なお、当委員会は平成22年6月に企業会計基準第25号「包括利益の表示に関する会計基準」（以下「企業会計基準第25号」という。）を公表し、平成24年改正の企業会計基準第25号により、当面の間、同会計基準を個別財務諸表には適用しないこととしたため、個別財務諸表上は引き続き「評価・換算差額等」として表記することとしている。

　　また、平成17年会計基準の公開草案に対するコメントの中には、評価・換算差額等の各項目は株主資本に含める方が妥当ではないかという意見があった。これは、その他有価証券評価差額金や為替換算調整勘定などが、資本の部に直接計上されていたことなどの理由によるものと考えられる。しかしながら、一般的に、資本取引を除く（㊺）と（㊻）が一致するという関係は、会計情報の（㊼）を高め、（㊽）に役立つものと考えられている。平成17年会計基準では、（㊷）が資本取引を除く（㊾）をもたらすという関係を重視し、評価・換算差額等を（㊸）とは区別することとした。

㊱
㊲
㊳
㊴
㊵
㊶
㊷
㊸
㊹
㊺
㊻
㊼
㊽
㊾

㊱株主　㊲新株予約権者　㊳子会社の資本　㊴親会社　㊵親会社株主　㊶払込資本　㊷当期純利益　㊸株主資本　㊹株主資本以外の項目　㊺資本の変動　㊻利益　㊼信頼性　㊽企業評価　㊾株主資本の変動

2 資本剰余金の区分

(1) 区分内容
⇒資本準備金とその他資本剰余金に区分

(2) 区分理由
⇒会社法を考慮し、分配可能額を構成するその他資本剰余金とそれ以外の資本準備金を区分

①
----
②
----
③
----
④

〈会計基準〉

6. (1) 資本剰余金は、(①) 及び資本準備金以外の資本剰余金(以下「(②)」という。)に区分する。

〈結論の背景〉

34. 株主資本は、平成17年会計基準公表前と同様に、資本金、資本剰余金及び利益剰余金に区分する。(③) の剰余金を計上する資本剰余金は、個別貸借対照表上はさらに、会社法で定める (①) とそれ以外の (②) に区分する。これまで、その他資本剰余金は、資本金及び資本準備金の取崩によって生ずる剰余金や自己株式の処分差益等がその内容を示す科目に区分して表示されていた。しかし、平成17年会計基準の適用時期と同時に導入される (④) があれば当期の変動状況は把握できることなどから、継続的にその他資本剰余金の残高を内容に応じて区別しておく必然性は乏しく、平成17年会計基準では、個別貸借対照表上においても、その他資本剰余金の内訳を示さないものとした(第6項(1)参照)。

①資本準備金　②その他資本剰余金　③資本性　④株主資本等変動計算書

3 利益剰余金の区分

(1) 区分内容
⇒利益準備金とその他利益資本剰余金に区分

(2) 区分理由
⇒会社法を考慮し、分配可能額を構成するその他利益剰余金とそれ以外の利益準備金を区分

〈会計基準〉

6.(2) 利益剰余金は、（①）及び利益準備金以外の利益剰余金（以下「（②）」という。）に区分し、その他利益剰余金のうち、任意積立金のように、株主総会又は取締役会の決議に基づき設定される項目については、その内容を示す科目をもって表示し、それ以外については（③）にて表示する。

〈結論の背景〉

35.（④）の剰余金を計上する利益剰余金は、個別貸借対照表上、利益準備金及びその他利益剰余金に区分する。これまで、利益剰余金は、利益準備金、任意積立金及び当期未処分利益（又は当期未処理損失）に区分されていた。これは、任意積立金と当期未処分利益を括るだけの区分を設ける実益に乏しいことなどの理由による。しかしながら、会計上は任意積立金の区分を設ける必然性はなく、また、会社法上も利益準備金、任意積立金及びその他の各項目が示されれば足りると解されることから、平成17年会計基準では、利益剰余金の区分を資本剰余金の区分と対称とすることとした。さらに、その他利益剰余金のうち、任意積立金のように、株主総会又は取締役会の決議に基づき設定される項目については、（⑤）をもって表示し、それ以外については「（③）」として表示するものとした。後者は、今後、決算日後の利益処分としてではなく剰余金の配当を行うことができるようになることなどから、これまで利益処分の前後で使い分けられてきた「当期未処分利益」と「繰越利益」に代え、「（③）」と称したものである（第6項(2)参照）。

なお、その他利益剰余金又は繰越利益剰余金の金額が負となる場合には、マイナス残高として表示することとなる。

①
②
③
④
⑤

①利益準備金　②その他利益剰余金　③繰越利益剰余金　④利益性　⑤その内容を示す科目

自己株式及び準備金の額の減少等に関する会計基準

最終改正　平成27年3月26日

1 資本剰余金の各項目の内容

(1) 自己株式処分差益をその他資本剰余金に計上する理由

⇒・自己株式の処分が新株発行と同様の経済的実態を有する点を考慮すると、処分差額も払込資本の性格を有する

・自己株式処分差益は、会社法において分配可能額を構成する

(2) 資本金及び資本準備金の額の減少によって生ずる剰余金をその他資本剰余金に計上する理由

⇒資本金及び資本準備金の額の減少によって生ずる剰余金は、資本性の剰余金の性格を有する

---

①
②
③
④
⑤
⑥
⑦
⑧
⑨
⑩
⑪

〈会計基準〉

9. 自己株式処分差益は、（①）に計上する。

10. 自己株式処分差損は、（①）から減額する。

〈結論の背景〉

36. 自己株式を募集株式の発行等の手続で処分する場合、自己株式の処分は株主との間の（②）と考えられ、自己株式の処分に伴う処分差額は（③）には計上せず、純資産の部の（④）の項目を直接増減することが適切であると考えた。また、自己株式の取得と処分については（⑤）とみて会計処理することが適切であると考えた。

37. まず、自己株式処分差益については、自己株式の処分が（⑥）と同様の経済的実態を有する点を考慮すると、その処分差額も株主からの（⑦）と同様の経済的実態を有すると考えられる。よって、それを（⑧）として会計処理することが適切であると考えた。

38. 自己株式処分差益については、資本剰余金の区分の内訳項目である資本準備金とその他資本剰余金に計上することが考えられる。会社法において、（⑨）は分配可能額からの控除項目とされているのに対し、自己株式処分差益については（①）と同様に控除項目とされていない（会社法第446条及び第461条第2項）ことから、自己株式処分差益は（①）に計上することが適切であると考えた。

39. 他方、自己株式処分差損については、自己株式の取得と処分を（⑤）とみた場合、純資産の部の（⑩）の性格を有すると考えられる。この分配については、（⑪）と同様の性格を持つものとして、（⑧）の額の

---

①その他資本剰余金　②資本取引　③損益計算書　④株主資本　⑤一連の取引　⑥新株の発行　⑦払込資本　⑧資本剰余金　⑨資本準備金　⑩株主資本からの分配　⑪払込資本の払戻し

減少と考えるべきとの意見がある。また、株主に対する会社財産の分
配という点で（⑫）と同様の性格であると考え、（⑬）の額の減少と
考えるべきとの意見もある。

⑫
----
⑬
----

40. 自己株式の処分が（⑭）と同様の経済的実態を有する点を考慮する
と、（⑬）の額を増減させるべきではなく、処分差益と同じく処分差
損についても、（⑮）の額の減少とすることが適切であると考えた。
資本剰余金の額を減少させる科目としては、（⑯）からの減額が会社
法上の制約を受けるため、（⑰）からの減額が適切である。

⑭
----
⑮
----
⑯
----
⑰
----
⑱

　なお、その他資本剰余金の残高を超えた自己株式処分差損が発生し
た場合は残高が負の値になるが、資本剰余金は株主からの払込資本の
うち資本金に含まれないものを表すため、本来負の残高の資本剰余金
という概念は想定されない。したがって、資本剰余金の残高が負の値
になる場合は、利益剰余金で補てんするほかないと考えられる。

59. 資本金及び資本準備金の額の減少によって生ずる剰余金は、いずれ
も減額前の資本金及び資本準備金の持っていた会計上の性格が変わる
わけではなく、（⑱）の剰余金の性格を有すると考えられる。よって、
それらは資本剰余金であることを明確にした科目に表示することが適
切と思われ、減少の法的効力が発生したときに、（⑰）に計上するこ
とが適切であると考えた。

2 利益剰余金の各項目の内容

利益準備金の額の減少によって生ずる剰余金をその他利益剰余金に計上する理由
⇒利益準備金は留保利益を原資とするものであり、利益性の剰余金の性格を有する

〈結論の背景〉

63. 会社法では、株主総会の決議及び債権者保護手続を経て、減少の効
力が生ずる日における準備金の額を上限とする準備金の額の減少が可
能となった（会社法第448条）。利益準備金はもともと（①）を原資と
するものであり、（②）の剰余金の性格を有するため、利益準備金の
額の減少によって生ずる剰余金は、（③）（（④））の増額項目とする
ことが適切であると考えた。

①
----
②
----
③
----
④

---

⑫利益配当　⑬利益剰余金　⑭新株の発行　⑮資本剰余金　⑯資本準備金　⑰その他資本剰余金　⑱資本性

①留保利益　②利益性　③その他利益剰余金　④繰越利益剰余金

3 自己株式

(1) 自己株式の本質観

① 資産説

⇒自己株式を取得したのみでは失効しておらず、他の有価証と同様、換金性のある会社財産である

② 資本控除説

⇒自己株式の取引は株主との資本取引であり、会社財産の払戻しの性格を有する

(2) 制度会計上の取扱い

⇒資本の控除と捉え、取得原価をもって株主資本から一括して控除

〈会計基準〉

7．取得した自己株式は、（①）をもって純資産の部の株主資本から控除する。

8．期末に保有する自己株式は、（②）の（③）に自己株式として（④）する形式で表示する。

〈結論の背景〉

30．自己株式については、かねてより資産として扱う考えと資本の控除として扱う考えがあった。資産として扱う考えは、自己株式を（⑤）したのみでは株式は（⑥）しておらず、他の有価証券と同様に（⑦）のある会社財産とみられることを主な論拠とする。また、資本の控除として扱う考えは、自己株式の取得は株主との間の（⑧）であり、会社所有者に対する会社財産の（⑨）の性格を有することを主な論拠とする。

①
②
③
④
⑤
⑥
⑦
⑧
⑨

①取得原価　②純資産の部　③株主資本の末尾　④一括して控除　⑤取得　⑥失効　⑦換金性　⑧資本取引　⑨払戻し

ストック・オプション等に関する会計基準

平成17年12月27日（2022年7月1日）

1 用語の定義

(1) 自社株式オプション
　⇒自社の株式を原資産とするコール・オプション（新株予約権はこれに該当）
(2) ストック・オプション
　⇒自社株式オプションのうち、企業が従業員等に報酬として付与するもの

〈会計基準〉

2．本会計基準における用語の定義は次のとおりとする。

(1)「自社株式オプション」とは、（①）（財務諸表を報告する企業の株式）を原資産とする（②）（一定の金額の支払により、（③）である自社の株式を（④））をいう。（⑤）はこれに該当する。

　なお、本会計基準においては、企業が、財貨又はサービスを取得する対価として自社株式オプションを取引の相手方に付与し、その結果、自社株式オプション保有者の権利行使に応じて自社の株式を交付する義務を負う場合を取り扱っている。

(2)「ストック・オプション」とは、（⑥）のうち、特に企業がその（⑦）（本項(3)）に、（⑧）（本項(4)）として付与するものをいう。ストック・オプションには、権利行使により対象となる株式を取得することができるというストック・オプション本来の権利を獲得すること（以下「権利の確定」という。）につき条件が付されているものが多い。当該権利の確定についての条件（以下「権利確定条件」という。）には、勤務条件（本項(10)）や業績条件（本項(11)）がある。

① _____
② _____
③ _____
④ _____
⑤ _____
⑥ _____
⑦ _____
⑧ _____

①自社の株式　②コール・オプション　③原資産　④取得する権利　⑤新株予約権　⑥自社株式オプション　⑦従業員等　⑧報酬

2 ストック・オプションに関する会計処理

(1) 権利確定日以前
① ストック・オプションの付与に伴い、企業が従業員から取得したサービスを費用計上
② 費用計上に対応する金額を新株予約権として計上

(2) 権利確定日後
① 新株を発行した場合は、新株予約権のうち権利行使と対応する部分を払込資本に振り替え
② 自己株式を処分した場合は、自己株式の取得原価と新株予約権のうち権利行使と対応する部分の差額を自己株式処分差額として処理
③ 権利不行使による失効分は利益として計上

①
②
③
④
⑤
⑥
⑦
⑧
⑨
⑩
⑪
⑫
⑬
⑭
⑮
⑯

〈会計基準〉

4. ストック・オプションを付与し、これに応じて企業が従業員等から取得するサービスは、その（①）に応じて（②）として計上し、対応する金額を、ストック・オプションの権利の行使又は失効が確定するまでの間、貸借対照表の（③）に（④）として計上する。

5. 各会計期間における費用計上額は、ストック・オプションの（⑤）のうち、（⑥）を基礎とする方法その他の合理的な方法に基づき（⑦）に発生したと認められる額である。ストック・オプションの（⑤）は、公正な評価単価に（⑧）を乗じて算定する。

8. ストック・オプションが権利行使され、これに対して新株を発行した場合には、（④）として計上した額（第4項）のうち、当該（⑨）に対応する部分を（⑩）に振り替える。

　なお、新株予約権の行使に伴い、当該企業が自己株式を処分した場合には、自己株式の（⑪）と、新株予約権の（⑫）及び権利行使に伴う（⑬）の合計額との差額は、（⑭）であり、企業会計基準第1号「自己株式及び準備金の額の減少等に関する会計基準」第9項、第10項及び第12項により会計処理を行う。

9. 権利不行使による失効が生じた場合には、（④）として計上した額（第4項）のうち、当該（⑮）に対応する部分を（⑯）として計上する。この会計処理は、当該（⑮）が確定した期に行う。

①取得　②費用　③純資産の部　④新株予約権　⑤公正な評価額　⑥対象勤務期間　⑦当期　⑧ストック・オプション数　⑨権利行使　⑩払込資本　⑪取得原価　⑫帳簿価額　⑬払込金額　⑭自己株式処分差額　⑮失効　⑯利益

3 取得したサービスの認識

(1) 費用認識される根拠

⇒ストック・オプションを対価として、従業員から追加的にサービスが提供され、企業がそれを消費したと考えられるため

(2) 従来、費用認識を行っていなかった根拠

⇒・ストック・オプションの付与によっても、新旧株主間での富の移転が生じるにすぎないため

・ストック・オプションを付与しても企業には会社財産の流出が生じないため

〈結論の背景〉

34. 費用認識の要否に関する論点整理に対しては多くのコメントや公述意見が寄せられたが、会計上の考え方に関する主な指摘事項は、次のように整理することができる。

(1) 費用認識に根拠があるとする指摘（第35項）

従業員等は、（①）を対価としてこれと引換えに企業に（②）し、企業はこれを（③）しているから、費用認識に根拠がある。

(2) 費用認識の前提条件に疑問があるとする指摘（第36項）

費用認識に根拠があるとする指摘の前提となっている、ストック・オプションがサービスに対する対価として付与されているという前提（対価性）に疑問がある。

(3) 費用認識に根拠がないとする指摘（第37項及び第38項）

ストック・オプションの付与によっても、新旧株主間で（④）が生じるに過ぎないから、現行の会計基準の枠組みの中では費用認識には根拠がない。また、ストック・オプションを付与しても、企業には現金その他の（⑤）が生じないため、費用認識に根拠がない。

(4) 見積りの信頼性の観点から、費用認識が困難又は不適当であるとする指摘（第40項）

ストック・オプションの公正な評価額の見積りに信頼性がない。

35. 費用認識に根拠があるとする指摘は、従業員等に付与された（①）を対価として、これと引換えに、企業に追加的に（⑥）され、企業に（⑦）することとなった（⑧）したことに費用認識の根拠があると考えるものである。

企業に帰属し、貸借対照表に計上されている（⑨）した場合に費用認識が必要である以上、企業に（⑦）している（⑧）した場合にも費用を認識するのが整合的である。企業に帰属したサービスを貸借対照

①
②
③
④
⑤
⑥
⑦
⑧
⑨

①ストック・オプション　②サービスを提供　③消費　④富の移転　⑤会社財産の流出　⑥サービスが提供　⑦帰属
⑧サービスを消費　⑨財貨を消費

⑩
----
⑪
----
⑫
----
⑬
----
⑭
----
⑮
----
⑯

表に計上しないのは、単にサービスの性質上、（⑩）がなく取得と同時に消費されてしまうからに過ぎず、その消費は（⑪）と本質的に何ら異なるところはないからである。

37. 費用認識に根拠がないとする指摘の背景として、現行の会計基準の枠組みにおいては、単に新旧株主間で（④）が生じるだけの取引では費用認識を行っていないことが挙げられる。例えば、新株が時価未満で発行された場合には、新株を引き受ける者が当該株式の時価と発行価格との差額分の（⑫）を享受する反面、既存株主にはこれに相当する（⑬）が生じ、新旧株主間で（④）が生じている。このような場合、現行の会計基準の枠組みの中では、企業の株主持分の内部で（④）が生じたに過ぎないと考え、時価と発行価額との差額については特に会計処理を行わない。もし、サービスの対価として従業員等にこれを付与する取引も会計上これと同様の取引であると評価することができれば、現行の会計基準の枠組みの中では（⑭）に根拠はないということになる。

確かにストック・オプションの付与も新旧株主間における富の移転を生じさせ得るものではあるが、新旧株主間において富の移転を生じさせたからといって、それだけで（⑭）が否定されるわけではない。例えば、ストック・オプションに代えて株式そのものを発行した場合でも新旧株主間における富の移転は生じ得るが、そのことをもって、資産の取得や費用の発生が認識されないということにはならない。ストック・オプションは、権利行使された場合に新株が時価未満で発行されることに伴ってオプションを付与された側に生ずる利益（付与時点では、その利益に対する期待価値）を、（⑮）として付与するものであり、この取引の結果、企業に帰属することとなった（⑯）を（③）することにより、費用を生じる取引としての性格を有していると考えられる。

このように、同じように新旧株主間の富の移転を生ずる取引であっても、従業員等に対してストック・オプションを付与する取引のように、対価として利用されている取引（対価関係にあるサービスの受領・消費を費用として認識する。）と、自社の株式の時価未満での発行のように、発行価額の払込み以外に、対価関係にある給付の受入れを伴わない取引とは異なる種類の取引であり、この2つを会計上同様の取引として評価する本項冒頭に掲げた指摘は必ずしも成り立たないと考えられる。

⑩貯蔵性　⑪財貨の消費　⑫利益　⑬持分の希薄化　⑭費用認識　⑮サービスの対価　⑯サービス

38. 費用認識に根拠がないとする指摘には、前項の指摘の他、費用として認識されているものは、いずれかの時点で現金その他の（⑰）に結び付くのが通常であるが、従業員等にサービス提供の対価としてストック・オプションを付与する取引においては、付与時点ではもちろん、サービスが提供され、それを消費した時点においても、（⑰）はないことを理由とするものがある。しかし、第35項で述べたように、提供されたサービスの消費も（⑱）と整合的に取り扱うべきであり、ストック・オプションによって取得された（⑲）であっても、（⑳）の事実に着目すれば、企業にとっての費用と考えられる。

　さらにこの指摘は、サービスの提供を受けることの対価として（⑰）を伴う給付がないことに着目したものとも考えられる。確かに、サービスの消費があっても対価の給付がない取引では、費用は認識されない（仮に認識するとしても、無償でサービスの提供を受けたことによる利益と相殺され、損益に対する影響はない。）。しかし、ストック・オプションを付与する取引では、株式を時価未満で購入する条件付きの権利を対価としてサービスの提供を受けるのであり、（㉑）でサービスの提供を受ける取引とは異なる。

　このように考えると、対価としての（⑰）は費用認識の必要条件ではなく、企業に現金その他の（⑰）がない場合には費用認識は生じないという主張は必ずしも正しくない。例えば、現行の会計基準の枠組みの中でも、償却資産の（㉒）を受けた場合や、償却資産の（㉓）を受けた場合には、対価としての（⑰）はないが、当該資産の（㉔）は認識されることになる。

39. 前項までの検討から、ストック・オプションに対価性が認められる限り、これに対応して取得した（⑲）を費用として認識することが適当であると考えられる。

⑰

⑱

⑲

⑳

㉑

㉒

㉓

㉔

4 権利失効部分を利益とする理由

利益計上する理由
⇒失効が確定した時点で考えると、会社は無償で提供されたサービスを消費したと考えることができる

①
②
③
④
⑤
⑥
⑦
⑧
⑨
⑩
⑪
⑫
⑬

〈結論の背景〉

46. 取引が完結し、付与されたストック・オプションの権利が確定した後に、株価の低迷等の事情により権利が行使されないままストック・オプションが失効した場合でも、これと引換えに提供されたサービスが既に消費されている以上、過去における費用の認識自体は否定されない。しかし、ストック・オプションは（①）をあらかじめ決められた価格で（②）であるにすぎないから、それが行使されないまま（③）すれば、結果として会社は株式を時価未満で（④）を免れることになる。結果が確定した時点で振り返れば、会社は（⑤）で提供された（⑥）したと考えることができる。このように、新株予約権が行使されずに消滅した結果、新株予約権を付与したことに伴う（⑦）が、（⑧）との（⑨）によらないこととなった場合には、それを（⑩）に計上した上で（⑪）に算入する（なお、非支配株主に帰属する部分は、非支配株主に帰属する当期純利益に計上することになる。）。

47. 前項における利益は、原則として（⑫）に計上し、「（⑬）」等の科目名称を用いることが適当と考えられる。

①自社の株式　②引き渡す可能性　③失効　④引き渡す義務　⑤無償　⑥サービスを消費　⑦純資産の増加　⑧株主
⑨直接的な取引　⑩利益　⑪株主資本　⑫特別利益　⑬新株予約権戻入益

連結財務諸表に関する会計基準

最終改正　平成25年9月13日（2020年3月31日）

1 用語の定義

(1) 親会社及び子会社

⇒親会社とは、他の企業の財務及び営業又は事業の方針を決定する機関（株主総会その他これに準ずる機関をいう。以下「意思決定機関」という。）を支配している企業をいい、子会社とは、当該他の企業をいう。

〈会計基準〉

6.「親会社」とは、他の企業の財務及び営業又は事業の方針を決定する機関（株主総会その他これに準ずる機関をいう。以下「（①）」という。）を（②）している企業をいい、「子会社」とは、当該（③）をいう。親会社及び子会社又は子会社が、他の企業の（①）を（②）している場合における当該他の企業も、その親会社の（④）とみなす。

7.「他の企業の意思決定機関を支配している企業」とは、次の企業をいう。ただし、財務上又は営業上若しくは事業上の関係からみて他の企業の意思決定機関を支配していないことが明らかであると認められる企業は、この限りでない。

(1) 他の企業（更生会社、破産会社その他これらに準ずる企業であって、かつ、有効な支配従属関係が存在しないと認められる企業を除く。下記(2)及び(3)においても同じ。）の議決権の（⑤）を自己の計算において所有している企業

(2) 他の企業の議決権の（⑥）以上、（⑦）以下を自己の計算において所有している企業であって、かつ、次のいずれかの要件に該当する企業

　① 自己の計算において所有している議決権と、自己と出資、人事、資金、技術、取引等において（⑧）な関係があることにより自己の意思と同一の内容の議決権を行使すると認められる者及び自己の意思と同一の内容の議決権を行使することに（⑨）している者が所有している議決権とを合わせて、他の企業の議決権の（⑤）を占めていること

　② 役員若しくは使用人である者、又はこれらであった者で自己が他の企業の財務及び営業又は事業の方針の決定に関して影響を与えることができる者が、当該他の企業の取締役会その他これに準

①	
②	
③	
④	
⑤	
⑥	
⑦	
⑧	
⑨	

①意思決定機関　②支配　③他の企業　④子会社　⑤過半数　⑥100分の40　⑦100分の50　⑧緊密　⑨同意

⑩
─────────
⑪
─────────
⑫
─────────
⑬
─────────
⑭
─────────
⑮
─────────
⑯
─────────

　　　　ずる機関の構成員の（⑤）を占めていること

　③　他の企業の重要な財務及び営業又は事業の方針の決定を（②）する契約等が存在すること

　④　他の企業の資金調達額（貸借対照表の負債の部に計上されているもの）の総額の（⑩）について融資（債務の保証及び担保の提供を含む。以下同じ。）を行っていること（自己と出資、人事、資金、技術、取引等において緊密な関係のある者が行う融資の額を合わせて資金調達額の総額の過半となる場合を含む。）

　⑤　その他他の企業の（①）を（②）していることが推測される事実が存在すること

(3)　自己の計算において所有している議決権（当該議決権を所有していない場合を含む。）と、自己と出資、人事、資金、技術、取引等において（⑧）な関係があることにより自己の意思と同一の内容の議決権を行使すると認められる者及び自己の意思と同一の内容の議決権を行使することに（⑨）している者が所有している議決権とを合わせて、他の企業の議決権の（⑤）を占めている企業であって、かつ、上記(2)の②から⑤までのいずれかの要件に該当する企業

〈結論の背景〉

連結の範囲

54.　平成9年連結原則以前の連結原則では、子会社の判定基準として、親会社が直接・間接に議決権の（⑤）を所有しているかどうかにより判定を行う（⑪）が採用されていたが、国際的には、実質的な（⑫）に基づいて子会社の判定を行う（⑬）が広く採用されていた。それまで我が国で採用されていた持株基準も支配力基準の1つと解されるが、議決権の所有割合が（⑦）以下であっても、その会社を（⑭）しているケースもあり、そのような（⑮）を連結の範囲に含まない連結財務諸表は、（⑯）としての有用性に欠けることになる。このような見地から、平成9年連結原則では、子会社の判定基準として、議決権の所有割合以外の要素を加味した（⑬）を導入し、他の会社（会社に準ずる事業体を含む。）の（①）を（②）しているかどうかという観点から、会計基準を設定した。本会計基準でも、このような従来の取扱いを踏襲した取扱いを定めている（第6項及び第7項参照）。

⑩過半　⑪持株基準　⑫支配関係の有無　⑬支配力基準　⑭事実上支配　⑮被支配会社　⑯企業集団に係る情報

2　本会計基準の考え方

(1)　親会社説
　　⇒連結財務諸表を親会社の財務諸表の延長線上に位置づけて、親会社の株主の持分のみを反映させる考え方
(2)　経済的単一体説
　　⇒連結財務諸表を親会社とは区別される企業集団全体の財務諸表と位置づけて、企業集団を構成するすべての連結会社の株主の持分を反映させる考え方
(3)　親会社説の採用理由
　　⇒連結財務諸表が提供する情報は主として親会社の投資者を対象とするものであると考えられるとともに、親会社説による処理方法が企業集団の経営を巡る現実感覚をより適切に反映すると考えられることによる

〈結論の背景〉

51.　連結財務諸表の作成については、（①）と（②）の2つの考え方がある。いずれの考え方においても、単一の指揮下にある企業集団全体の資産・負債と収益・費用を連結財務諸表に表示するという点では変わりはないが、資本に関しては、親会社説は、連結財務諸表を（③）の財務諸表の延長線上に位置づけて、（④）のみを反映させる考え方であるのに対して、経済的単一体説は、連結財務諸表を親会社とは区別される（⑤）の財務諸表と位置づけて、企業集団を構成する（⑥）を反映させる考え方であるという点で異なっている。

　　平成9年連結原則では、いずれの考え方によるべきかを検討した結果、従来どおり（①）の考え方によることとしていた。これは、連結財務諸表が提供する情報は主として（③）の投資者を対象とするものであると考えられるとともに、親会社説による処理方法が（⑦）の経営を巡る現実感覚をより適切に反映すると考えられることによる。

　　平成20年連結会計基準においては、親会社説による考え方と整合的な（⑧）を削除したものの、基本的には（①）による考え方を踏襲した取扱いを定めている。

51-3.　また、平成21年論点整理へのコメントや当委員会の審議において、国際的な会計基準と同様に連結財務諸表の表示を行うことにより（⑨）の向上を図るべきとの意見が多くみられたことを踏まえて検討を行った結果、平成25年改正会計基準では、当期純利益には（⑩）も含めることとした（第39項(3)②参照）。

　　ただし、前述の平成21年論点整理で述べられている理由により、

①
②
③
④
⑤
⑥
⑦
⑧
⑨
⑩

①親会社説　②経済的単一体説　③親会社　④親会社の株主の持分　⑤企業集団全体　⑥すべての連結会社の株主の持分　⑦企業集団　⑧部分時価評価法　⑨比較可能性　⑩非支配株主に帰属する部分

⑪

⑫

⑬

⑭

⑮

（⑪）に係る成果とそれを生み出す原資に関する情報は（⑫）に引き続き有用であると考えられることから、（⑬）を区分して内訳表示又は付記するとともに、従来と同様に（⑭）のみを株主資本として表示することとした。この取扱いは、（⑬）と（⑮）との連繋にも配慮したものである。また、親会社株主に係る成果に関する情報の有用性を勘案して、非支配株主との取引によって増加又は減少した資本剰余金の主な変動要因及び金額について注記を求めることとした（第55項及び第72項参照、企業結合会計基準第52項（④））。

なお、1株当たり当期純利益についても、従来と同様に、（⑬）を基礎として算定することとなる（企業会計基準第2号「1株当たり当期純利益に関する会計基準」第12項）。

3 連結財務諸表作成における一般原則

(1) 基準性の原則

⇒・連結財務諸表は、個別財務諸表を基礎として作成しなければならない。

・基礎となる個別財務諸表は、一般に公正妥当と認められる企業会計の基準に準拠して作成しなければならない。

①

②

③

④

⑤

⑥

〈会計基準〉

9. 連結財務諸表は、企業集団の財政状態、経営成績及びキャッシュ・フローの状況に関して（①）を提供するものでなければならない。

10. 連結財務諸表は、企業集団に属する親会社及び子会社が（②）に準拠して作成した（③）を基礎として作成しなければならない。

11. 連結財務諸表は、企業集団の状況に関する判断を誤らせないよう、利害関係者に対し必要な財務情報を（④）するものでなければならない。

12. 連結財務諸表作成のために採用した基準及び手続は、（⑤）し、（⑥）これを変更してはならない。

⑪親会社株主 ⑫投資家の意思決定 ⑬親会社株主に帰属する当期純利益 ⑭親会社株主に帰属する株主資本 ⑮株主資本
①真実な報告 ②一般に公正妥当と認められる企業会計の基準 ③個別財務諸表 ④明瞭に表示 ⑤毎期継続して適用 ⑥みだりに

4 連結財務諸表作成における一般基準

(1) 連結の範囲

⇒親会社は、原則としてすべての子会社を連結の範囲に含める。

〈会計基準〉

連結の範囲

13. 親会社は、原則として（①）を連結の範囲に含める。

14. 子会社のうち次に該当するものは、連結の範囲に含めない。

(1) 支配が（②）であると認められる企業

(2) (1)以外の企業であって、連結することにより利害関係者の判断を著しく誤らせるおそれのある企業

①

②

5 連結貸借対照表の作成基準

(1) 連結貸借対照表の基本原則

⇒連結貸借対照表は、親会社及び子会社の個別貸借対照表における資産、負債及び純資産の金額を基礎とし、子会社の資産及び負債の評価、連結会社相互間の投資と資本及び債権と債務の相殺消去等の処理を行って作成する

(2) 子会社の資産及び負債の評価

⇒連結貸借対照表の作成にあたっては、支配獲得日において、子会社の資産及び負債のすべてを支配獲得日の時価により評価する方法（全面時価評価法）により評価する

(3) 投資と資本の相殺消去

⇒・親会社の子会社に対する投資とこれに対応する子会社の資本は、相殺消去する。

・親会社の子会社に対する投資とこれに対応する子会社の資本との相殺消去にあたり、差額が生じる場合には、当該差額をのれん（又は負ののれん）とする。

・子会社の資本のうち親会社に帰属しない部分は、非支配株主持分とする。

〈会計基準〉

連結貸借対照表の基本原則

18. 連結貸借対照表は、親会社及び子会社の（①）における（②）、（③）及び（④）の金額を基礎とし、子会社の資産及び負債の評価、連結会社相互間の投資と資本及び債権と債務の相殺消去等の処理を行って作成する。

①

②

③

④

⑤

⑥

子会社の資産及び負債の評価

20. 連結貸借対照表の作成にあたっては、(⑤)において、子会社の (⑥)

①すべての子会社　②一時的

①個別貸借対照表　②資産　③負債　④純資産　⑤支配獲得日　⑥資産及び負債のすべて

⑦
----
⑧
----
⑨
----
⑩
----
⑪
----
⑫

を（⑦）により評価する方法（（⑧））により評価する。

21. 子会社の資産及び負債の時価による評価額と当該資産及び負債の個別貸借対照表上の金額との差額（以下「（⑨）」という。）は、子会社の（⑩）とする。

22. 評価差額に重要性が乏しい子会社の資産及び負債は、個別貸借対照表上の金額によることができる。

〈結論の背景〉

（子会社の資産及び負債の評価）

61. 時価により評価する子会社の資産及び負債の範囲については、（⑪）と（⑧）とが考えられる。前者は、親会社が投資を行った際の親会社の持分を重視する考え方であり、後者は、親会社が子会社を支配した結果、子会社が企業集団に含まれることになった事実を重視する考え方である。

　平成9年連結原則以前の連結原則の下では、投資消去差額の原因分析を通じて、結果的には（⑪）と同様の処理が行われてきたが、平成9年連結原則では国際的な動向をも考慮し、従来の（⑪）に加えて、（⑧）による処理も併せて認めることとした。

　平成9年連結原則後、（⑪）の採用はわずかであること、また、子会社株式を現金以外の対価（例えば、自社の株式）で取得する取引を対象としていた平成15年公表の「企業結合に係る会計基準」では（⑧）が前提とされたこととの整合性の観点から、本会計基準では、（⑧）のみとすることとしている（第20項参照）。なお、持分法を適用する関連会社の資産及び負債のうち投資会社の持分に相当する部分については、部分時価評価法により、これまでと同様に、原則として投資日ごとに当該日における時価によって評価する。

〈会計基準〉

投資と資本の相殺消去

23. 親会社の子会社に対する投資とこれに対応する子会社の資本は、（⑫）する。

　(1) 親会社の子会社に対する投資の金額は、支配獲得日の時価による。

　(2) 子会社の資本は、子会社の個別貸借対照表上の純資産の部における株主資本及び評価・換算差額等と評価差額からなる。

24. 親会社の子会社に対する投資とこれに対応する子会社の資本との相

⑦支配獲得日の時価　⑧全面時価評価法　⑨評価差額　⑩資本　⑪部分時価評価法　⑫相殺消去

殺消去にあたり、差額が生じる場合には、当該差額を（⑬）（又は（⑭））とする。なお、（⑬）（又は（⑭））は、企業結合会計基準第32項（又は第33項）に従って会計処理する。

〈結論の背景〉

（のれん又は負ののれんの計上）

64. 投資と資本の相殺消去により生じた消去差額は、（⑬）（又は（⑭））とされる。当該差額は、平成9年連結原則においては（⑮）とされていたが、企業結合会計基準に従い、当該差額に関する用語を（⑬）（又は（⑭））に改めた。また、のれん及び負ののれんに関する会計処理に関しては、企業結合会計基準第32項及び第33項の定めに従うこととした（第24項参照）。この結果、支配獲得時における投資と資本の相殺消去によって負ののれんが生じると見込まれる場合には、子会社の資産及び負債の把握並びにそれらに対する取得原価の配分が適切に行われているかどうかを（⑯）、見直しを行っても、なお生じた負ののれんは、当該負ののれんが生じた事業年度の（⑰）として処理することとなる。

なお、相殺消去の対象となる投資に持分法を適用していた場合には、持分法評価額に含まれていたのれんも含めて、のれん（又は負ののれん）が新たに計算されることとなる。

〈会計基準〉

非支配株主持分

26. 子会社の資本のうち親会社に帰属しない部分は、（⑱）とする。

〈結論の背景〉

（非支配株主持分の表示方法）

55. 平成9年連結原則以前の連結原則では、少数株主持分は（⑲）に表示することとされていたが、平成9年連結原則では、少数株主持分は、返済義務のある負債ではなく、連結固有の項目であることを考慮して、負債の部と資本の部の中間に（⑳）として表示することとされた。

その後平成17年に公表された純資産会計基準では、貸借対照表上、少数株主持分は、（㉑）に区分して記載することとされた。平成25年改正会計基準により、少数株主持分は（⑱）に変更された（第55－2項参照）ものの、（㉒）と（㉓）との連繋にも配慮し、純資産の部において、（㉓）とは区分して記載することとした（純資産会計基準第

⑬

⑭

⑮

⑯

⑰

⑱

⑲

⑳

㉑

㉒

㉓

---

⑬のれん　⑭負ののれん　⑮連結調整勘定　⑯見直し　⑰利益　⑱非支配株主持分　⑲負債の部　⑳独立の項目　㉑純資産の部　㉒親会社株主に帰属する当期純利益　㉓株主資本

⑳

⑤

㉖

㉗

7項)。

55-2．平成25年改正会計基準では、少数株主持分を（⑱）に変更することとした（第26項参照）。これは、他の企業の議決権の過半数を所有していない株主であっても他の会社を（㉔）し（㉕）となることがあり得るため、（㉖）とするためである。これに合わせて、少数株主損益を、（㉗）に変更することとした。

6 連結損益及び包括利益計算書又は連結損益計算書及び連結包括利益計算書の作成基準

(1) 連結損益及び包括利益計算書又は連結損益計算書及び連結包括利益計算書の基本原則
⇒連結損益及び包括利益計算書又は連結損益計算書及び連結包括利益計算書は、親会社及び子会社の個別損益計算書等における収益、費用等の金額を基礎とし、連結会社相互間の取引高の相殺消去及び未実現損益の消去等の処理を行って作成する
(2) 連結会社相互間の取引高の相殺消去
⇒連結会社相互間における商品の売買その他の取引に係る項目は、相殺消去する

〈会計基準〉

連結損益及び包括利益計算書又は連結損益計算書及び連結包括利益計算書の基本原則

①

②

③

④

⑤

⑥

⑦

⑧

⑨

⑩

⑪

⑫

34．連結損益及び包括利益計算書又は連結損益計算書及び連結包括利益計算書は、親会社及び子会社の（①）等における（②）、（③）等の金額を基礎とし、連結会社相互間の取引高の相殺消去及び未実現損益の消去等の処理を行って作成する。

連結会社相互間の取引高の相殺消去

35．連結会社相互間における商品の売買その他の取引に係る項目は、（④）する。

表示方法

39．連結損益及び包括利益計算書又は連結損益計算書における、営業損益計算、経常損益計算及び純損益計算の区分は、下記のとおり表示する。

(1) 営業損益計算の区分は、（⑤）及び（⑥）を記載して（⑦）を表示し、さらに（⑧）を記載して（⑨）を表示する。

(2) 経常損益計算の区分は、営業損益計算の結果を受け、（⑩）及び（⑪）を記載して（⑫）を表示する。

㉔支配　㉕親会社　㉖より正確な表現　㉗非支配株主に帰属する当期純利益
①個別損益計算書　②収益　③費用　④相殺消去　⑤売上高　⑥売上原価　⑦売上総利益　⑧販売費及び一般管理費
⑨営業利益　⑩営業外収益　⑪営業外費用　⑫経常利益

(3)　純損益計算の区分は、次のとおり表示する。

①　経常損益計算の結果を受け、（⑬）及び（⑭）を記載して（⑮）を表示する。

②　税金等調整前当期純利益に（⑯）（住民税額及び利益に関連する金額を課税標準とする事業税額を含む。）を加減して、（⑰）を表示する。

③　2計算書方式の場合は、当期純利益に（⑱）を加減して、親会社株主に帰属する当期純利益を表示する。1計算書方式の場合は、当期純利益の直後に（⑲）及び（⑱）を付記する。

⑬
⑭
⑮
⑯
⑰
⑱
⑲
⑳

〈結論の背景〉

連結損益及び包括利益計算書又は連結損益計算書の表示方法

72.　平成9年連結原則において連結損益計算書は、営業損益計算、経常損益計算及び純損益計算に区分しなければならないとされている。本会計基準においても、この損益計算の区分を踏襲している。

　平成20年連結会計基準では、国際的な会計基準に基づく連結損益計算書との比較を容易にするため、新たに（⑳）を表示することとしていた。この結果、売上高、営業損益又は経常損益等には少数株主持分相当額も含まれていることから、これらと整合するとともに、少数株主損益を調整する前後の税引後の利益の関係がより明らかになるものと考えられた。

　平成22年改正会計基準では、企業会計基準第25号において、1計算書方式の場合、連結損益計算書に替えて連結損益及び包括利益計算書を作成することと、2計算書方式の場合、連結損益計算書に加えて連結包括利益計算書を作成することが定められたことを踏まえて所要の改正を行った（第38-2項参照）。

　平成25年改正会計基準では、第51-3項に記載した理由により、平成20年改正連結基準で表示することとした少数株主損益調整前当期純利益を（⑰）に変更した（第39項(3)②参照）。これに伴い、連結損益及び包括利益計算書又は連結損益計算書の純損益計算の区分の表示方法についても変更を行った（第39項(3)③参照）。

⑬特別利益　⑭特別損失　⑮税金等調整前当期純利益　⑯法人税額等　⑰当期純利益　⑱非支配株主に帰属する当期純利益　⑲親会社株主に帰属する当期純利益　⑳少数株主損益調整前当期純利益

包括利益の表示に関する会計基準

最終改正　2022年10月28日

1 用語の定義

(1) 包括利益
⇒ある企業の特定期間の財務諸表において認識された純資産の変動額のうち、当該企業の純資産に対する持分所有者との直接的な取引によらない部分

(2) その他の包括利益
⇒包括利益のうち当期純利益に含まれない部分

①	
②	
③	
④	
⑤	
⑥	
⑦	
⑧	
⑨	
⑩	

〈会計基準〉

4．「包括利益」とは、ある企業の（①）の財務諸表において認識された（②）のうち、当該企業の（③）に対する（④）との直接的な取引によらない部分をいう。当該企業の純資産に対する（④）には、当該企業の（⑤）のほか当該企業の発行する（⑥）の所有者が含まれ、連結財務諸表においては、当該企業の子会社の（⑦）も含まれる。

5．「その他の包括利益」とは、包括利益のうち（⑧）に含まれない部分をいう。連結財務諸表におけるその他の包括利益には、（⑨）に係る部分と（⑦）に係る部分が含まれる。

〈結論の背景〉

24．本会計基準においては、包括利益を構成する純資産の変動額は、あくまで（⑩）において認識されたものに限られることを明確にするため、「特定期間の財務諸表において認識された純資産の変動額」としている。また、企業の純資産に対する持分所有者には、当該企業の株主、新株予約権の所有者、子会社の非支配株主を含むものとしている。

---

①特定期間　②純資産の変動額　③純資産　④持分所有者　⑤株主　⑥新株予約権　⑦非支配株主　⑧当期純利益　⑨親会社株主　⑩財務諸表

2 表示

(1) 2計算書方式

⇒当期純利益を表示する損益計算書と、第6項に従って包括利益を表示する包括利益計算書からなる形式

(2) 1計算書方式

⇒当期純利益の表示と第6項に従った包括利益の表示を1つの計算書（「損益及び包括利益計算書」）で行う形式

〈会計基準〉

6. （①）に（②）の内訳項目を加減して包括利益を表示する。

11. 包括利益を表示する計算書は、次のいずれかの形式による。連結財務諸表においては、包括利益のうち親会社株主に係る金額及び非支配株主に係る金額を付記する。

(1) 当期純利益を表示する（③）と、第6項に従って包括利益を表示する（④）からなる形式（（⑤））

(2) 当期純利益の表示と第6項に従った包括利益の表示を1つの計算書（「（⑥）」）で行う形式（（⑦））

〈結論の背景〉

27. 包括利益の計算は、当期純利益からの（⑧）の形で示すこととしている。定義に従った計算過程とは異なるが、このような計算の表示の方が有用と考えられ、国際的な会計基準においても同様の方式が採られている。

36. 論点整理及び平成22年会計基準の公開草案に対するコメントでは、（①）を重視する観点から、1計算書方式では（⑨）が強調されすぎる可能性がある等の理由で、（①）と（⑨）が明確に区分される2計算書方式を支持する意見が多く見られた。一方、当委員会での審議の中では、（⑩）、（⑪）、（⑫）等の点で利点があるとして1計算書方式を支持する意見も示された。

37. 検討の結果、本会計基準では、コメントの中で支持の多かった2計算書方式とともに、1計算書方式の選択も認めることとしている。これは、前述のような1計算書方式の利点に加え、以下の点を考慮したものである。

(1) 現行の国際的な会計基準では両方式とも認められていること

(2) 第35項に述べたIASBとFASBとの検討の方向性を踏まえると、短期的な対応としても1計算書方式を利用可能とすることがコンバ

①	
②	
③	
④	
⑤	
⑥	
⑦	
⑧	
⑨	
⑩	
⑪	
⑫	

①当期純利益　②その他の包括利益　③損益計算書　④包括利益計算書　⑤2計算書方式　⑥損益及び包括利益計算書　⑦1計算書方式　⑧調整計算　⑨包括利益　⑩一覧性　⑪明瞭性　⑫理解可能性

⑬

------

(3)　1計算書方式でも2計算書方式でも、包括利益の内訳として表示される内容は同様であるため、選択制にしても（⑬）を著しく損なうものではないと考えられること

3　包括利益を表示する目的

(1)　包括利益の表示によって提供される情報は、投資家等の財務諸表利用者が企業全体の事業活動について検討するのに役立つことが期待される

(2)　貸借対照表との連携（純資産と包括利益とのクリーン・サープラス関係）を明示することを通じて、財務諸表の理解可能性と比較可能性を高めるものと考えられる

(3)　当期純利益に関する情報と併せて利用することにより、企業活動の成果についての情報の全体的な有用性を高めるものと考えられる

①

②

③

④

⑤

⑥

⑦

⑧

⑨

⑩

⑪

⑫

⑬

⑭

⑮

〈結論の背景〉

21.　包括利益及びその他の包括利益の内訳を表示する目的は、期中に認識された（①）及び（②）（（③）を除く。）により生じた（④）を報告するとともに、その他の包括利益の内訳項目をより明瞭に開示することである。包括利益の表示によって提供される情報は、投資家等の（⑤）が（⑥）について検討するのに役立つことが期待されるとともに、（⑦）（純資産と（⑧）との（⑨））を明示することを通じて、財務諸表の（⑩）と（⑪）を高め、また、国際的な会計基準とのコンバージェンスにも資するものと考えられる。

22.　包括利益の表示の導入は、包括利益を企業活動に関する最も重要な指標として位置づけることを意味するものではなく、（⑫）に関する情報と併せて利用することにより、企業活動の（⑬）についての情報の（⑭）を高めることを目的とするものである。本会計基準は、市場関係者から広く認められている（⑫）に関する（⑮）を前提としており、包括利益の表示によってその重要性を低めることを意図するものではない。また、本会計基準は、当期純利益の計算方法を変更するものではなく、当期純利益の計算は、従来のとおり他の会計基準の定めに従うこととなる。

⑬比較可能性　　　　　　　　　　　　　　　　　　　①取引　②経済的事象
③資本取引　④純資産の変動　⑤財務諸表利用者　⑥企業全体の事業活動　⑦貸借対照表との連携　⑧包括利益　⑨クリーン・サープラス関係　⑩理解可能性　⑪比較可能性　⑫当期純利益　⑬成果　⑭全体的な有用性　⑮情報の有用性

会計上の変更及び誤謬の訂正に関する会計基準

改正　2020年3月31日

1 用語の定義等

会計上の変更	会計方針の変更	遡及適用（遡及処理）
	表示方法の変更	財務諸表の組替え（遡及処理）
	会計上の見積りの変更	遡及処理なし
過去の誤謬		修正再表示（遡及処理）

〈会計基準〉

4．本会計基準における用語の定義は次のとおりとする。

(1)「会計方針」とは、財務諸表の作成にあたって採用した（①）をいう。

(2)「表示方法」とは、財務諸表の作成にあたって採用した（②）（注記による開示も含む。）をいい、財務諸表の（③）、（④）及び（⑤）が含まれる。

(3)「会計上の見積り」とは、資産及び負債や収益及び費用等の額に（⑥）がある場合において、（⑦）に（⑧）に基づいて、その（⑨）を算出することをいう。

(4)「会計上の変更」とは、（⑩）、（⑪）及び（⑫）をいう。過去の財務諸表における（⑬）は、会計上の変更には該当しない。

(5)「会計方針の変更」とは、（⑭）から（⑮）に変更することをいう。

(6)「表示方法の変更」とは、（⑯）から（⑰）に変更することをいう。

(7)「会計上の見積りの変更」とは、（⑱）に基づいて、過去に財務諸表を作成する際に行った会計上の見積りを変更することをいう。

(8)「誤謬」とは、原因となる行為が意図的であるか否かにかかわらず、財務諸表作成時に入手可能な情報を（⑲）による、又はこれを（⑳）したことによる、次のような誤りをいう。

　①　財務諸表の基礎となるデータの収集又は処理上の誤り

　②　事実の見落としや誤解から生じる会計上の見積りの誤り

　③　会計方針の適用の誤り又は表示方法の誤り

(9)「遡及適用」とは、新たな会計方針を過去の財務諸表に遡って適用していたかのように会計処理することをいう。

(10)「財務諸表の組替え」とは、新たな表示方法を過去の財務諸表に遡って適用していたかのように表示を変更することをいう。

①
②
③
④
⑤
⑥
⑦
⑧
⑨
⑩
⑪
⑫
⑬
⑭
⑮
⑯
⑰
⑱

①会計処理の原則及び手続　②表示の方法　③科目分類　④科目配列　⑤報告様式　⑥不確実性　⑦財務諸表作成時　⑧入手可能な情報　⑨合理的な金額　⑩会計方針の変更　⑪表示方法の変更　⑫会計上の見積りの変更　⑬誤謬の訂正　⑭従来採用していた一般に公正妥当と認められた会計方針　⑮他の一般に公正妥当と認められた会計方針

⑲
⑳
㉑
㉒
㉓
㉔
㉕

⑾ 「修正再表示」とは、過去の財務諸表における誤謬の訂正を財務諸表に反映することをいう。

〈結論の背景〉

36. 我が国において会計方針とは、これまで一般に、財務諸表作成にあたって採用している（㉑）その他財務諸表作成のための基本となる事項を指すとされていた（企業会計原則注解（注1-2））。すなわち、（①）のみならず、（㉒）を包括する概念であるとされていた。

　一方、国際財務報告基準では、IAS第8号において、会計方針とは、企業が財務諸表を作成及び表示するにあたって適用する特定の原則、基礎、慣行、規則及び実務をいうとされており、財務諸表の表示の全般的な定め（表示の継続性に関する定めを含む。）については、別途IAS第1号で扱われている。このため、国際財務報告基準では、会計方針には表示方法のすべてが含まれているわけではないと考えられる。（後略）

37. 当委員会は、国際的な会計基準とのコンバージェンスを踏まえた遡及処理の考え方を導入するにあたり、会計方針の定義について、国際的な会計基準を参考に、(㉒)を切り離して定義するか否かを検討した。

　これについては、我が国の従来の会計方針の定義を変更しなくても、その中で会計処理の原則及び手続と表示方法とに分け、それぞれに取扱いを定めることで対応すれば足りるのではないかという意見がある。一方、国際的な会計基準も参考に、会計方針と表示方法の定義を見直すべきであるとの意見がある。

　検討の結果、(㉓)が異なるものは、(㉔)することが適当であると考えられることから、国際的な会計基準との(㉕)の観点も踏まえ、本会計基準においては会計方針と表示方法とを(㉔)（第4項(1)及び(2)参照）した上で、それぞれについての取扱いを定めることとした。

---

⑯従来採用していた一般に公正妥当と認められた表示方法　⑰他の一般に公正妥当と認められた表示方法　⑱新たに入手可能となった情報　⑲使用しなかったこと　⑳誤用　㉑会計処理の原則及び手続並びに表示方法　㉒表示方法　㉓会計上の取扱い　㉔別々に定義　㉕コンバージェンス

2 会計方針の変更

(1) 会計方針の変更の取扱い

⇒原則として新たな会計方針を過去の期間のすべてに遡及適用する

(2) 根拠

⇒会計方針の変更を行った場合に過去の財務諸表に対して新しい会計方針を遡及適用することにより、財務諸表全般についての比較可能性が高まるものと考えられ、また、情報の有用性が高まることが期待されるためである

〈会計基準〉

5．会計方針は、（①）により変更を行う場合を除き、（②）して適用する。（①）により変更を行う場合は、次のいずれかに分類される。

(1) （③）に伴う会計方針の変更

（③）によって特定の会計処理の原則及び手続が強制される場合や、従来認められていた会計処理の原則及び手続を任意に選択する余地がなくなる場合など、会計基準等の改正に伴って会計方針の変更を行うことをいう。会計基準等の改正には、既存の会計基準等の改正又は廃止のほか、新たな会計基準等の設定が含まれる。

なお、会計基準等に早期適用の取扱いが定められており、これを適用する場合も、会計基準等の改正に伴う会計方針の変更として取り扱う。

(2) (1)以外の（①）による会計方針の変更

（①）に基づき自発的に会計方針の変更を行うことをいう。

6．会計方針の変更に関する原則的な取扱いは、次のとおりとする。

(1) （③）に伴う会計方針の変更の場合

会計基準等に特定の経過的な取扱い（適用開始時に遡及適用を行わないことを定めた取扱いなどをいう。以下同じ。）が定められていない場合には、新たな会計方針を過去の期間のすべてに（④）する。会計基準等に特定の経過的な取扱いが定められている場合には、その経過的な取扱いに従う。

(2) (1)以外の（①）による会計方針の変更の場合

新たな会計方針を過去の期間のすべてに（④）する。

7．前項に従って新たな会計方針を（④）する場合には、次の処理を行う。

(1) 表示期間（当期の財務諸表及びこれに併せて過去の財務諸表が表示されている場合の、その表示期間をいう。以下同じ。）より前の

①

②

③

④

---

①正当な理由　②毎期継続　③会計基準等の改正　④遡及適用

⑤
⑥
⑦
⑧
⑨
⑩
⑪
⑫
⑬

期間に関する遡及適用による（⑤）は、表示する財務諸表のうち、最も古い期間の期首の（⑥）、（⑦）及び（⑧）の額に反映する。

(2) 表示する過去の各期間の財務諸表には、当該各期間の（⑨）を反映する。

〈結論の背景〉

46. 我が国の従来の取扱いでは、財務諸表等規則等において、会計方針の変更を行った場合、会計方針の変更が当該変更期間の財務諸表に与えた影響に関する（⑩）を求める定めはあるものの、過去の財務諸表に新しい会計方針を（④）することを求める定めはない。

　一方、国際財務報告基準ではIAS第8号において、また米国会計基準ではFASB-ASCTopic250において、会計方針の変更に関し、新たに適用された会計基準等に経過的な取扱いが定められていない場合や自発的に会計方針を変更した場合には、原則として新たな会計方針の遡及適用を求めている。会計方針の変更を行った場合に過去の財務諸表に対して新しい会計方針を遡及適用すれば、原則として財務諸表本体のすべての項目（会計処理の変更に伴う注記の変更も含む。）に関する情報が比較情報として提供されることにより、特定の項目だけではなく、（⑪）についての（⑫）が高まるものと考えられる。また、当期の財務諸表との比較可能性を確保するために、過去の財務諸表を変更後の会計方針に基づき比較情報として提供することにより、（⑬）が高まることが期待される。

　検討の結果、本会計基準においても、会計方針の変更に関しては、遡及適用を行わず注記のみによる対応から、国際的な会計基準と同様に、過去の財務諸表への（④）による対応に転換することとした（第6項参照）。

　なお、会計方針の変更が製造原価等に影響を与える場合は、棚卸資産及び売上原価等の金額の計算において新たな会計方針により算定することが原則であるが、簡便的に、まず製造原価における会計方針の変更前と変更後の差額を算出した上で、これを合理的な方法で棚卸資産及び売上原価等に配賦し、変更前の会計方針による金額に加算して算定する方法なども考えられる。また、当該差額に重要性が乏しいと考えられる場合には、これをすべて、売上原価に含めて処理する方法も認められるものと考えられる。

---

⑤累積的影響額　⑥資産　⑦負債　⑧純資産　⑨影響額　⑩注記　⑪財務諸表全般　⑫比較可能性　⑬情報の有用性

3　表示方法の変更

(1)　表示方法の変更の取扱い

⇒原則として表示する過去の財務諸表について、新たな表示方法に従い財務諸表の組替えを行う

(2)　根拠

⇒表示方法の変更を行った場合に過去の財務諸表の組替えを行うことにより、財務諸表全般についての比較可能性が高まるものと考えられ、また、情報の有用性が高まることが期待されるためである

〈会計基準〉

13.　表示方法は、次のいずれかの場合を除き、毎期継続して適用する。

(1)　表示方法を定めた会計基準又は法令等の改正により表示方法の変更を行う場合

(2)　会計事象等を財務諸表により適切に反映するために表示方法の変更を行う場合

14.　財務諸表の表示方法を変更した場合には、原則として表示する過去の財務諸表について、新たな表示方法に従い（①）を行う。

〈結論の背景〉

52.　我が国の従来の取扱いでは、財務諸表等規則等において、原則として、財務諸表を作成する各時期を通じて、同一の表示方法を採用し、表示方法の変更を行った場合には、過去の財務諸表との比較を行うために必要な（②）を行うこととされているが、比較情報として表示される過去の（①）は求められていない。一方、国際財務報告基準では、IAS第1号において、財務諸表上の項目の表示及び分類は、原則として継続しなければならないとした上で、表示又は分類を変更した場合には、原則として比較情報を組み替えるものとし、当該組替えの内容や理由などの一定の注記を求めている。また、米国会計基準でもFASB－ASCTopic205において、過去の財務諸表についても当期と同様に表示されること、つまり組替えが望ましいとされ、組替えやその他の理由によって表示方法が変更された場合には、当該変更に関する注記を行う必要があるとされている。

　　表示方法の変更を行った場合に過去の（①）を求めることは、会計方針の変更について原則として遡及適用を求めることと同様に、財務諸表全般についての（③）が高まり、（④）がより高まるなどの効果が期待できる。

①

②

③

④

---

①財務諸表の組替え　②注記　③比較可能性　④情報の有用性

検討の結果、本会計基準では、表示方法は(1)表示方法を定めた会計基準又は法令等の改正により表示方法の変更を行う場合、又は(2)会計事象等を財務諸表により適切に反映するために表示方法の変更を行う場合を除き、毎期継続して適用し（第13項参照）、表示方法の変更を行った場合には、原則として、比較情報として表示される過去の財務諸表を、新たに採用した表示方法により遡及的に組み替えることとした（第14項参照）。このうち、(2)は、企業の事業内容又は企業内外の経営環境の変化などにより、会計事象等を財務諸表により適切に反映するために表示方法の変更を行う場合が該当すると考えられる。(後略)

4 会計上の見積りの変更

(1) 会計上の見積りの変更の取扱い

　⇒当該変更が変更期間のみに影響する場合には、当該変更期間に会計処理を行い、当該変更が将来の期間に影響する場合には、将来にわたり会計処理を行う

(2) 根拠

　⇒会計上の見積りの変更は、新しい情報によりもたらされるものであるとの認識から、過去に遡って処理せず、その影響は将来に向けて認識するという考え方がとられているためである

〈会計基準〉

17. 会計上の見積りの変更は、当該変更が（①）のみに影響する場合には、当該（①）に会計処理を行い、当該変更が（②）にも影響する場合には、（③）にわたり会計処理を行う。

19. 会計方針の変更を会計上の見積りの変更と区別することが困難な場合については、（④）と同様に取り扱い、（⑤）は行わない。ただし、注記については、第11項(1)、(2)及び前項(2)に関する記載を行う。

20. （⑥）及び（⑦）は、会計方針に該当するが、その変更については前項により取り扱う。

〈結論の背景〉

55. 我が国の従来の取扱いにおいては、会計上の見積りの変更をした場合、過去の財務諸表に遡って処理することは求められていない。また、国際的な会計基準においても、会計上の見積りの変更は、（⑧）によってもたらされるものであるとの認識から、過去に遡って処理せず、その影響は将来に向けて認識するという考え方がとられている。

①
②
③
④
⑤
⑥
⑦
⑧

①変更期間　②将来の期間　③将来　④会計上の見積りの変更　⑤遡及適用　⑥有形固定資産等の減価償却方法　⑦無形固定資産の償却方法　⑧新しい情報

検討の結果、本会計基準では、会計上の見積りの変更に関しては従来の取扱いを踏襲し、過去に遡って処理せず、その影響を（⑨）の財務諸表において認識することとした（第17項参照）。

なお、我が国の従来の取扱いでは、企業会計原則注解（注12）において、過年度における引当金過不足修正額などを前期損益修正として（⑩）に表示することとされている。本会計基準においては、引当額の過不足が計上時の（⑪）に起因する場合には、過去の（⑫）に該当するため、（⑬）を行うこととなる。一方、過去の（⑭）において（⑮）に基づき最善の見積りを行った場合には、（⑯）により（⑰）を行ったときの差額、又は実績が確定したときの見積金額との差額は、その変更のあった期、又は実績が確定した期に、その性質により、（⑱）又は（⑲）として認識することとなる。

56．会計上の見積りの変更のうち当期に影響を与えるものには、（⑳）だけに影響を与えるものもあれば、（⑳）と（㉑）の期間の両方に影響を与えるものもある。例えば、回収不能債権に対する貸倒見積額の見積りの変更は当期の損益や資産の額に影響を与え、当該影響は当期においてのみ認識される。一方、有形固定資産の耐用年数の見積りの変更は、当期及びその資産の残存耐用年数にわたる将来の各期間の減価償却費に影響を与える。このように、当期に対する変更の影響は当期の損益で認識し、将来に対する影響があれば、その影響は将来の期間の損益で認識することとなる。

59．国際的な会計基準においては、減価償却方法の変更は、会計上の見積りの変更と同様に取り扱うこととされているため、遡及適用の対象とはされていない。一方、我が国においては、これまで、企業会計原則注解（注1-2）にあるように、減価償却方法は会計方針の1つとされており、また、その変更は会計方針の変更として取り扱われている。従来の取扱いでは、固定資産の取得原価を各期に配分する方法として、定率法や定額法などの一定の計画的・規則的な配分方法があることを所与とし、そのような複数の会計処理の中での選択の問題として捉えているものと考えられる。当委員会では、我が国において会計方針の変更に遡及適用の考え方を導入するにあたり、減価償却方法の変更についてどのように考えるべきであるかを検討した。

60．この点について国際財務報告基準では、まず減価償却方法自体は、資産に具現化された将来の経済的便益が消費されるにつれて減価償却を行うという会計方針を適用する際に使用する手法と位置付けた上

⑨　⑩　⑪　⑫　⑬　⑭　⑮　⑯　⑰　⑱　⑲　⑳　㉑

⑨当期以降　⑩特別損益　⑪見積り誤り　⑫誤謬　⑬修正再表示　⑭財務諸表作成時　⑮入手可能な情報　⑯当期中における状況の変化　⑰会計上の見積りの変更　⑱営業損益　⑲営業外損益　⑳当期　㉑将来

で、使用される減価償却方法は、資産の将来の経済的便益が企業によって消費されると予測されるパターンを反映することとしている。さらに、適用される減価償却方法は毎期見直し、もし、予測された消費パターンに大きな変更があった場合は、当該パターンを反映するようにこれを変更し、会計上の見積りの変更として会計処理しなければならないとしている。すなわち、減価償却方法は、減価償却を認識するという会計方針を適用する際に使用する手法であるため、その手法の変更は会計方針の変更ではなく、資産に具現化された将来の経済的便益の予測消費パターンの変更を意味するものであることから、当該減価償却方法の変更は会計上の見積りの変更に該当するという考え方をとっているものと思われる。

他方、減価償却方法については、そもそも固定資産の経済的便益の消費パターンの見積りが固定資産の取得時点では難しいからこそ、計画的・規則的な償却を行っているのが歴史的な経緯であるという考え方がある。この考え方に基づけば、減価償却方法の変更は、見積りの要素とは直接的な関係を持たないため、何らかの理由で変更する場合には、会計方針の変更に関する原則的な取扱いに従い、遡及適用を求めるということが考えられる。

また、上記とは別に、減価償却方法自体は会計方針を構成するが、減価償却方法の変更は、会計上の見積りの変更と同様に取り扱うとする考え方もある。米国会計基準では、会計方針の変更と会計上の見積りの変更とを区分することは、時として困難であるとし、その一例として減価償却方法の変更を挙げている。さらに、将来の経済的便益の予測消費パターンが変化したものと判断した上で、新しい減価償却方法が当該パターンをよりよく反映すると考えられる場合には、会計方針の変更によりもたらされる会計上の見積りの変更を行う正当性を示し得るとの考え方が示されている。

61. 我が国に限らず、国際的にも、減価償却方法として実際に用いられている方法は、定率法、定額法、生産高比例法などの計画的・規則的な償却方法に限られている。減価償却方法の変更を会計上の見積りの変更の1つとして捉える場合には、経済的便益に関する消費のパターンに合致した減価償却方法が認められることが必要となるが、このような考え方は、現実に用いられている減価償却方法がいくつかの方法に限られている実態と整合していないのではないかという指摘がある。

　また、仮にそのような実務が可能であったとしても、より実態に即した減価償却方法が選択されることによる便益よりも、会計方針であれば必要とされる（㉒）による牽制効果が期待できなくなることや、実質的には複数の会計処理の選択の余地を増やすことになる弊害の方が大きいのではないかという指摘もある。さらに、会計上の見積りの変更と捉えれば、採用している減価償却方法が合理的な見積りを反映しているかどうか確認する必要があるが、その合理性を常時検証し続けるという対応は現実には不可能なのではないかという指摘もある。

　一方、減価償却方法の変更にあたっては、固定資産に関する経済的便益の消費パターンに照らし、計画的・規則的な償却方法の中から最も適合的な方法を選択することは可能なのではないかという指摘もある。また、我が国においても、固定資産に関する経済的便益の消費パターンに変動があったことを減価償却方法の変更の理由としている実務がみられる。

62. 減価償却方法の変更は、前項で指摘されているように計画的・規則的な償却方法の中での変更であることから、その変更は（㉓）の変更ではあるものの、その変更の場面においては固定資産に関する経済的便益の消費パターンに関する（㉔）を伴うものと考えられる。

　このため本会計基準においては、減価償却方法については、これまでどおり（㉓）として位置付けることとする一方、減価償却方法の変更は、会計方針の変更を（㉕）と区別することが（㉖）な場合（第19項参照）に該当するものとし、（㉕）と同様に会計処理を行い、その（㉗）は求めないこととした。

　ただし、減価償却方法は会計方針であることから、変更にあたって（㉘）が求められることや、米国会計基準において、会計方針の変更によりもたらされる会計上の見積りの変更については、会計方針の変更と同様の内容の注記を要するものとされていることから、本会計基準においても、第11項(1)及び(2)の注記に加え、第18項(2)に関する注記を行うこととした。

　なお、無形固定資産の償却方法の変更に関しても、本会計基準においては米国会計基準と同じく、有形固定資産等の減価償却方法の変更と同様の取扱いを求めることとした（第20項参照）。

㉒
㉓
㉔
㉕
㉖
㉗
㉘

㉒継続性の原則　㉓会計方針　㉔見積りの変更　㉕会計上の見積りの変更　㉖困難　㉗遡及適用　㉘正当な理由

5 過去の誤謬

(1) 過去の誤謬の取扱い

⇒過去の財務諸表における誤謬が発見された場合には、一定の方法により修正再表示する

(2) 根拠

⇒誤謬を修正再表示する考え方を導入することは、期間比較が可能な情報を開示するという観点からも有用なためである

①
②
③
④
⑤
⑥
⑦
⑧
⑨
⑩
⑪

〈会計基準〉

21. 過去の財務諸表における（①）が発見された場合には、次の方法により（②）する。

(1) 表示期間より前の期間に関する（②）による（③）は、表示する財務諸表のうち、最も古い期間の期首の（④）、（⑤）及び（⑥）の額に反映する。

(2) 表示する過去の各期間の財務諸表には、当該各期間の（⑦）を反映する。

〈結論の背景〉

63. 我が国における会計上の（①）の取扱いに関する定めとしては、（⑧）に関して定めた企業会計原則注解（注12）がある。ここでいう前期損益修正項目は、過去の期間の損益に含まれていた計算の誤りあるいは不適当な判断を当期において発見し、その修正を行うことから生じる（⑨）又は（⑩）であると一般に考えられている。このように、我が国における従来の過去の（①）の取扱いとしては、（⑧）として（⑪）で修正する方法が示されており、（②）する方法は定められていなかった。

　一方、国際財務報告基準では、IAS第8号において、重要な誤謬を含む財務諸表、又は重要性はないものの意図的な誤謬を含む財務諸表は、国際財務報告基準に準拠していないこととし、後の期間に発見された誤謬については、後の期間の比較財務諸表の中で訂正することとされている。また、米国会計基準でもFASB－ASCTopic250において、財務諸表の公表後に誤謬が発見された場合には、過去の財務諸表を修正再表示することとされている。

64. 我が国においては、財務諸表に重要な影響を及ぼすような過去の誤謬が発見された場合、当該誤謬が金融商品取引法上の訂正報告書の提出事由に該当するときには、財務諸表の訂正を行うことになるため、

①誤謬　②修正再表示　③累積的影響額　④資産　⑤負債　⑥純資産　⑦影響額　⑧前期損益修正項目　⑨損失項目　⑩利得項目　⑪当期の損益

過去の誤謬の訂正の枠組みは開示制度において手当て済みであるという意見がある。また、訂正報告書の提出事由に該当しない誤謬についても、前期損益修正項目として特別損益に計上する従来の会計上の誤謬の取扱いを、特段変更する必要はないという意見もある。

65.　しかしながら、会計上の誤謬の取扱いに関し、IAS第8号及びFASB-ASCTopic250における誤謬を修正再表示する考え方を導入することは、（⑫）が可能な情報を開示するという観点からも有用であり、国際的な会計基準とのコンバージェンスを図るという観点からも望ましいと考えられる。また、誤謬のある過去の財務諸表を修正再表示することは、会計方針の変更に関する遡及適用等とは性格が異なっており、比較可能性の確保や会計基準のコンバージェンスの促進という観点からではなく、（⑬）として会計基準に定めておくべきであるとの指摘がある。さらに、すべての企業に対して過去の誤謬の修正再表示を求めるのであれば、従来の会計上の誤謬の取扱いを変更することが必要であるという指摘もある。

　検討の結果、過去の誤謬に関する取扱いについても、国際的な会計基準と同様に、会計基準においてその取扱いを設けることとした（第21項参照）。本会計基準の適用により、過去の誤謬を（⑭）として当期の特別損益で修正する従来の取扱いは、比較情報として表示される過去の財務諸表を（⑮）する方法に変更されることになるが、重要性の判断に基づき、過去の財務諸表を（⑮）しない場合は、損益計算書上、その性質により、（⑯）又は（⑰）として認識する処理が行われることになると考えられる。

　なお、本会計基準は、当期の財務諸表及びこれに併せて比較情報として過去の財務諸表が表示されている場合を前提に誤謬の取扱いについて定めており、既に公表された財務諸表自体の訂正期間及び訂正方法は、各開示制度の中で対応が図られるものと考えられる。

⑫
⑬
⑭
⑮
⑯
⑰

---

⑫期間比較　⑬当然の要請　⑭前期損益修正項目　⑮修正再表示　⑯営業損益　⑰営業外損益

収益認識に関する会計基準

最終改正　2020年 3 月31日

1 基本となる原則

収益認識基準の基本となる原則

⇒本会計基準の基本となる原則は、約束した財又はサービスの顧客への移転を当該財又はサービスと交換に企業が権利を得ると見込む対価の額で描写するように、収益を認識することである。

①
②
③
④
⑤
⑥
⑦
⑧
⑨
⑩

〈会計基準〉

1．基本となる原則

16. 本会計基準の基本となる原則は、約束した（①）を当該財又はサービスと交換に（②）で描写するように、収益を認識することである。

17. 前項の基本となる原則に従って収益を認識するために、次の(1)から(5)のステップを適用する。

(1) 顧客との（③）を識別する。

　　本会計基準の定めは、顧客と合意し、かつ、所定の要件を満たす契約に適用する。

(2) 契約における（④）を識別する。

　　契約において顧客への移転を約束した財又はサービスが、所定の要件を満たす場合には別個のものであるとして、当該約束を履行義務として区分して識別する。

(3) （⑤）を算定する。

　　変動対価又は現金以外の対価の存在を考慮し、金利相当分の影響及び顧客に支払われる対価について調整を行い、取引価格を算定する。

(4) 契約における履行義務に（⑤）を配分する。

　　契約において約束した別個の財又はサービスの（⑥）の比率に基づき、それぞれの履行義務に取引価格を配分する。独立販売価格を直接観察できない場合には、独立販売価格を見積る。

(5) 履行義務を（⑦）に又は（⑧）収益を認識する。

　　約束した財又はサービスを顧客に移転することにより履行義務を（⑦）に又は（⑧）、充足した履行義務に配分された額で収益を認識する。履行義務は、所定の要件を満たす場合には（⑨）にわたり充足され、所定の要件を満たさない場合には（⑩）で充足される。

①財又はサービスの顧客への移転　②企業が権利を得ると見込む対価の額　③契約　④履行義務　⑤取引価格　⑥独立販売価格　⑦充足した時　⑧充足するにつれて　⑨一定の期間　⑩一時点

2　収益を認識するための５つのステップ

収益を認識するための５つのステップ

⇒基本となる原則に従って収益を認識するために、次の５つのステップが適用される。

(1) 顧客との契約を識別する。

(2) 契約における履行義務を識別する。

(3) 取引価格を算定する。

(4) 契約における履行義務に取引価格を配分する。

(5) 履行義務を充足した時に又は充足するにつれて収益を認識する。

〈会計基準〉

２．収益の認識基準

(1) 契約の識別

19. 本会計基準を適用するにあたっては、次の(1)から(5)の要件のすべてを満たす顧客との契約を識別する。

(1) 当事者が、（①）、（②）、（③）等により契約を承認し、それぞれの義務の履行を約束していること

(2) 移転される財又はサービスに関する各当事者の（④）を識別できること

(3) 移転される財又はサービスの（⑤）を識別できること

(4) 契約に（⑥）があること（すなわち、契約の結果として、（⑦）、時期又は金額が変動すると見込まれること）

(5) 顧客に移転する財又はサービスと交換に企業が権利を得ることとなる（⑧）を回収する可能性が高いこと

20. 契約とは、法的な強制力のある権利及び義務を生じさせる複数の当事者間における取決めをいう（第５項参照）。契約における権利及び義務の強制力は法的な概念に基づくものであり、契約は書面、口頭、取引慣行等により成立する。顧客との契約締結に関する慣行及び手続は、国、業種又は企業により異なり、同一企業内でも異なる場合がある（例えば、顧客の属性や、約束した財又はサービスの性質により異なる場合がある。）。そのため、それらを考慮して、顧客との合意が強制力のある（⑨）を生じさせるのかどうか並びにいつ生じさせるのかを判断する。

(4) 履行義務の識別

32. 契約における取引開始日に、顧客との契約において約束した財又はサービスを評価し、次の(1)又は(2)のいずれかを顧客に移転する約束の

①

②

③

④

⑤

⑥

⑦

⑧

⑨

①書面　②口頭　③取引慣行　④権利　⑤支払条件　⑥経済的実質　⑦企業の将来キャッシュ・フローのリスク　⑧対価　⑨権利及び義務

⑩	それぞれについて履行義務として識別する（第7項参照）。
	(1) （⑩）（第34項参照）（あるいは（⑪））
⑪	(2) （⑫）（特性が実質的に同じであり、顧客への移転のパターンが同じである複数の財又はサービス）（第33項参照）
⑫	

(5) 履行義務の充足による収益の認識

35. 企業は約束した財又はサービス（本会計基準において、顧客との契約の対象となる財又はサービスについて、以下「資産」と記載することもある。）を顧客に移転することにより（⑬）に又は（⑭）、収益を認識する。資産が移転するのは、顧客が当該資産に対する（⑮）した時又は（⑯）である。

（一定の期間にわたり充足される履行義務）

38. 次の(1)から(3)の要件のいずれかを満たす場合、資産に対する支配を顧客に一定の期間にわたり移転することにより、一定の期間にわたり履行義務を充足し収益を認識する。

(1) 企業が顧客との契約における義務を履行するにつれて、顧客が便益を享受すること

(2) 企業が顧客との契約における義務を履行することにより、資産が生じる又は資産の（⑰）し、当該資産が生じる又は当該資産の（⑰）するにつれて、顧客が当該資産を支配すること

(3) 次の要件のいずれも満たすこと

① 企業が顧客との契約における義務を履行することにより、別の用途に転用することができない資産が生じること

② 企業が顧客との契約における義務の履行を（⑱）した部分について、対価を収受する強制力のある権利を有していること

（一時点で充足される履行義務）

40. 資産に対する支配を顧客に移転した時点を決定するにあたっては、第37項の定めを考慮する。また、支配の移転を検討する際には、例えば、次の(1)から(5)の指標を考慮する。

(1) 企業が顧客に提供した資産に関する対価を収受する（⑲）を有していること

(2) 顧客が資産に対する（⑳）を有していること

(3) 企業が資産の（㉑）を移転したこと

(4) 顧客が資産の所有に伴う重大なリスクを負い、（㉒）を享受していること

(5) 顧客が資産を（㉓）したこと

---

⑩別個の財又はサービス　⑪別個の財又はサービスの束　⑫一連の別個の財又はサービス　⑬履行義務を充足した時　⑭充足するにつれて　⑮支配を獲得　⑯獲得するにつれて　⑰価値が増加　⑱完了　⑲現在の権利　⑳法的所有権　㉑物理的占有　㉒経済価値　㉓検収

３．収益の額の算定

⑴　取引価格に基づく収益の額の算定

46. （⑬）に又は（⑭）、取引価格（第54項の定めを考慮する。）のうち、当該（㉔）した額について収益を認識する。

⑵　取引価格の算定

47. 取引価格とは、財又はサービスの（㉕）と交換に企業が権利を得ると見込む（㉖）（ただし、第三者のために回収する額を除く。）をいう（第８項参照）（適用指針［設例29］及び［設例31］）。取引価格の算定にあたっては、契約条件や取引慣行等を考慮する。

48. 顧客により約束された対価の性質、時期及び金額は、取引価格の見積りに影響を与える。取引価格を算定する際には、次の⑴から⑷のすべての影響を考慮する。

⑴　（㉗）（第50項から第55項参照）

⑵　契約における（㉘）（第56項から第58項参照）

⑶　現金以外の対価（第59項から第62項参照）

⑷　顧客に支払われる対価（第63項及び第64項参照）

⑶　履行義務への取引価格の配分

65. それぞれの（㉙）（あるいは別個の財又はサービス）に対する（㉚）の配分は、財又はサービスの顧客への移転と交換に企業が権利を得ると見込む（㉖）を描写するように行う。

66. 財又はサービスの（㉛）の比率に基づき、契約において識別したそれぞれの履行義務に取引価格を配分する。

㉔			
㉕			
㉖			
㉗			
㉘			
㉙			
㉚			
㉛			

㉔履行義務に配分　㉕顧客への移転　㉖対価の額　㉗変動対価　㉘重要な金融要素　㉙履行義務　㉚取引価格　㉛独立販売価格

MEMO

MEMO